今注本二十四史

晋書

一五

傳〔五〕

唐 房玄齡等 撰

梁滿倉 主持校注

中國社會科學出版社

晋書　卷五五

列傳第二十五

夏侯湛 弟淳 淳子承　潘岳 從子尼[1]　張載 弟協 協弟亢

夏侯湛

夏侯湛，字孝若，譙國譙人也。[2]祖威，[3]魏兗州刺史。[4]父莊，淮南太守。[5]湛幼有盛才，文章宏富，善構新詞，而美容觀，與潘岳友善，每行止同輿接茵，京都謂之“連璧”。

[1]從子尼：原本、宋本卷首目録作“從子産”，據原本總目録、正文及殿本、中華本目録改。

[2]譙國：郡國名，曹魏置，治所在譙縣（今安徽省亳州市）。

[3]威：夏侯威，三國時沛國譙（今安徽省亳州市）人，夏侯湛祖父，字季權，任俠。歷任荆、兗二州刺史。

[4]兗州：三國魏治所在廩丘縣（今山東省鄆城縣西北），晋惠帝末，兗州闔境淪没於石勒。東晋元帝僑置兗州，治京口（今江蘇省鎮江市）。

[5]淮南：郡名，治所在壽春縣（今安徽省壽縣）。

少爲太尉掾。[1]泰始中，舉賢良，[2]對策中第，拜郎中，[3]累年不調，乃作《抵疑》以自廣。其辭曰：

當路子有疑夏侯湛者而謂之曰：[4]“吾聞有其才而不遇者，時也；有其時而不遇者，命也。吾子童幼而岐嶷，[5]弱冠而著德，[6]少而流聲，長而垂名。拔萃始立，而登宰相之朝；[7]揮翼初儀，[8]而受卿尹之舉。盪典籍之華，談先王之言。[9]入閶闔，[10]躡丹墀，[11]染彤管，[12]吐洪輝，[13]干當世之務，觸人主之威，有效矣。而官不過散郎，舉不過賢良。鳳棲五期，龍蟠六年，英耀秃落，羽儀摧殘。而獨雍容藝文，蕩駘儒林，志不輟著述之業，口不釋《雅》《頌》之音，徒費情而耗力，[14]勞神而苦心，此術亦以薄矣。而終莫之辯，宜吾子之陸沉也。[15]且以言乎才，則吾子優矣。以言乎時，則子之所與二三公者，義則骨肉之固，交則明道之觀也。富於德，貴於官，其所發明，雖叩牛操築之客，[16]傭賃抱關之隸，[17]負俗懷譏之士，猶將登爲大夫，顯爲卿尹。於何有寶咳唾之音，[18]愛錙銖之力？[19]向若垂一鱗，迴一翼，令吾子攀其飛騰之勢，挂其羽翼之末，猶奮迅於雲霄之際，騰驤於四極之外。今乃金口玉音，漠然沉默。使吾子棲遲窮巷，守此困極，心有窮志，貌有饑色。吝江河之流，不以濯舟船之畔；惜東壁之光，[20]不以寓貧婦之目。抑非二三公之蔽賢也，實吾子之拙惑也。”

[1]太尉掾：官名，太尉府屬吏。

[2]賢良：選舉科目，始於漢代。

[3]郎中：官名，尚書省郎曹長官。位次尚書、左右丞，分曹執行政務。與“尚書郎”互稱。六品。

[4]當路子：有權勢居要位的人。

[5]岐嶷：優秀，出衆。

[6]弱冠：指男子二十歲時。《禮記·曲禮上》：“二十曰弱，冠。”年少爲弱，待至二十，即爲成年，舉行冠禮。

[7]而登宰相之朝：朝，殿本作“明”。

[8]揮翼初儀：初露頭角。儀，古代觀測日影的表柱。初儀，即日影剛剛出現的時候。

[9]談先王之言：言，殿本作“語”。

[10]閶闔：洛陽城門名，此指京城。

[11]丹墀：指宫殿的赤色臺階或赤色地面。

[12]彤管：漢代每月賜給尚書丞、尚書郎一雙赤管大筆。後用爲在朝任官之典。

[13]洪輝：洪談高論。

[14]費情而耗力：情，殿本作“精”。

[15]陸沉：隱居。

[16]叩牛：典出《新序·雜事五》：“寧戚欲干齊桓公，窮困無以自進，於是爲商旅，賃車以適齊，暮宿於郭門之外。桓公郊迎客，夜開門，辟賃車者執火甚盛，從者甚衆，寧戚飯牛於車下，望桓公而悲，擊牛角，疾商歌。桓公聞之，撫其僕之手曰：‘異哉！此歌者非常人也。’命後車載之。”　操築：典出《史記》卷三《殷本紀》：武丁夜夢得聖人，名曰説。群臣百官都不是夢中人，便命人在朝廷以外尋求，結果發現一個版築城墻的刑徒，與夢中所見一樣，便舉以爲相，使殷國大治。

[17]抱關之隸：即守關之人。《荀子·榮辱》：“故或禄天下而不自以爲多，或監門御旅，抱關擊柝，而不以爲寡。”楊倞注：“抱

關，門卒也，擊柝，擊木所以警夜者。”《後漢書》卷二二《朱景王杜馬劉傅堅馬列傳》傳論：“朝有世及之私，下多抱關之怨。”李賢注：“抱關謂守門者”。

[18]寶咳唾之音：不發出聲音，指沉默不語。咳，殿本作“吐”。

[19]錙銖：微小的數量。

[20]惜東壁之光：典出《列女傳·齊女徐吾傳》：“齊女徐吾者，齊東海上貧婦人也。與鄰婦李吾之屬會燭相從夜績。徐吾最貧，而燭數不屬。李吾謂其屬曰：‘徐吾燭數不屬，請無與夜也。’徐吾曰：‘是何言與？妾以貧燭不屬之故，起常先，息常後，灑埽陳席，以待來者。自與蔽薄，坐常處下。凡爲貧燭不屬故也。夫一室之中，益一人，燭不爲暗；損一人，燭不爲明，何愛東壁之餘光，不使貧妾得蒙見哀之恩，長爲妾役之事？使諸君常有惠施於妾，不亦可乎？’李吾莫能應，遂復與夜，終無後言。”壁，原本、殿本作“璧”，宋本作“壁”，據中華本改。

夏侯子曰：“噫！湛也幸，有過，人必知之矣。吾子所以褒飾之太矣。斟酌之喻，非小醜之所堪也。然過承古人之誨，抑因子大夫之忝在弊室也，敢布其腹心，豈能隱几以覽其概乎！”

客曰：“敢祗以聽。”[1]

[1]敢祗以聽：恭敬以聽。

夏侯子曰：“吾聞先大夫孔聖之言：‘德之不修，學之不講，聞義不能徙，不善不能改，是吾憂也。’[1]四德具而名位不至者，非吾任也。是以君子求諸己，小人求諸人。僕也承門户之業，受過庭之訓，[2]是以得接冠帶之末，充乎士大夫之列，頗闚《六經》之文，覽百家之學。弱年而入公朝，蒙蔽而當顯舉，進不能拔群出萃，却不能抗排當世，志則乍顯乍昧，文則乍幽乍蔚。知之者則謂之欲逍遥以養生，不知之者則謂之欲遑遑以求達，此皆未是僕之所匱也。

[1]“德之不修”句：語出《論語·述而》。

[2]過庭之訓：典出《論語·季氏》：孔子曾獨立門中，孔鯉趨而過庭。孔子問：“學《詩》乎？”孔鯉説：“未也。”孔子説：“不學《詩》，無以言。”鯉退而學《詩》。第二天孔子又問：“學《禮》乎？”孔鯉答：“未也。”孔子説：“不學《禮》，無以立。”鯉退而學《禮》。後因以“過庭”指承受父訓或徑指父訓。

僕又聞，世有道，則士無所執其節；黜陟明，[1]則下不在量其力。是以當舉而不辭，入朝而酬問。僕，東野之鄙人，[2]頑直之陋生也。不識當世之便，不達朝廷之情，不能倚靡容悦，出入崎傾，逐巧點妍，[3]嘔喁辯佞。[4]隨群班之次，伏簡墨之後。[5]當此之時，若失水之魚，喪家之狗，行不勝衣，言不出口，安能干當世之務，觸人主之威，適足以露狂簡而增塵垢。縱使心有至言，言有偏直，此委巷之誠，非朝廷之欲也。

[1]黜陟：人才的進退，官吏的升降。黜，貶降、罷退。陟，

提拔、升遷。

[2]東野：東郊之野，泛指郊野。

[3]逐巧黠妍：争機巧顯聰明。

[4]嘔喁辯佞：和悦柔順能説會道。

[5]簡墨：文書，書簡。

今天子以茂德臨天下，以八方六合爲四境，海内無虞，萬國玄静。九夷之從王化，猶洪聲之收清響；黎苗之樂函夏，[1]若游形之招惠景。鄉曲之徒，一介之士，曾諷《急就》、習甲子者，[2]皆奮筆揚文，議制論道，出草苗，起林藪，御青瑣，入金墉者，無日不有。充三臺之寺，[3]盈中書之閣。[4]有司不能竟其文，當年不能編其籍，此執政之所厭聞也。若乃群公百辟，[5]卿士常伯，被朱佩紫，耀金帶白，坐而論道者，又充路盈寢，黄幄玉階之内，飽其尺牘矣。若僕之言，皆糞土之説，消磨灰爛，垢辱招穢，適可充衛士之爨，盈掃除之器。[6]譬猶投盈寸之膠，而欲使江海易色；燒一羽之毛，而欲令大爐增勢。若燎原之烟，彌天之雲，噓之不益其熱，噏之不減其氣。今子見僕入朝暫對，便欲坐望高位，吐言數百，謂陵嶒一世，何吾子之失評也！僕固脂車以須放，[7]秣馬以待却，反耕於枳落，[8]歸志乎渦瀨，[9]從容乎農夫，優游乎卒歲矣。

[1]黎苗：古代黎族和苗族。　函夏：華夏。

[2]《急就》：即《急就篇》，漢代史游所作兒童識字之書。

[3]三臺：指尚書臺、御史臺、謁者臺。

[4]中書：官署名。三國魏文帝初年分秘書省置，爲掌管機要、出納政令章奏的宮廷政治機構，收納群臣奏疏，草擬皇帝詔令，兼領修史、記録皇帝起居。以中書監、令爲長官，下設通事郎、著作郎等官。

[5]百辟：百官。

[6]掃除：掃，宋本作“埽”。

[7]脂車：把車軸上好油。喻準備起身。

[8]枳落：用枳木編織的籬笆，指鄉間。

[9]渦瀨：迴旋的急流。借指隱者垂釣的溪灘。

古者天子畫土以封群后，群后受國以臨其邦，懸大賞以樂其成，列九伐以討其違，興衰相形，安危相傾。故在位者以求賢爲務，受任者以進才爲急。今也則九州爲一家，萬國爲百郡，政有常道，法有恒訓，因循而禮樂自定，揖讓而天下大順。夫道學之貴游，閭邑之搢紳，[1]皆高門之子，世臣之胤，弘風長譽，推成而進，悠悠者皆天下之彦也。諷詁訓，[2]傳《詩》《書》，講儒墨，説玄虚，僕皆不如也。二三公之簡僕於凡庸之肆，[3]顯僕於細猥之中，[4]則爲功也重矣；時而清談，則爲親也周矣。且古之君子，不知士，則不明不安。是以居逸而思危，對食而肴乾。[5]今也則否，居位者以善身爲静，以寡交爲慎，以弱斷爲重，以怯言爲信。不知士者無公誹，不得士者不私愧。彼在位者皆稷、契、咎、益、伊、吕、周、召之倫，[6]叔豹、仲熊之儔，[7]稽古則逾黄唐，經緯則越虞夏。蔑昆吾之功，[8]嗤桓文之勛，[9]抵挑管仲，[10]蹉跎晏嬰。[11]其遠則欲升鼎湖，[12]近則欲超太平。方將保重嗇神，獨善其身，玄白冲虚，仡爾養真。[13]雖力挾太山，將不舉一羽；揚波萬里，將不濯一鱗。咳唾成珠玉，揮袂出風雲。豈肯蹴蒲結切躃先結切鄙事，取才進人，此又吾子之失言也。子獨不聞夫神人乎！噏風飲露，不食五穀。登太清，游山岳，靡芝草，弄白玉。不因而獨備，無假而自足。不與人路同嗜欲，不與世務齊榮辱。故能入無窮之門，享不死之年。以此言之，何待進賢！"

[1]搢紳：通學大儒。

[2]詁訓：解釋古語，考證古字。

[3]簡：選擇，選用。

[4]細猥：卑微低賤。

[5]對食而肴乾：面對食物想着食物吃盡的時候。

[6]稷：即後稷，周先祖，虞舜命爲農官，教民耕稼，稱爲"後稷"。　契：商的祖先，爲帝嚳之子。舜時佐禹治水有功，任爲司徒，封於商，賜姓子氏。　咎：咎繇，即皋陶，相傳爲堯舜時人，生於曲阜，偃姓。被舜命爲管理刑獄之官。　益：伯益，又稱柏益、伯翳、化益、大費。相傳爲少昊後裔，嬴姓，封於費，又稱費侯。舜時爲掌山澤之官，佐禹治水有功。禹即位後，爲禹繼承人。禹死後，其位被禹子啓所奪。　伊：伊尹，輔佐商湯及其後代外丙、仲壬、太甲的賢臣。　吕：吕望，又稱尚父、太公望、吕尚。西周開國大臣，姜姓，吕氏，字子牙。助文王興國，佐武王滅商。　周：周公旦，亦稱公旦、文公、叔旦。周武王弟，與吕尚同爲西周開國元勛。以魯公封於曲阜。武王去世，輔佐成王，平定叛

亂，營建洛邑，制禮作樂，功勛卓著。　召：召公，姬姓，名奭，成王時三公之一。自陝以西，召公主之；自陝以東，周公主之。召公治西方，甚得民和。召公卒，民思其政。

［7］叔豹、仲熊：遠古“八元”中的兩個人物。《左傳·文公十八年》：“高辛氏有才子八人：伯奮、仲堪、叔獻、季仲、伯虎、仲熊、叔豹、季貍，忠肅共懿，宣慈惠和，天下之民謂之八元。”

［8］昆吾：夏代的侯伯。

［9］嗤：原本、宋本作“蚩”，古同“嗤”，殿本作“嗤”，據殿本改。　桓：齊桓公，春秋時齊國國君，名小白，僖公之子，襄公之弟。公元前 685 至前 643 年在位。爲公子時因國家内亂出走至莒，襄公死後被迎回立爲國君。在位時任用管仲，改革内政，國力漸强。九合諸侯，尊王攘夷，成爲春秋五霸之首。　文：晋文公，春秋時晋國國君，名重耳。爲公子時，因獻公欲立寵妾之子奚齊而遭迫害，流亡於外十九年。後由秦軍護送返晋登王位。在位期間改革内政，擴建軍隊，幫助周王室平叛，大敗楚軍於城濮，主持踐土之盟，成爲齊桓公之後的又一霸主。

［10］管仲：春秋初潁上（今安徽省潁水之濱）人，名夷吾。齊桓公時任卿相，進行一系列改革，使齊國國力大增，齊桓公成爲春秋五霸之首。

［11］蹉跎：猶陵轢，欺壓。　晏嬰：即晏子。春秋時夷濰（今山東省高密市）人，字平仲。齊國大夫，機智善辯，敢於諫諍，生活節儉。歷侍齊靈公、莊公、景公三朝。

［12］其遠則欲升鼎湖，近則欲超太平：此句殿本作“遠升鼎湖，近超太平”。鼎湖，地名，在今河南省靈寶市西，傳説黄帝乘龍升天之處。

［13］仡爾養真：静立不動修養真性。

客曰：“聖人有言曰：‘邦有道，貧且賤焉，耻也。'[1]今子值有道之世，當太平之會，不攘袂奮氣，發謀出奇，使鳴鶴受和，好爵見縻。抑乃沉身郎署，約志勤卑，不亦羸哉！且伊尹之干成湯，寧戚之迕桓公，或投己鼎俎，或庸身飯牛，明廢興之機，歌《白水》之流，[2]德入殷主，[3]義感齊侯。故伊尹起庖厨而登阿衡，[4]寧戚出車下而階大夫。外無微介，内無請謁，矯身擢手，徑躡名位。吾子亦何不慕賢以自厲，希古以慷慨乎！"

［1］"邦有道"句：語見《論語·泰伯》。

［2］歌《白水》之流：事見《列女傳·齊管妾婧》："寧戚欲見齊桓公，道無從，乃爲人僕，將車宿齊東門之外。桓公因出，寧戚擊牛角而商歌，甚悲，桓公異之，使管仲迎之，寧戚稱曰：'浩浩乎白水。'"管仲不知寧戚所説何意，日夜所思不得其解。管仲妾知道后，對管仲說："人已語君矣，君不知識邪？古有《白水》之詩。詩不云乎：'浩浩白水，儵儵之魚。君來召我，我將安居？國家未定，從我焉如？'此寧戚之欲得仕國家也。"管仲大悦，以報桓公。

［3］德入殷主：主，殿本作"王"。

［4］阿衡：《史記》卷三《殷本紀》："伊尹名阿衡。"司馬貞索隱引《孫子兵書》："伊尹名摯。"孔安國亦曰"伊摯"。然解者以阿衡爲官名。按：阿，倚也，衡，平也。言依倚而取平。《書》曰"惟嗣王弗惠于阿衡"，亦曰保衡，皆伊尹之官號，非名也。

夏侯子曰："嗚呼！是何言歟！富與貴是人之所欲，非僕之所惡也。夫干將之劍，[1]陸斷狗馬，水截蛟龍，而鉛刀不能入泥。騏驥騂騮之乘，一日而致千里，而駑蹇不能邁畝。百鍊之鑑，別鬚眉之數，而壁土不見泰山。鴻鵠一舉，横四海之區，出青雲之外，而尺鷃不陵桑榆。[2]此利鈍之覺，優劣之决也。夫欲進其身者，不過千萬乘，而僕以上朝堂，答世問，不過顯所知。僕以竭心思，盡才學，意無雅正可準，論無片言可采，是以頓於鄙劣而莫之能起也。以此言之，僕何爲其不自衒哉！子不嫌僕德之不劭，而疑其位之不到，是猶反鏡而索照，登木而下釣，僕未以此爲不肖也。

[1]干將：古劍名。《吴越春秋·闔閭内傳》載：春秋時吴國有干將、莫邪夫婦善鑄劍，干將鑄劍，五山之鐵精，六合之金英。候天伺地，陰陽同光，百神臨觀，天氣下降，而金鐵之精不化。干將妻莫邪乃斷發剪爪，投於爐中，使童女童男三百人鼓槖裝炭，金鐵乃濡。遂以成劍，陽曰干將，陰曰莫邪。

[2]尺鷃：即斥鷃，小雀。

若乃伊尹負鼎以干湯，吕尚隱游以徼文，傅説操築以寤主，寧戚擊角以要君，此非僕所能也。莊周駘蕩以放言，[1]君平賣卜以自賢，[2]接輿陽狂以蔽身，[3]梅福棄家以求仙，[4]此又非僕之所安也。若乃季札抗節於延陵，[5]楊雄覃思於《太玄》，[6]伯玉和柔於人懷，[7]柳惠三絀於士官，[8]僕雖不敏，竊頗仿佛其清塵。”

[1]莊周：戰國宋國蒙（今河南省商丘市東北）人，字子休。

楚莊王後裔。做過蒙漆園吏。其學無所不闚，然其要本歸於老子之言。著有《莊子》一書。　駘蕩：無拘無束。

[2]君平：嚴君平，漢代隱士。卜筮於成都市，裁日閲數人，得百錢足自養，則閉肆下簾而授《老子》。

[3]接輿：春秋時楚國隱士，《論語·微子》："楚狂接輿歌而過孔子。"邢昺疏："接輿，楚人，姓陸名通，字接輿也。昭王時，政令無常，乃被發佯狂，不仕，時人謂之楚狂也。時孔子適楚，與接輿相遇，而接輿行歌從孔子邊過，欲感切孔子也。"

[4]梅福：西漢九江郡壽春（今安徽省壽縣）人，字子真。官南昌尉。及王莽當政，乃棄家隱居。

[5]季札抗節於延陵：《左傳·襄公十四年》：吴王諸樊將立季札。季札辭曰："曹宣公之卒也，諸侯與曹人不義曹君，將立子臧。子臧去之，遂弗爲也，以成曹君。君子曰：'能守節。'君，義嗣也。誰敢奸君？有國，非吾節也。札雖不才，願附於子臧，以無失節。"

[6]楊雄：即揚雄，西漢蜀郡成都（今四川省成都市）人，字子雲。成帝時任侍郎、給事黄門。古代文學家，善辭賦。　覃思：深思。

[7]伯玉和柔於人懷：《孔子家語·弟子行》："外寬而内正，自極於隱括之中，直己而不直人，汲汲於仁，以善自終，蓋蘧伯玉之行也。"

[8]柳惠：柳下惠，春秋魯大夫展獲，字季，又字禽，曾爲士師官，食邑柳下，謚惠，故稱其爲展禽、柳下季、柳士師、柳下惠等。

後選補太子舍人，[1]轉尚書郎，[2]出爲野王令，[3]以恤隱爲急，而緩於公調。政清務閑，優游多暇，乃作《昆弟誥》。其辭曰：

惟正月才生魄，湛若曰：“咨爾弟淳、琬、瑫、謨、總、瞻：[4]古人有言：‘孝乎惟孝，友于兄弟。’[5]‘死喪之戚，兄弟孔懷。’[6]又曰：‘周之有至德也，莫如兄弟。’[7]於戲！古之載于訓籍，傳于《詩》《書》者，厥乃不思，不可不行。爾其專乃心，一乃聽，砥礪乃性，以聽我之格言。”淳等拜手稽首。[8]

[1]太子舍人：官名，掌行書令、表啓等。初隸太子太傅、太子少傅，後隸太子詹事。七品。

[2]尚書郎：官名。東漢之制，取孝廉中之有才能者入尚書臺，在皇帝左右處理政務，初入臺稱守尚書郎中，滿一年稱尚書郎，滿三年稱侍郎。魏晋以後尚書各曹有侍郎、郎中等官，綜理職務，通稱爲尚書郎。六品。

[3]野王：縣名，治所在今河南省沁陽市。

[4]咨爾：句首語，表示感嘆。　弟淳：殿本“弟”上有“昆”字。

[5]“孝乎惟孝”句：語見《論語·爲政》。

[6]“死喪之戚”句：語出《詩·小雅·常棣》。原詩作“死喪之威，兄弟孔懷”。清馬端辰認爲，《晋書》作“威”是因爲“威”“戚”形近而誤，詩以威與懷爲韵，若作戚，則非韵矣。（參見陳金生點校《毛詩傳箋通釋》，中華書局1989年版）

[7]“周之有至德也”句：事見《左傳·僖公二十四年》：鄭國不聽周天子命令，周天子準備率軍討伐，富辰諫曰：“周之有懿德也，猶曰‘莫如兄弟’，故封建之。其懷柔天下也，猶懼有外侮，扞禦侮者，莫如親親，故以親屏周。”

[8]拜手稽首：古代男子跪拜禮的一種。跪後兩手相拱，俯頭至手。《尚書·太甲中》：“伊尹拜手稽首。”孔安國傳：“拜手，首

至手。”

湛若曰：“嗚呼！惟我皇乃祖滕公，[1]肇釐厥德厥功，以左右漢祖，弘濟于嗣君，用垂祚于後。世世增敷前軌，濟其好行美德。明允相繼，冠冕胥及。[2]以逮于皇曾祖愍侯，[3]寅亮魏祖，用康乂厥世，[4]遂啓土宇，以大綜厥勛于家。我皇祖穆侯，[5]崇厥基以允釐顯志，用恢闡我令業。[6]維我后府君侯，[7]祗服哲命，欽明文思，以熙柔我家道，[8]丕隆我先緒。[9]欽若稽古訓，用敷訓典籍，乃綜其微言。嗚呼！自三墳、五典、八索、九丘，[10]圖緯六藝，[11]自百家衆流，[12]罔不探賾索隱，[13]鈎深致遠。《洪範》九疇，[14]彝倫攸叙。[15]乃命世立言，越用繼尼父之大業，斯文在兹。且九齡而我王母薛妃登遐，[16]我后孝思罔極，惟以奉于穆侯之繼室蔡姬，以致其子道。蔡姬登遐，隘于穆侯之命，厥禮乃不得成，用不祔于祖姑。惟乃用騁其永慕，厥乃以疾辭位，用遜于厥家，布衣席稿，以終于三載。厥乃古訓無文，我后丕孝其心，用假于厥制，以穆于世父使君侯。[17]惟伯后聰明叡智，奕世載德，[18]用慈友于我后。我惟烝烝是虔，[19]罔不克承厥誨，[20]用增茂我敦篤，[21]以播休美于一世，厥乃可不遵。惟我用夙夜匪懈，日鑽其道，而仰之彌高，鑽之彌堅，我用欲罷不敢。豈唯予躬是懼，實令迹是奉。厥乃晝分而食，夜分而寢。豈唯令迹是畏，實爾猶是儀。[22]嗚呼，予其敬哉！俞！予聞之，周之有至德，有婦人焉。我母氏羊姬，宣慈愷悌，明粹篤誠，以撫訓群子。厥乃我齔齒，[23]則受厥教于書學，不遑惟寧。[24]敦《詩》《書》禮樂，孳孳弗倦。我有識惟與汝服厥誨，[25]惟仁義惟孝友是尚，憂深思遠，祇以防于微。翳義形於色，厚愛平恕，以濟其寬裕。用緝和我七子，訓諧我五妹。惟我兄弟姊妹束脩慎行，用不辱于冠帶，實母氏是憑。予其爲政蕞爾，[26]惟母氏仁之不行是戚，[27]予其望色思寬。獄之不情，教之不泰是訓，[28]予其納戒思詳。嗚呼！惟母氏信著于不言，行感于神明。若夫恭事于蔡姬，[29]敦穆于九族，乃高于古之人。古之人厥乃千里承師，矧我惟父惟母世德之餘烈，服膺之弗可及，景仰之弗可階。汝其念哉！俾群弟天祚于我家，俾爾咸休明是履。淳英哉文明柔順，琬乃沉毅篤固，[30]惟瑫厥清粹平理，[31]謨茂哉俊哲寅亮，[32]總其弘肅簡雅，瞻乃純鑠惠和。[33]惟我蒙蔽，極否于義訓。嗟爾六弟，汝其滋義洗心，以補予之尤。予乃亦不敢忘汝之闕。嗚呼！小子瞻，汝其見予之長於仁，未見予之長於義也。"

[1]滕公：夏侯嬰，秦末泗水沛（今江蘇省沛縣）人，曾爲滕令奉車，故號滕公。隨劉邦起兵，屢建戰功，賜爵昭平侯。西漢建立後封汝陰侯。劉邦死後，復以太僕事惠帝、高后及文帝。

[2]冠冕胥及：官位隨之而來。

[3]皇曾祖愍侯：夏侯淵，東漢末沛國譙縣（今安徽省亳州市）人，字妙才，夏侯惇族弟。從曹操起兵，軍功頗多。歷任陳留

太守、潁川太守、護軍將軍、都護將軍。建安二十三年（219），劉備征漢中，夏侯淵被斬殺於定軍山。死後謚號“愍侯”。

［4］康乂：安定。

［5］皇祖穆侯：即夏侯威。

［6］恢闡我令業：又發揚光大我前輩的美業。

［7］府君：指淮南太守夏侯莊。太守又稱府君。

［8］熙柔：和柔。

［9］丕隆：光大，推進。

［10］三墳：傳説中我國最古的書籍。《左傳·昭公十二年》：“是能讀三墳、五典、八索、九丘。”杜預注：“皆古書名。”

［11］圖緯六藝：圖讖和緯書以及《禮》《樂》《易》《詩》《書》《春秋》儒家六經。

［12］自百家衆流：自，殿本作“及”。

［13］探賾索隱：語出《易·繫辭上》：“探賾索隱，鈎深致遠，以定天下之吉凶，成天下之亹亹者，莫大乎蓍龜。”孔穎达疏：“探謂窺探求取，賾謂幽深難見。卜筮則能闚探幽昧之理，故云探賾也。索謂求索，隱謂隱藏。”意爲探求隱藏在事務深處細微難見的道理。

［14］《洪範》九疇：《尚書·洪範》：“天乃錫禹《洪範》九疇，彝倫攸敘。初一曰五行，次二曰敬用五事，次三曰農用八政，次四曰協用五紀，次五曰建用皇極，次六曰乂用三德，次七曰明用稽疑，次八曰念用庶徵，次九曰嚮用五福、威用六極。”孔安國傳：“天與禹，洛出《書》，神龜負文而出，列於背，有數至於九。禹遂因而第之，以成九類。”

［15］彝倫攸叙：恒常不變的常理。叙，宋本作“序”。

［16］登遐：去世，辭世。

［17］世父：此指夏侯駿，夏侯威之兄，夏侯湛伯父，任并州刺史。　使君：刺史。

［18］奕世載德：奕，原本、宋本作“弈”，殿本作“奕”，據

殿本改。

[19]烝烝是虔：虔誠的孝養。

[20]克承厥誨：接受他的教誨。

[21]增茂我敦篤：使我更加敦厚篤實。

[22]實爾猶是儀：實在是你們效法的榜樣。

[23]齔齒：幼童。

[24]不遑惟寧：不，殿本作“未”。

[25]與汝服厥誨：宋本無“汝”字。

[26]爲政蕞爾：把爲政之事看得很小。

[27]惟母氏仁之不行是戚：衹對母親的仁教不能進行感到傷心。

[28]教之不泰是訓：接受不奢侈的訓導。

[29]若夫恭事于蔡姬：宋本作“若于恭事予蔡姬”。

[30]沉毅篤固：堅定不移。

[31]清粹平理：清高純正處事公平。

[32]俊哲寅亮：才識不凡恭敬誠信。

[33]純鑠惠和：純善美盛仁愛和順。

瞻曰：“俞！以如何？”[1]湛若曰：“我之肇于總角，[2]以逮于弱冠，[3]暨于今之二毛，[4]受學于先載，納誨于嚴父慈母。予其敬忌于厥身，而匡予之纖介，翼予之小疵，使予有過未曾不知，予知之逌改，[5]惟冲子是賴。[6]予親于心，愛于中，敬于貌。厥乃口無擇言，柔惠且直，廉而不劌，[7]肅而不厲，厥其成予哉。用集我父母之訓，庶明厲翼，邇可遠在兹。”瞻拜手稽首曰：“俞！”湛曰：“都！在修身，在愛人。”瞻曰：“吁！惟聖其難之。”[8]湛曰：

"都！厥不行惟難，厥行惟易。"

[1]俞：語氣詞，表示答應、肯定、感慨等。　以如何：該怎麽做。

[2]總角：童年。

[3]逮於：至於。

[4]二毛：頭髮斑白，指中年接近老年。

[5]逌改：改正。

[6]惟冲子是賴：使我受益。冲子，幼子，指幼年的自己。賴，受益。

[7]廉而不劌：語見《禮記·聘義》："廉而不劌，義也。"鄭玄注："劌，傷也。"孔穎達疏："言玉體雖有廉棱，而不傷割於物。"

[8]聖其難之：這些超凡的要求很難。

淳曰："俞！明而昧，崇而卑，冲而恒，顯而賢，同而疑，厲而柔，和而矜。"湛曰："俞！乃言厥有道。"淳曰："俞！祗服訓。"湛曰："來！琬，汝亦昌言。"琬曰："俞！身不及于人，不敢墮于勤，厥故維新。"[1]湛曰："俞！瑫亦昌言。"瑫曰："俞！滋敬于己，不滋敬于己，惟敬乃恃，無忘有耻。"湛曰："俞！謨亦昌言。"謨曰："俞！無忘於不可不虞，[2]形貌以心，訪心於虞。"湛曰："俞！總亦昌言。"總曰："俞！若憂厥憂以休。"湛曰："俞！瞻亦昌言。"瞻曰："俞！復外惟内，取諸内，不忘諸外。"湛曰："俞！休哉！"[3]淳等拜手稽首，湛亦拜手稽首。乃歌曰："明德復哉，家道休哉，世祚悠哉，百禄周哉！”又作歌曰：“訊德恭哉，訓翼從哉，内外康哉！”皆拜曰：“欽哉！”

［1］厥故維新：維，原本、宋本、殿本作“惟”，據中華本改。

［2］無忘於不可不虞：不忘記憂患意識。

［3］休哉：好啊。

居邑累年，朝野多嘆其屈。除中書侍郎，[1]出補南陽相。[2]遷太子僕，[3]未就命，而武帝崩。惠帝即位，以爲散騎常侍。[4]元康初，卒，年四十九。著論三十餘篇，别爲一家之言。

［1］中書侍郎：官名，三國魏文帝黄初初年設中書省，在長官中書監、中書令以下有通事郎，後增設中書郎，亦稱中書侍郎。掌草擬詔書，外出執行重要使命等。五品。

［2］南陽：郡名，治所在宛縣（今河南省南陽市）。　相：官名，郡國相，也稱内史。五品。

［3］太子僕：太，宋本作“大”。

［4］散騎常侍：官名，三國魏文帝黄初年間置，侍從皇帝左右，諫諍得失，顧問應對，與侍中等共平尚書奏事。也用作宰相、諸公等加官，入宫議政。三品。

初，湛作《周詩》成，以示潘岳。岳曰：“此文非徒温雅，乃别見孝悌之性。”岳因此遂作《家風詩》。

湛族爲盛門，性頗豪侈，侯服玉食，窮滋極珍。及將没，遺命小棺薄斂，不修封樹。論者謂湛雖生不砥礪名節，死則儉約令終，是深達存亡之理。

淳，字孝冲。亦有文藻，與湛俱知名。官至弋陽太守。[1]遭中原傾覆，子侄多没胡寇，唯息承渡江。[2]

[1]弋陽：郡名，治所在弋陽縣（今河南省潢川縣西）。

[2]息：兒子。

承，字文子。參安東軍事，[1]稍遷南平太守。[2]太興末，王敦舉兵内向，[3]承與梁州刺史甘卓、巴東監軍柳純、宜都太守譚該等，[4]並露檄遠近，列敦罪狀。會甘卓懷疑不進，王師敗績，敦悉誅滅異己者，收承，欲殺之，承外兄王廙苦請得免。[5]尋爲散騎常侍。

[1]參安東軍事：官名，安東將軍府參軍事。參軍事，亦作參軍，謂參謀軍事。兩晋公府、軍府皆置。

[2]南平：郡名，治所在江安縣（在今湖北省公安縣西北）。

[3]王敦：字處仲，本書卷九八有傳。

[4]梁州：三國曹魏治所在沔陽縣（今陝西省勉縣東），西晋移治南鄭縣（今陝西省漢中市東）。　甘卓：字季思，本書卷七〇有傳。　巴東：郡名，東漢建安六年（201）以固陵郡改名，治所在魚復縣（今重慶市奉節縣東）。　監軍：官名，軍隊出征所置官員，掌監視將帥，權勢頗重。四品。　宜都：郡名，治所在夷陵縣（今湖北省宜昌市東南長江北岸）。

[5]王廙：字世將，本書卷七六有傳。

潘岳

潘岳，字安仁，滎陽中牟人也。[1]祖瑾，安平太守。[2]父芘，琅邪内史。[3]岳少以才穎見稱，鄉邑號爲奇童，謂終賈之儔也。[4]早辟司空太尉府，[5]舉秀才。[6]

[1]滎陽：郡名，治所在滎陽縣（今河南省滎陽市東北）。　中牟：縣名，治所在今河南省中牟縣東。

[2]安平：封國名，治所在信都（今河北省衡水市冀州區）。

[3]琅邪：封國名，治所在今山東省臨沂市。　内史：官名，西晋武帝太康十年（289）改諸王國相爲内史，掌管民政。五品。周家禄《晋書校勘記》認爲："晋制，以郡爲國，内史治民事，若郡太守。國除爲郡，復稱太守。然二名往往混淆，史家亦互稱之。"

[4]終賈之儔：終軍和賈誼一類的人。終軍，西漢濟南（今山東省章丘市西北）人，字子雲。少好學，以辯博能文聞名郡中。得漢武帝賞識，任謁者給事中，又遷諫大夫。元鼎四年（前 113）出使南越，曉諭南越王，使之舉國内屬。次年爲南越相吕嘉所殺。死時年僅二十餘歲，時人謂之"終童"。賈誼，西漢洛陽（今河南省洛陽市）人。文帝時爲博士，後遷至太中大夫。建議改正朔、定官名、興禮樂、削藩王。因大臣周勃、灌嬰等譖毀，被貶爲長沙王太傅。

[5]司空：官名，魏晋南北朝爲名譽宰相，多爲大臣加官。晋八公之一，位在三公之末。一品。　太尉：官名，曹操爲丞相後，太尉府屬官歸相府，晋時太尉雖爲八公之一、三公之首，實爲名譽宰相，多爲大臣加官。一品。

[6]秀才：察舉科目，州舉秀才，郡舉孝廉。

泰始中，武帝躬耕籍田，岳作賦以美其事，曰：

伊晋之四年正月丁未，[1]皇帝親率群后藉于千畝之甸，禮也。於是乃使甸師清畿，[2]野廬掃路，[3]封人壝宫，[4]掌舍設枑。[5]青壇鬱其岳立兮，翠幕黕以雲布。結崇基之靈阯兮，啓四塗之廣阼。沃野墳腴，[6]膏壤平砥。[7]清洛濁渠，引流激水。遐阡繩直，邇陌如矢。葱犗服于縹軛兮，[8]紺轅綴於黛耜。[9]儼儲駕於廛左兮，[10]俟萬乘之躬履。百寮先置，位以職分，自上下下，具惟命臣。襲春服之萋萋兮，接游車之轔轔。微風生於輕幰兮，[11]纖埃起乎朱輪。森奉璋以階列兮，[12]望皇軒而肅震。若湛露之晞朝陽兮，[13]衆星之拱北辰也。

[1]正月丁未：中華本校勘記："孫志祖《文選考異》：據《月令疏》，耕用亥日，明此'丁未'誤。按：《武紀》云，'丁亥，帝耕于藉田'。且是月己巳朔，有丁亥，無丁未。則'丁未'實'丁亥'之誤。李善《文選注》亦云'丁未誤'。"

[2]甸師：官名。《周禮·天官·甸師》："甸師，掌帥其屬而耕耨王藉，以時入之，以共齍盛。祭祀共蕭茅，共野果蓏之薦。喪事代王受眚灾。王之同姓有罪，則死刑焉。帥其徒以薪蒸役外内饔之事。"

[3]野廬：廬，宋本作"虜"。

[4]封人：《周禮》地官司徒的屬官，掌守帝王社壇及京畿的疆界。《周禮·地官·封人》："封人掌設王之社壝，爲畿封而樹之。"　壝宫：設置皇帝耕藉時的臨時宫室。

[5]掌舍：天官之屬，掌管王者出行館舍之事。《周禮·天官·掌舍》："掌王之會同之舍，設梐枑再重，設車宫轅門。"　枑：用木條交叉製成的栅欄，置於官署前遮攔人馬。又稱行馬。

[6]墳腴：土地肥沃。

[7]平砥：平整。

[8]葱犗（jiè）：青色的犍牛。　縹軛：青色的牛軛。

[9]紺：天青色。　黛：青黑色。

[10]儼儲駕於廛左：太子恭敬地站在左邊。

[11]幰：車帷幔。

[12]階列兮：階，殿本作“偕”。

[13]湛露之晞朝陽：濃重的晨露被朝陽曬乾。

於是前驅魚麗，屬車鱗萃，[1]閶闔洞啓，參塗方駟，常伯陪乘，[2]太僕執轡。[3]后妃獻穜稑之種，[4]司農撰播殖之器，[5]挈壺掌升降之節，[6]宫正設門閭之蹕。[7]天子乃御玉輦，蔭華蓋，衝牙錚鎗，綃紈綷繚。金根照耀以炯晃兮，龍驥騰驤而沛艾。[8]表朱玄於離坎兮，飛青縞於震兑。中黄曄以發輝兮，方彩紛其繁會。五路鳴鑾，九旗揚旆，[9]瓊鈒入蘂，[10]雲罕晻藹。[11]簫管嘲哳以啾嘈兮，鼓鼙硡磤以砰磕；筍簴嶷以軒翥兮，[12]洪鐘越乎區外。震震填填，塵霧連天，以幸乎籍田。蟬冕頻以灼灼兮，碧色肅其千千。[13]似夜光之剖荆璞兮，[14]若茂松之依山顛也。[15]

[1]屬車鱗萃：侍從的車輛如魚鱗集萃。

[2]常伯：皇帝的近臣，如侍中、散騎常侍等。《漢書》卷八五《谷永傳》：“戴金貂之飾、執常伯之職者，皆使學先王之道，知君臣之義。”顔師古注：“常伯，侍中也。”

[3]太僕：官名，掌皇帝車馬、田獵、兵器及全國牧業。三品。

[4]穜（tóng）稑（lù）：兩種不同時間成熟的穀物。《詩·豳風·七月》：“十月納禾稼，黍稷重穋，禾麻菽麥。”毛亨傳：“後熟曰重，先熟曰穋。”

[5]司農：上古時代負責教民稼穡的農官。《吕氏春秋·季冬》：“命司農，計耦耕事，修耒耜，具田器。”

［6］挈壺：挈壺氏或挈壺正的略稱。掌知漏刻。《文選・王融〈三月三日曲水詩序〉》："挈壺宣夜，辯氣朔於靈臺。"李善注："《周禮・夏官》：'挈壺氏掌懸壺。'"

［7］宮正：《周禮・天官・宮正》："掌王宮之戒令糾禁。"正，宋本作"政"。

［8］沛艾：馬頭摇動貌。

［9］旆：泛指旌旗。

［10］瓊鈒入蘂：儀仗叢聚如林。瓊鈒：作儀仗用的鑲玉的短矛。

［11］雲罕晻藹：旌旗繁盛。

［12］筍簴：古代懸挂钟磬的架子。横架爲筍，直架爲簴。　嶷以軒翥：高聳似飛起。

［13］千千：碧色貌。殿本作"芊芊"。

［14］荆璞：荆山之璞。

［15］依山顛：依，殿本作"倚"。

於是我皇乃降靈壇，撫御耦，游場染屨，洪縻在手。三推而舍，庶人終畝。貴賤以班，或五或九。于斯時也，居靡都鄙，[1]人無華裔，長幼雜遝以交集，士女頒斌而咸戾。[2]被褐振裾，垂髫總髻，躡踵側肩，掎裳連襼。[3]黄塵爲之四合，陽光爲之潛翳。動容發音而觀者，莫不抃舞乎康衢，謳吟乎聖世。情欣樂乎昏作兮，慮盡力乎樹藝。靡推督而常勤兮，莫之課而自厲。躬先勞而悦使兮，豈嚴刑而猛制哉！

［1］居靡都鄙：居民不分京城和邊邑。

[2]士女頒斌而咸戾：百姓相雜而至。
[3]掎裳連襼：牽裙連袖。形容人多。

有邑老田父，或進而稱曰："蓋損益隨時，理有常然。高以下爲基，人以食爲天。正其末者端其本，善其後者慎其先。夫九土之宜弗任，四業之務不壹，野有菜蔬之色，朝乏代耕之秩。無儲蓄以虞災，徒望歲以自必。三代之衰，皆此物也。今聖上昧旦丕顯，夕惕若慄，[1]圖匱於豐，防儉於逸，欽哉欽哉，惟穀之恤。展三時之弘務，致倉廩於盈溢，固堯湯之用心，[2]而存救之要術也。"若乃廟祧有事，祝宗諏日，[3]簠簋普淖，[4]則此之自實，縮鬯蕭茅，又於是乎出。黍稷馨香，旨酒嘉栗。宜其時和年登，而神降之吉也。古人有言曰："聖人之德，無以加於孝乎！"夫孝者，天之性、人之所由靈也。昔者明王以孝治天下，其或繼之者，鮮哉希矣！[5]逮我皇晋，實光斯道，儀刑孚于萬國，愛敬盡於祖考。故躬稼以供粢盛，[6]所以致孝也；勸穡以足百姓，所以固本也。能本而孝，盛德大業至矣哉！此一役也，二美顯焉，不亦遠乎，不亦重乎！敢作頌曰：

[1]夕惕若慄：朝夕戒懼，如臨危境，不敢稍懈。
[2]堯湯：湯，殿本作"舜"。
[3]祝宗諏日：主持祭祀的祈禱者商量選擇吉日。
[4]簠簋普淖：祭祀的禮器中盛滿了黍稷。

[5]鮮哉希矣：稀罕少有。

[6]粢盛：古代盛在祭器内以供祭祀的穀物。

“思樂甸畿，[1]薄采其芳。大君戾止，[2]言籍其農。[3]其農三推，萬國以祇。耨我公田，遂及我私。我簠斯盛，我簋斯齊。我倉如陵，我庾如坻。[4]念兹在兹，永言孝思。人力普存，祝史正辭。神祇攸歆，逸豫無期。[5]一人有慶，兆民賴之。”

[1]甸畿：相傳古時王城以外五千里之内，自内而外，每五百里爲一畿，共有侯、甸、男、采、衛、蠻、夷、鎮、藩九畿，爲各級諸侯之領地及外族所居之地。賈公彦解釋甸畿説：“爲天子治田，以出貢賦。”

[2]大君戾止：天子來到。

[3]言籍其農：籍，殿本作“耤”。

[4]我庾如坻：糧穀堆積如山。

[5]逸豫無期：永遠安樂。

岳才名冠世，爲衆所疾，遂栖遲十年。出爲河陽令，[1]負其才而鬱鬱不得志。時尚書僕射山濤，領吏部王濟、裴楷等並爲帝所親遇，[2]岳内非之，乃題閣道爲謡曰：[3]“閣道東，有大牛。王濟鞅，裴楷鞧，和嶠刺促不得休。”[4]

[1]河陽：縣名，治所在今河南省孟州市西南。

[2]尚書僕射：官名，秦漢爲尚書令副貳，東漢建安四年（199）分置左、右，爲尚書省次官。三品。　山濤：字巨源，本書

卷四三有傳。　領：以地位較高的官員兼理較低的職務。　吏部：官名，指吏部尚書，三國魏時爲尚書省吏部曹長官，位居列曹尚書之上。三品。　王濟：字武子，本書卷四二有傳。　裴楷：字叔則，本書卷三五有傳。

[3]乃題閣道爲謡：高勝利先生考證，潘岳於咸寧五年（279）被舉秀才爲郎，以期名正言順地進入朝廷，成爲賈充在朝中的輔助力量，同時也實現自己“乃從王政”的政治理想，却被山濤借選職之便出其爲河陽令，將其趕出了朝廷。潘岳在憤恨之餘，於其初奉命出任河陽令時，題《閣道謡》以示不滿。本傳將潘岳題《閣道謡》的時間放在出任河陽令之後，時間順序錯亂。（參見高勝利《〈晋書·潘岳傳〉辨誤》，《圖書館理論與實踐》2011年第11期）

[4]和嶠：字長輿，本書卷四五有傳。　刺促：忙碌，勞碌。

轉懷令。[1]時以逆旅逐末廢農，奸淫亡命，多所依凑，敗亂法度，敕當除之。十里一官櫳，[2]使老小貧户守之，又差吏掌主，依客舍收錢。岳議曰：

“謹案：逆旅，久矣其所由來也。[3]行者賴以頓止，居者薄收其直，交易貿遷，各得其所。官無役賦，因人成利，惠加百姓而公無末費。語曰：‘許由辭帝堯之命，[4]而舍於逆旅。’《外傳》曰：[5]‘晋陽處父過寧，舍於逆旅。’[6]魏武皇帝亦以爲宜，其詩曰：‘逆旅整設，以通商賈。’[7]然則自唐到今，[8]未有不得客舍之法。唯商鞅尤之，[9]固非聖世之所言也。[10]方今四海會同，九服納貢，[11]八方翼翼，公私滿路。近畿輻輳，[12]客舍亦稠。冬有温廬，夏有凉蔭，芻秣成行，器用取給。疲牛必投，乘凉近進，發槅寫鞍，[13]皆有所憩。

[1]懷：縣名，治所在今河南省武陟縣西南。

[2]官樆：官辦的旅店。

[3]其所由來也：殿本無"也"字。

[4]許由：古代著名隱士，隱於沛澤。堯聞其賢，欲讓之以天下，許由不受而逃於潁水之陽箕山之下。

[5]《外傳》：《春秋外傳》，即《國語》。

[6]"晋陽處父過寧"句：陽處父，晋國大夫陽子。陽處父過寧舍于逆旅之事見《國語・晋語五》。寧，晋邑，在今河南省獲嘉縣。

[7]逆旅：旅店。

[8]唐：指唐堯時期。

[9]商鞅：戰國時衛國人，公孫氏，名鞅，亦稱衛鞅、公孫鞅、商君鞅、商君。助秦孝公變法强國。孝公死後被殺。

[10]固非聖世之所言也：殿本無"之"字。

[11]九服：王畿以外的九等地區。《周禮・夏官・職方氏》："乃辨九服之邦國：方千里曰王畿，其外方五百里曰侯服，又其外方五百里曰甸服，又其外方五百里曰男服，又其外方五百里曰采服，又其外方五百里曰衛服，又其外方五百里曰蠻服，又其外方五百里曰夷服，又其外方五百里曰鎮服，又其外方五百里曰藩服。"

[12]輻輳：輳，原本、宋本、殿本作"凑"，據中華本改。

[13]槅：大車的軛，駕車時放在牲口頸上的曲木。

又諸劫盗皆起於迥絶，[1]止乎人衆。十里蕭條，則奸軌生心；連陌接館，則寇情震懾。且聞聲有救，已發有追，不救有罪，不追有戮，禁暴捕亡，恒有司存。凡此皆客舍之益，而官樆之所乏也。又行者貪路，告糴炊爨，皆以昏晨。盛夏晝熱，又兼星夜，既限早閉，不及樆門。或避晚關，迸逐路隅，祇是慢藏誨盜之原。苟以客舍多敗法教，官守棘欏，獨復何人？彼河橋孟津，[2]解券輸錢，高第督察，數入校出，品郎兩岸相檢，[3]猶懼或失之。故懸以禄利，許以功報。今賤吏疲人，獨專欏税，管開閉之權，籍不校之勢，此道路之蠹，奸利所殖也。率歷代之舊俗，獲行留之歡心，使客舍洒掃，[4]以待征旅擇家而息，豈非衆庶顒顒之望。”

請曹列上，朝廷從之。

[1]迴絶：人烟稀少荒遠之地。

[2]河橋：位於今河南省孟州市西南、洛陽市孟津區東北黄河上。　孟津：一作盟津，又名富平津。位於今河南省孟州市西南黄河上。

[3]品郎：守衛關卡渡口的差役。

[4]洒掃：洒，原本作“法”，宋本、殿本作“洒”，據宋本、殿本改。

岳頻宰二邑，勤於政績。調補尚書度支郎，[1]遷廷尉評，[2]以公事免。楊駿輔政，[3]高選吏佐，引岳爲太傅主簿。[4]駿誅，除名。初，譙人公孫宏少孤貧，客田於河陽，[5]善鼓琴，頗能屬文。[6]岳之爲河陽令，[7]愛其才藝，待之甚厚。至是，宏爲楚王瑋長史，[8]專殺生之政。時駿綱紀皆當從坐，同署主簿朱振已就戮。岳其夕取急在外，宏言之瑋，謂之假吏，故得免。未幾，選爲長安令，[9]作《西征賦》，述所經人物山水，文清旨詣，辭多不録。徵補博士，未召，以母疾輒去官免。尋爲著作郎，[10]轉散騎侍郎，[11]遷給事黄門侍郎。[12]

[1]尚書度支郎：官名，簡稱度支郎，亦稱度支郎中，尚書省度支曹屬官，資深勤能者可轉爲侍郎。隸屬度支尚書。六品。

[2]廷尉評：官名，廷尉屬官，亦稱廷評、廷尉平。參議案例律條覆核、平決疑獄，可駁回廷尉所奏罪案。公牘須正、監、平三官聯署，以互相監督。六品。

[3]楊駿：字文長，本書卷四〇有傳。

[4]太傅：官名，晋爲八公之一。位上公，太宰之下、太保之上。一品。　主簿：官名，此指太傅府主簿。太傅府屬官，典領文書籍簿，省録衆事，職權甚重。

[5]客田於河陽：田，宋本作"由"。

[6]頗能屬文：殿本無"能"字。

[7]河陽令：原本、宋本無"令"字，殿本有，據殿本補。

[8]楚王瑋：司馬瑋，字彦度，本書卷五九有傳。　長史：官名，掌顧問參謀，爲所在官署掾屬之長。魏晋南北朝時王府、公府、軍府、邊郡均置。八至六品。

[9]長安：縣名，治所在今陝西省西安市西北。

[10]著作郎：官名，三國時爲著作局長官，隸屬中書省。西晋時著作局别自置省，長官仍爲著作郎，改隸屬秘書省。西晋後亦稱大著作郎、大著作、著作，掌國史及起居注的修撰。兩晋南北朝時爲清要之官，多由有名望的文學之士擔任，也用司空、侍中、尚書等官典領。職閑位重，南朝時多爲貴族起家官。六品。

[11]散騎侍郎：官名，三國魏置。隸屬散騎省，侍從皇帝左右，顧問應對，諫諍拾遺，與散騎常侍、侍中等共平尚書奏事。五品。

[12]遷給事黄門侍郎：殿本無此七字，但於卷末考證言汲古閣本有此七字。給事黄門侍郎，官名，魏晋時爲侍中省或門下省次

官。與侍中俱掌門下衆事，職掌略同，地位隨皇帝旨意或侍中地位而定。五品。

岳性輕躁，趨世利，與石崇等諂事賈謐，[1]每候其出，與崇輒望塵而拜。構愍懷之文，[2]岳之辭也。謐二十四友，岳爲其首。謐《晋書》限斷，亦岳之辭也。其母數誚之曰："爾當知足，而乾没不已乎？"而岳終不能改。

［1］石崇：字季倫，本書卷三三有傳。 賈謐：字長深，本書卷四〇有傳。

［2］愍懷：愍懷太子，字熙祖，本書卷五三有傳。

既仕宦不達，乃作《閑居賦》曰：[1]

岳讀《汲黯傳》至司馬安四至九卿，[2]而良史書之，題以巧宦之目，未曾不慨然廢書而嘆也。曰：嗟乎！巧誠有之，拙亦宜然。顧常以爲士之生也，[3]非至聖無軌微妙玄通者，則必立功立事，效當年之用。是以資忠履信以進德，修辭立誠以居業。僕少竊鄉曲之譽，忝司空太尉之命，所奉之主，即太宰魯武公其人也。[4]舉秀才爲郎。逮事世祖武皇帝，爲河陽、懷令，尚書郎，廷尉評。今天子諒闇之際，[5]領太傅主簿。府誅，除名爲民。俄而復官，除長安令。遷博士，未召拜，親疾，輒去官免。自弱冠涉于知命之年，[6]八徙官而一進階，再免，一除名，一不拜職，遷者三而已矣。雖通塞有遇，抑亦拙之效也。昔通人和長輿之論余也，[7]固曰“拙於用多”。稱多者，吾豈敢；言拙，則信而有徵。方今俊乂在官，百工惟時，拙者可以絶意乎寵榮之事矣。太夫人在堂，有羸老之疾，尚何能違膝下色養，而屑屑從斗筲之役？[8]於是覽止足之分，庶浮雲之志，築室種樹，逍遥自得。池沼足以漁釣，舂稅足以代耕。灌園鬻蔬，供朝夕之膳；牧羊酤酪，俟伏臘之費。[9]孝乎惟孝，友于兄弟，此亦拙者之爲政也。乃作《閑居賦》以歌事遂情焉。其辭曰：

[1]乃作《閑居賦》曰：高勝利先生考證，從潘岳賦的叙述中可明顯推知此事當在元康六年（296），而其“遷給事黄門侍郎”當在元康九年。因此，本傳把《閑居賦》作年繫於“遷給事黄門侍郎”之後，叙事亦有誤。（參見高勝利《〈晉書·潘岳傳〉辨誤》，《圖書館理論與實踐》2011年第11期）

[2]汲黯：西漢濮陽（今河南省濮陽市西南）人，字長孺。景帝時任太子洗馬，武帝時爲謁者、東海太守。在郡有治績。後召爲主爵都尉。爲人耿直，敢直言相諫，號“汲直”。卒於淮陽太守任上。　司馬安：西漢人，汲黯姊子，文深巧善宦，四至九卿，以河南太守卒。

[3]顧常以爲士之生：衹是常人以爲士人活在世上。

[4]太宰魯武公：即賈充，封魯公，死後贈太宰，謚武公。

[5]諒闇：皇帝居喪。

[6]弱冠涉于知命：從二十歲到五十歲。

[7]通人：學識淵博通達的人。　和長輿：和嶠，字長輿，本書卷四五有傳。

［8］屑屑：勞瘁匆迫。　斗筲之役：卑微低賤的工作。

［9］伏臘：伏日和臘日的祭祀活動。

遨墳素之長圃，[1]步先哲之高衢。雖吾顔之云厚，猶内愧於寧蘧。[2]有道余不仕，無道吾不愚。何巧智之不足，而拙艱之有餘也！於是退而閑居，于洛之涘。身齊逸民，名綴下士。背京泝伊，面郊後市。浮梁黝以逕度，[3]靈臺傑其高跱。[4]闚天文之秘奥，睹人事之終始。其西則有元戎禁營，玄幕緑徽，谿子巨黍，異綦同歸，[5]炮石雷駭，激矢虻飛，以先啓行，耀我皇威。其東則有明堂辟雍，[6]清穆敞閑，環林縈映，圓海回泉，聿追孝以嚴父，宗文考以配天，袛聖敬以明順，養更老以崇年。若乃背冬涉春，陰謝陽施，天子有事于柴燎，[7]以郊祖而展義，張鈞天之廣樂，[8]備千乘之萬騎，服棖棖以齊玄，[9]管啾啾而並吹，煌煌乎，隱隱乎，兹禮容之壯觀，而王制之巨麗也。兩學齊列，[10]雙宇如一，右延國胄，左納良逸。祁祁生徒，濟濟儒術，或升之堂，或入之室。教無常師，道在則是。故髦士投紱，[11]名王懷璽，訓若風行，應猶草靡。此里仁所以爲美，孟母所以三徙也。

［1］墳素：泛指古代典籍。

［2］寧：寧武子，春秋時人。《論語・公冶長》：子曰："寧武子，邦有道則智；邦無道則愚。其智可及也，其愚不可及也。"何晏引馬融注説，寧武子是衛大夫，名寧俞。武，是其謚號。　蘧：

蘧伯玉，春秋時衛國人，名瑗，字伯玉。其人其事在《孔子家語》《説苑》《新序》等書中多有記載。

[3]浮梁黝以逕度：長長的浮橋渡過伊水。

[4]靈臺：觀察天文星象的高臺。

[5]谿子巨黍，異絭同歸：谿子，古代强弓名。《史記·蘇秦列傳》："天下之强弓勁弩皆從韓出。谿子、少府時力，距來者，皆射六百步之外。"裴駰集解引許慎曰："南方谿子蠻夷柘弩，皆善材。"巨黍，亦古代强弓名。此句意爲雖然是不同的强弓，但其威力是一樣的。

[6]明堂：本爲皇帝舉行朝會、祭祀、養老、教學等大典的建築，魏晋南北朝時期主要爲祭祀場所。　辟雍：西周天子所設大學。東漢以後，爲行鄉飲酒、大射或祭祀之禮的地方。漢班固《白虎通·辟雍》："天子立辟雍何？辟雍，所以行禮樂、宣德化也。辟者，璧也，象璧圓，以法天也。雍者，壅之以水，象教化流行也。辟之爲言積也，積天下之道德；雍之爲言壅也，壅天下之儀則。故謂之辟雍也。"

[7]柴燎：燒柴祭天。

[8]張鈞天之廣樂：奏響天上的仙樂。《史記》卷四三《趙世家》：趙簡子語大夫曰："我之帝所甚樂，與百神游於鈞天，廣樂九奏萬舞，不類三代之樂，其聲動人心。"

[9]棖（chéng）棖（chéng）：象聲詞。宋本、殿本作"振振"。

[10]兩學：指國子學和太學。

[11]髦士：英俊之士。　投紱：棄官不做。

爰定我居，築室穿池，長楊映沼，芳枳樹籬，游鱗瀺灂，[1]菡萏敷披，[2]竹木蓊藹，靈果參差。張公大谷之梨，[3]梁侯烏椑之柿，[4]周文弱枝之棗，[5]

房陵朱仲之李，[6]靡不畢植。三桃表櫻胡之别，二奈耀丹白之色，石榴蒲桃之珍，磊落蔓衍乎其側。梅杏郁棣之屬，繁榮藻麗之飾，華實照爛，言所不能極也。菜則葱韭蒜芋，青筍紫薑，堇薺甘旨，蓼荾芬芳，蘘荷依陰，時藿向陽，緑葵含露，[7]白薤負霜。[8]

[1]游鱗瀺灂（zhuó）：魚兒撥動出水聲。

[2]菡萏：荷花。

[3]張公大谷之梨：《太平御覽》卷九六九《果部·梨》引《廣志》曰："洛陽北有張公夏梨，海内惟有一樹。"

[4]烏椑（bēi）：果樹名。

[5]周文弱枝之棗：《文選·潘岳〈閑居賦〉》李善注引《廣志》："周文王時，有弱枝之棗，甚美，禁之，不令人取，置樹苑中。"

[6]房陵朱仲之李：《文選·潘岳〈閑居賦〉》李善注引《荆州記》："房陵縣有好棗，甚美，仙人朱仲來竊。"

[7]葵：古代蔬菜名。

[8]薤：多年生草本植物。地下有圓錐形鱗莖，葉叢生，細長中空，斷面爲三角形，傘形花序，花紫色。新鮮鱗莖可作蔬菜，乾燥鱗莖可入藥。

於是凛秋暑退，熙春寒往，微雨新晴，六合清朗。太夫人乃御版輿，[1]升輕軒，遠覽王畿，近周家園。[2]體以行和，藥以勞宣，常膳載加，舊痾有痊。於是席長筵，列孫子，柳垂蔭，車結軌，陸摘紫房，水挂赬鯉，或宴于林，或禊于汜。昆弟斑白，[3]兒童稚齒，稱萬壽以獻觴，咸一懼而一喜。壽觴舉，慈顔和，浮杯樂飲，絲竹駢羅，頓足起舞，抗音高歌，人生安樂，孰知其他。退求己而自省，信用薄而才劣。奉周任之格言，[4]敢陳力而就列。幾陋身之不保，而奚擬乎明哲，仰衆妙而絶思，終優游以養拙。

[1]版輿：版，殿本作“板”。

[2]近周家園：宋本無“近”字。

[3]斑白：斑，原本、宋本、殿本作“班”，據中華本改。

[4]周任：周時大夫。一説爲古之良史。其人正直無私，嫉惡如仇，他的許多話爲爲官從政者所服膺。《左傳·昭公五年》：“周任有言曰：‘爲政者，不賞私勞，不罰私怨。’”《左傳·隱公六年》：“周任有言曰：‘爲國家者，見惡，如農夫之務去草焉。’”

初，芘爲琅邪内史，孫秀爲小史給岳，[1]而狡黠自喜。岳惡其爲人，數撻辱之，秀常銜忿。及趙王倫輔政，[2]秀爲中書令。[3]岳於省内謂秀曰：“孫令猶憶疇昔周旋不?”答曰：“中心藏之，何日忘之。”岳於是自知不免。俄而秀遂誣岳及石崇、歐陽建謀奉淮南王允、齊王冏爲亂，[4]誅之，夷三族。岳將詣市，與母别曰：“負阿母!”初被收，俱不相知，石崇已送在市，岳後至，崇謂之曰：“安仁，卿亦復爾邪!”岳曰：“可謂白首同所歸。”岳《金谷詩》云：“投分寄石友，白首同所歸。”乃成其讖。岳母及兄侍御史釋、弟燕令豹、司徒掾據、據弟詵，[5]兄弟之子，已出之女，無長幼一時被害，唯釋子伯武逃難得免。而豹女與其母相抱號呼不可解，會詔原之。

［1］孫秀：西晋琅邪臨沂（今山東省臨沂市）人，趙王倫心腹。趙王倫執政後任中書令，威震朝廷。趙王倫稱帝，任侍中、中書監、驃騎將軍。趙王倫失敗後被殺。　爲小史給岳：擔任小吏供潘岳役使。小史，即小吏。

［2］趙王倫：司馬倫，字子彝，本書卷五九有傳。

［3］中書令：官名，掌收納尚書奏事、傳達皇帝詔旨。三國魏文帝初年分秘書置中書省，設中書監和中書令，職權甚重。三品。

［4］歐陽建：西晋渤海南皮（今河北省南皮縣東北）人，字堅石，石崇外甥。在玄學方面主張“言盡意”，與王弼等人的“言不盡意”相左。　淮南王允：司馬允，字欽度，本書卷六四有傳。齊王冏：司馬冏，字景治，本書卷五九有傳。

［5］侍御史：官名，簡稱御史、侍御。御史臺屬官，曹魏時分掌治書、課第等八曹，尚書、符節等三臺。西晋時分掌吏、課第、直事、印、中都督、外都督、媒、符節、水、中壘、軍營、法、算十三曹。六品。　燕：縣名，治所在今河南省延津縣東北。　司徒掾：司徒府屬官。

岳美姿儀，辭藻絶麗，尤善爲哀誄之文。少時常挾彈出洛陽道，婦人遇之者，皆連手縈繞，投之以果，遂滿車而歸。[1]時張載甚醜，每行，小兒以瓦石擲之，委頓而反。岳從子尼。

［1］滿車而歸：殿本作“滿載以歸”。

尼，字正叔。祖勖，漢東海相。[1]父滿，平原内史。[2]並以學行稱。尼少有清才，與岳俱以文章見知。性静退不競，唯以勤學著述爲事。著《安身論》以明所守，其辭曰：

蓋崇德莫大乎安身，安身莫尚乎存正，存正莫重乎無私，無私莫深乎寡欲。是以君子安其身而後動，易其心而後語，定其交而後求，篤其志而後行。然則動者，吉凶之端也；語者，榮辱之主也；求者，利病之幾也；行者，安危之決也。故君子不妄動也，動必適其道；不徒語也，語必經於理；不苟求也，求必造於義；不虚行也，行必由於正。夫然，用能免或繫之凶，享自天之祐。故身不安則殆，言不從則悖，交不審則惑，行不篤則危。四者行乎中，則患憂接乎外矣。憂患之接，必生於自私，而興於有欲。自私者不能成其私，有欲者不能濟其欲，理之至也。欲苟不濟，能無争乎？私苟不從，能無伐乎？人人自私，家家有欲，衆欲並争，群私交伐。争，則亂之萌也；伐，則怨之府也。怨亂既構，危害及之，得不懼乎？

[1]東海：郡名，治所在郯縣（今山東省郯城縣北）。
[2]平原：郡國名，治所在平原縣（今山東省平原縣西南）。

然棄本要末之徒，知進忘退之士，莫不飾才鋭智，抽鋒擢穎，[1]傾側乎勢利之交，馳騁乎當塗之務。朝有彈冠之朋，[2]野有結綬之友，[3]黨與熾於前，榮名扇其後。握權，則赴者鱗集；失寵，則散者瓦解；求利，則託刎頸之歡；争路，則構刻骨之隙。於是浮僞波騰，曲辯雲沸，寒暑殊聲，朝夕異價，駑蹇希奔放之迹，[4]鉛刀競一割之用。至於愛惡相攻，與奪交戰，誹謗噂喈，[5]毁譽縱横，君子務能，小人伐技，[6]風頽於上，俗弊於下。禍結而恨争也不强，患至而悔伐之未辯，大者傾國喪家，次則覆身滅祀。其故何邪？豈不始於私欲而終於争伐哉！

[1]抽鋒擢穎：顯露才華。

[2]彈冠之朋：典出《漢書》卷七二《王吉傳》："吉與貢禹爲友，世稱'王陽在位，貢公彈冠'，言其取捨同也。"意爲王吉、貢禹友善，王吉做官，貢禹也準備出仕。

[3]結綬之友：《漢書》卷七八《蕭望之附蕭育傳》："（蕭育）少與陳咸、朱博爲友，著聞當世。往者有王陽、貢公，故長安語曰：'蕭朱結綬，王貢彈冠'，言其相薦達也。"

[4]駑蹇：劣馬，比喻能力低下。

[5]噂喈：議論紛紛。喈，殿本作"沓"。

[6]伐技：炫耀自己的技能。

君子則不然。知自私之害公也，然後外其身；知有欲之傷德也，故遠絶榮利；知争競之遘灾也，故犯而不校；知好伐之招怨也，故有功而不德。安身而不爲私，故身正而私全；慎言而不適欲，故言濟而欲從；定交而不求益，故交立而益厚；謹行而不求名，故行成而名美。止則立乎無私之域，行則由乎不争之塗，必將通天下之理，而濟萬物之性。天下猶我，故與天下同其欲；己猶萬物，故與萬物同其利。

夫能保其安者，非謂崇生生之厚而耽逸豫之樂也，[1]不忘危而已。有期進者，非謂窮貴寵之榮而藉名位之重也，不忘退而已。存其治者，非謂嚴刑政之威而明司察之禁也，不忘亂而已。故寢蓬室，隱陋巷，披短褐，茹藜藿，環堵而居，易衣而出，苟存乎道，非不安也。雖坐華殿，載文軒，服黼綉，御方丈，重門而處，成列而行，不得與之齊榮。用天時，分地利，甘布衣，安藪澤，沾體塗足，耕而後食，苟崇乎德，非不進也。雖居高位，饗重禄，執權衡，握機秘，功蓋當時，勢侔人主，不得與之比逸。遺意慮，没才智，忘肝膽，棄形器，貌若無能，志若不及，苟正乎心，非不治也。雖繁計策，廣術藝，審刑名，峻法制，文辯流離，論議絶世，不得與之争功。故安也者，安乎道者也。進也者，進乎德者也。治也者，治乎心者也。未有安身而不能保國家，進德而不能處富貴，治心而不能治萬物者也。

[1]逸豫：安逸舒適。

然思危所以求安，慮退所以能進，懼亂所以保治，戒亡所以獲存也。若乃弱志虚心，曠神遠致，徙倚乎不拔之根，浮游乎無垠之外，不自貴於物而物宗焉，不自重於人而人敬焉。可親而不可慢也，可尊而不可遠也。親之如不足，天下莫之能狎也；舉之如易勝，而當世莫之能困也。達則濟其道而不榮也，窮則善其身而不悶也，用則立於上而非争也，捨則藏於下而非讓也。夫榮之所不能動者，則辱之所不能加也；利之所不能勸者，則害之所不能嬰也；譽之所不能益者，則毁之所不能損也。

今之學者誠能釋自私之心，塞有欲之求，杜交争之原，去矜伐之態，動則行乎至通之路，静則入乎大順之門，泰則翔乎寥廓之宇，否則淪乎渾冥之泉。[1]邪氣不能干其度，外物不能擾其神，哀樂不能盪其守，死生不能易其真。而以造化爲工匠，天地爲陶鈞，名位爲糟粕，勢利爲埃塵，治其内而不飾其外，求諸己而不假諸人，忠肅以奉上，愛敬以事親，可以御一體，可以牧萬民，[2]可以處富貴，可以居賤貧，[3]經盛衰而不改，則庶幾乎能安身矣。

[1]渾冥：昏暗幽深。

[2]牧萬民：牧，原本、宋本作“收”，殿本作“牧”，據殿本改。

[3]居賤貧：居，殿本作“安”。

初應州辟，後以父老，辭位致養。太康中，舉秀才，爲太常博士。[1]歷高陸令、淮南王允鎮東參軍。[2]元康初，拜太子舍人，上《釋奠頌》。[3]其辭曰：

元康元年冬十二月，上以皇太子富於春秋，而人道之始莫先於孝悌，初命講《孝經》于崇正殿。[4]實應天縱生知之量，微言奥義，發自聖問，業終而體達。至三年春閏月，[5]將有事於上庠，[6]釋奠于先師，禮也。越二十四日丙申，[7]侍祠者既齊，輿駕次于太學。[8]太傅在前，[9]少傅在後，[10]恂恂乎弘保訓之道；宫臣畢從，三率備衛，[11]濟濟乎肅翼贊之敬。乃掃壇爲殿，[12]懸幕爲宫。夫子位于西序，顔回侍于北墉。宗伯掌禮，[13]司儀辨位。二學儒官，搢紳先生之徒，垂纓佩玉，規行矩步者，皆端委而陪於堂下，[14]以待執事之命。設樽篚於兩楹之間，[15]陳罍洗於阼階之左。[16]几筵既布，鐘懸既列，我后乃躬拜俯之勤，資在三之義。[17]謙光之美彌劭，闕里之教克崇，[18]穆穆焉，邕邕焉，真先王之徽典，不刊之美業，允不可替已。於是牲饋之事既終，享獻之禮已畢，釋玄衣，御春服，弛齋禁，反故式。天子乃命内外群司，百辟卿士，[19]蕃王三事，[20]至于學徒國子，咸來觀禮，我后皆延而與之燕。金石簫管之音，八佾六代之舞，[21]鏗鏘闉閣，般辟俯仰，可以徵神滌欲，移風易俗者，罔不畢奏。抑淫哇，屏《鄭》《衛》，[22]遠佞邪，釋巧辯。是日也，人無愚智，路無遠邇，離鄉越國，扶老携幼，不期而俱萃。皆延頸以視，傾耳以聽，希道慕業，洗心革志，想洙泗之風，[23]歌來蘇之惠。[24]然後知居室之善，著應乎千里之外；不言之化，洋溢于九有之内。於熙乎若典，固皇代之壯觀，萬載之一會也。尼昔忝禮官，嘗聞俎豆。今厠末列，親睹盛美，瀸漬徽猷，[25]沐浴芳潤，不知手舞口咏，竊作頌一篇。[26]義近辭陋，不足測盛德之形容，光聖明之遐度。其辭曰：

[1]太常博士：官名，秦漢時博士名義上屬太常，備諮詢顧問。魏晋時由於國子博士、太學博士專掌經學傳授、參議禮儀制度，遂别置太常博士，掌引導乘輿，擬議王公以下謚號，參議朝廷禮儀典章。六品。

[2]高陸：縣名，治所在今陝西省高陵縣西南。　鎮東參軍：官名，鎮東將軍僚屬。參軍，亦作參軍事，謂參謀軍事。兩晋公府、軍府皆置。

[3]釋奠：古代在學校設置酒食以奠祭先聖先師的典禮。

[4]《孝經》：儒家經典之一。孔門後學所撰，今文本十八章，漢、晋、唐、宋多有儒者爲之作注。

[5]三年春閏月：三年，殿本作“二年”。

[6]上庠：古代的大學。《禮記·王制》：“有虞氏養國老於上庠，養庶老於下庠。”鄭玄注：“上庠，右學，大學也。”

[7]丙申：丙，原本作“景”。“景”爲“丙”的避諱字，本卷以下凡遇此避諱字均徑改，不再出注。

[8]太學：古代設於京城的最高學府，主要從事儒學教育。

[9]太傅：官名，此指太子太傅，與太子少傅並稱二傅，三國時並攝東宫事務，與尚書、東曹並掌太子、諸侯官署選舉。西晋時下設丞、功曹、主簿等屬官。三品。

[10]少傅：此指太子少傅。見上注。

[11]三率：皇宫所置宿衛有“三率”之稱，指中衛率、左衛率、右衛率。

[12]掃壇爲殿：掃，宋本作“埽”。

［13］宗伯：掌宗廟祭祀之官名。《尚書・周官》："宗伯掌邦禮，治神人，和上下。"《周禮・春官・宗伯》："乃立春官宗伯，使帥其屬而掌邦禮，以佐王和邦國。"鄭玄注："宗伯，主禮之官。"此處宗伯用周代官名指掌釋奠禮的官員。

［14］端委：身穿禮服。

［15］樽篚：樽，盛酒器皿。篚，盛食物器皿。此指酒食物。

［16］罍洗：古代潔手的器皿。罍盛清水，洗盛洗手的髒水。

［17］在三：尊敬君、父、師。典出《國語・晋語一》："'民生於三，事之如一。'父生之，師教之，君食之。非父不生，非食不長，非教不知，生之族也，故一事之，唯其所在，則致死焉。"韋昭注："三，君、父、師也。"

［18］闕里之教克崇：儒家的教化得到發揚光大。闕里，孔子故里，此指儒家。

［19］百辟：百官。

［20］三事：三公。《詩・小雅・雨無正》："三事大夫，莫肯夙夜。"孔穎達疏："三事大夫爲三公耳。"

［21］八佾：古代天子用的一种樂舞。佾，舞列，縱横都是八人，共六十四人。

［22］《鄭》《衛》：古代音樂。《鄭》，鄭聲，被斥爲淫聲。《衛》，被認爲是亂世之音。

［23］洙泗之風：指儒家學説。洙泗，洙水和泗水，孔子講學之地。泛指儒家。

［24］來蘇：謂因其來而於困苦中獲得蘇息。

［25］瀸（jiān）漬徽猷：受善美之道的浸染。

［26］竊作頌一篇：竊，原本、宋本作"切"，殿本作"竊"，據殿本、中華本校勘記改。

三元迭運，[1]五德代微。[2]黄精既亢，[3]素靈乃暉。[4]有皇承天，造我晋畿。祚以大寶，登以龍飛。宣基誕命，景熙遐緒，三分自文，[5]受終惟武。席卷要蠻，蕩定荒阻；道濟群生，化流率土。後帝承哉，丕隆曾構。奄有萬方，光宅宇宙。

［1］三元：日、月、星。

［2］五德：金、木、水、火、土。

［3］黄精：黄土之精，指土德。按五德終始説，漢爲火德，魏爲土德，晋爲金德。

［4］素靈：指西晋本朝。晋以金德王，金屬西方，其色白，故稱。

［5］三分自文：三，宋本作“參”。

篤生上嗣，繼期挺秀。聖敬日躋，濬哲閎茂。[1]留精儒術，敦閲古訓。[2]遵道讓齒，降心下問。鋪以金聲，光以玉潤。如日之升，如乾之運。乃延臺保，乃命學臣。聖容穆穆，侍講誾誾。抽演微言，啓發道真。探幽窮賾，[3]温故知新。講業既終，精義既研。崇聖重師，卜日告奠。[4]陳其三牢，[5]引其四縣。[6]既戒既式，乃盥乃薦。

［1］濬哲閎茂：智慧深邃思想宏大。

［2］敦閲古訓：閲，原本、宋本作“悦”，殿本作“閲”。中華本校勘記：“《斠注》：《初學記》一四‘敦閲’作‘敦悦’。案：孔融《上書薦謝該》：‘清白異行，敦悦道訓。’”據殿本、中華本校勘記改。

［3］探幽窮賾：探索深層的本質，窮究深奥的道理。

［4］卜日告奠：告，原本、宋本作“吉”，殿本作“告”，據殿本改。

［5］三牢：以牛羊猪三牲作祭品，即太牢。

［6］四縣：天子之樂。《周禮·春官·小胥》：“正樂縣之位，王宫縣，諸侯軒縣，卿大夫判縣，士特縣，辨其聲。”鄭玄注引漢鄭司農云：“宫縣，四面縣，軒縣去其一面，判縣又去其一面，特縣又去其一面。四面象宫室四面有墻，故謂之宫縣。”

恂恂孔聖，百王攸希。亹亹顔生，好學無違。曰皇儲后，體神合幾。[1]兆吉先見，知來洞微。濟濟二宫，[2]藹藹庶寮。俊乂鱗萃，髦士盈朝。如彼和肆，莫匪瓊瑶；[3]如彼儀鳳，樂我《雲》《韶》。[4]瓊瑶誰剖？四門洞開；《雲》《韶》奚樂？神人允諧。蟬冕耀庭，細珮振階。[5]德以謙光，仁以恩懷。我酒惟清，我肴惟馨。舞以六代，歌以九成。

［1］體神合幾：幾，殿本作“機”。

［2］二宫：太子東宫。周一良先生指出：“蓋當時東宫之别稱，取義於副貳。貳字從弍聲，弍即古二字，故二貳相通，二宫即貳宫也。”（周一良：《魏晋南北朝史札記》，中華書局1985年版，第45頁）

［3］瓊瑶：美玉。

［4］《雲》：即《雲門》，周朝樂舞之一。《周禮·春官·大司樂》：“以樂舞教國子。舞《雲門》《大卷》《大鹹》《大磬》《大夏》《大濩》《大武》。”鄭玄注：“此周所存六代之樂，黄帝曰《雲門》《大卷》。黄帝能成名萬物，以明民共財，言其德如雲之所出，

民得以有族類。”　《韶》：《大韶》。《尚書·益稷》注引《説文》：“《韶》下云：‘虞舜樂也。’”

[5]細珮振階：原本、宋本作“紳珮振諧”，殿本作“細珮振階”，據殿本改。

莘莘胄子，[1]祁祁學生。洗心自百，觀國之榮。學由蒔苗，[2]化若偃草。博我以文，弘我以道。萬邦蟬蜕，翊乃俊造。鑽蚌瑩珠，剖石摛藻。[3]絲匪玄黄，水罔方圓。引之斯流，染之斯鮮。若金受範，若埴在甄。[4]上好如雲，下效如川。

[1]莘莘胄子：衆多的國子學生。

[2]由：殿本作“猶”。　蒔苗：種苗。

[3]剖石：剖開璞石露出美玉。　摛藻：鋪陳辭藻。意謂施展文才。

[4]若埴在甄：黏土在陶輪上。意謂人才塑造。

昔在周興，王化之始。曰文曰武，時惟世子。今我皇儲，齊聖通理。[1]緝熙重光，於穆不已。於穆伊何？思文哲后。媚兹一人，實副元首。孝洽家邦，光照九有。[2]純嘏自晉，永世昌阜。微微下臣，過充近侍。猥躡風雲，鸞龍是厠。身澡芳流，目玩盛事。竭誠作頌，祗咏聖志。

[1]齊聖通理：齊，殿本作“濟”。

[2]九有：九州。

出爲宛令,[1]在任寬而不縱，恤隱勤政，厲公平而遺人事。入補尚書郎，俄轉著作郎。爲《乘輿箴》，其辭曰：

[1]宛：縣名，治所在今河南省南陽市。

《易》稱："有天地然後有人倫，有父子然後有君臣"。[1]傳曰："大者天地，其次君臣。"然君臣父子之道，天地人倫之本，未有以先之者也。故天生蒸人而樹之君，使司牧之，將以導群生之性，而理萬物之情。[2]豈以寵一人之身，極無量之欲，如斯而已哉！夫古之爲君者，無欲而至公，故有茅茨土階之儉；而後之爲君，有欲而自利，故有瑶臺瓊室之奓。[3]無欲者，天下共推之；有欲者，天下共争之。推之之極，雖禪代猶脱屣；争之之極，雖劫殺而不避。故曰"天下非一人之天下，乃天下之天下"，安可求而得，辭而已者乎！

[1]"有天地然後有人倫"句：語見《易·序卦》："有天地然後有萬物，有萬物然後有男女，有男女然後有夫婦，有夫婦然後有父子，有父子然後有君臣，有君臣然後有上下，有上下然後禮義有所錯。"

[2]理萬物之情：宋本無"萬"字。

[3]瑶臺瓊室之奓：玉砌的樓臺宫室。泛指華麗的宫廷建築物。奓：同奢。

夫修諸己而化諸人，出乎邇而見乎遠者，言行之謂也。故人主所患，莫甚於不知其過；而所美，莫美於好聞其過。若有君於此，而曰予必無過，唯其言而莫之違，斯孔子所謂其庶幾乎一言而喪國者也。蓋君子之過，如日月之蝕：過也，人皆見之；更也，人皆仰之。雖以堯、舜、湯、武之盛，必有誹謗之木，敢諫之鼓，盤杅之銘，[1]無諱之史，[2]所以閑其邪僻而納諸正道，[3]其自維持如此之備。故箴規之興，將以救過補闕，然猶依違諷喻，使言之者無罪，聞之者足以自誡。先儒既援古義，舉内外之殊，而高祖亦序六官，論成敗之要，義正辭約，又盡善矣。自《虞人箴》以至于《百官》，[4]非唯規其所司，誠欲人主斟酌其得失焉。《春秋傳》曰："命百官箴王闕"，則亦天子之事也。

[1]盤杅之銘：在盤杅上銘刻自警之句。《後漢書》卷五二《崔駰傳》："遠察近覽，俯仰有則，銘諸几杖，刻諸盤杅。"李賢注引《太公金匱》："武王曰：'吾欲造起居之誡，隨之以身。'几之書曰：'安無忘危，存無忘亡，孰惟二者，必後無凶。'杖之書：'輔人無苟，扶人無咎。'"引《墨子》："堯、舜、禹、湯書其事於竹帛，瑑之盤盂。""杅亦盂也。"

[2]無諱之史：《漢書》卷六二《司馬遷傳贊》："辨而不華，質而不俚，其文直，其事核，不虚美，不隱惡，故謂之實録。"

[3]閑：閑，圈欄。引申爲阻遏。

[4]《虞人箴》以至于《百官》：《郝氏後漢書》卷六六《文藝·箴》："箴者刺譏勸戒之文也，自古有之。於魏絳對晋侯始見《虞人箴》一篇，其文似詩而簡婉高雅。至漢成帝時，揚雄依《虞

箴》作《十二州箴》《二十五官箴》，亡失九篇。後漢崔駰、駰子瑗、瑗子寔補其闕，及臨邑侯劉騊、太傅胡廣各有所增，凡四十八篇。廣乃署之曰《百官箴》。自是凡臣子進規於上皆有箴矣。”

尼以爲王者膺受命之期，當神器之運，總萬機而撫四海，簡群才而審所授，孜孜於得人，[1]汲汲於聞過，[2]雖廷争面折，猶將祈請而求焉。至於箴規，諫之順者，曷爲獨闕之哉？是以不量其學陋思淺，因負擔之餘，嘗試撰而述之。[3]不敢斥至尊之號，故以“乘輿”目篇。蓋帝王之事至大，而古今之變至衆，文繁而義詭，意局而辭野，將欲希企前賢，仿佛崇軌，譬猶丘垤之望華岱，恒星之繫日月也，其不逮明矣。頌曰：[4]

[1]孜孜：急切，懇切。

[2]汲汲：急切，迫切。

[3]嘗試撰而述之：嘗，原本、宋本作“當”，殿本作“嘗”，據殿本、中華本校勘記改。

[4]頌曰：中華本校勘記：“周校：當作‘箴曰’。”

元元遂初，芒芒太始。清濁同流，玄黄錯跱。[1]上下弗形，尊卑靡紀。赫胥悠哉，[2]大庭尚矣。皇極啓建，兩儀既分。彝倫永序，[3]萬邦已紛。國事明王，家奉嚴君。各有攸尊，德用不勤。羲農已降，[4]暨于夏殷。或禪或傳，乃質乃文。

[1]玄黄錯跱：天地不分。玄指天的顔色，黄指地的顔色。

[2]赫胥：即赫胥氏，傳説中的帝王名。《莊子·馬蹄》："夫赫胥氏之時，民居不知所爲，行不知所之，含哺而熙，鼓腹而游。"成玄英疏："赫胥，上古帝王也。亦言有赫然之德，使民胥附，故曰赫胥。蓋炎帝也。"

[3]彝倫永序：永，原本、宋本作"未"，殿本作"永"，據殿本改。

[4]羲：庖犧氏，又作伏羲、伏戲、伏犧、包羲、犧皇、宓犧等。即太昊，或稱黄熊氏。神話中的人類始祖，八卦創始人。農：神農氏，傳説中的遠古帝王名。始教民稼穡，故稱神農氏。又傳他曾嘗百草，發現藥材，教人治病。也稱炎帝。

太上無名，下知有之。仁義不存，而人歸孝慈。無爲無執，何欲何思。忠信之薄，[1]禮刑實滋。既譽既畏，以侮以欺。作誓作盟，而人始叛疑。[2]煌煌四海，[3]藹藹萬乘，[4]匪誓焉憑？左輔右弼，前疑後丞。[5]一日萬機，[6]業業兢兢。夫出其言善，則千里是應；而莫余違，亦喪邦有徵。樞機之動，式以廢興。殷監不遠，若之何勿懲！[7]

[1]忠信之薄：忠信的觀念衰微。

[2]"作誓作盟"句：宣誓結盟和無信叛變同時出現。

[3]煌煌：形容廣袤。

[4]藹藹：温和貌。

[5]前疑後丞：古官名。《尚書大傳》卷二："古者天子必有四鄰，前曰疑，後曰丞，左曰輔，右曰弼。"

[6]一日萬機：機，殿本作"幾"。

[7]若之何勿懲：懲，原本、宋本作"徵"，殿本作"懲"，據

殿本、中華本校勘記改。

且厚味腊毒，豐屋生灾。辛作琁室，[1]而夏興瑶臺。[2]糟丘酒池，[3]象箸玉杯。[4]厥肴伊何？龍肝豹胎。[5]惟此哲婦，[6]職爲亂階。殷用喪師，夏亦不恢。是以帝堯在位，茅茨不翦。[7]周文日昃，[8]昧旦丕顯。[9]夫德輶如毛，而或舉之者鮮。故《濩》有慚德，[10]《武》未盡善。[11]下世道衰，末俗化淺。耽樂逸游，荒淫沉湎。不式古訓，而好是佞辯；不遵王路，而覆車是踐。成敗之效，載在先典。匪唯陵夷，厥世用殄。故曰樹君如之何？將人是司牧。視之猶傷，而知其寒燠。[12]故能撫之斯柔，而敦之斯睦；無遠不懷，靡思不服。夫豈厭縱一人，而玩其耳目；内迷聲色，外荒馳逐；不修政事，而終於顛覆？

[1]辛作琁室：商紂王建造豪華宫室。辛，帝辛，即商紂王。

[2]瑶臺：美玉砌的樓臺。

[3]糟丘酒池：《韓非子·喻老》："紂爲肉圃，設炮烙，登糟丘，臨酒池，紂遂以亡。"

[4]象箸玉杯：喻生活奢華。《韓非子·喻老》："象箸玉杯，必不羹菽藿，必旄象豹胎。"

[5]龍肝豹胎：喻美味佳餚。

[6]哲婦：多謀善慮的女人。

[7]茅茨不翦：形容生活儉樸。《韓非子·五蠹》："堯之王天下也，茅茨不翦，采椽不斲。"

[8]日昃：太陽偏西。

[9]昧旦丕顯：語見《左傳・昭公三年》："《讒鼎之銘》曰：昧旦丕顯，後世猶怠。"意爲每天天不亮就起來，會顯赫英明，而後代却懶得去做。

[10]《濩》有慚德：《濩》，商湯之樂。典出《左傳・襄公二十九年》：吴國季札到魯國，魯君請他欣賞音樂。當他聽到《濩》時説："聖人之弘也，而猶有慚德，聖人之難也。"《尚書・仲虺之誥》："成湯放桀于南巢，惟有慚德，曰：'予恐來世以臺爲口實。'"濩，原本、宋本作"護"，殿本作"湯"，據中華本改。

[11]《武》未盡善：《武》，周樂。典出《左傳・襄公二十九年》：吴國季札到魯國，魯君請他欣賞音樂。當他聽到《武》時説："美哉！周之盛也，其若此乎！"

[12]寒燠：冷熱。

昔唐氏授舜，舜亦命禹。受終納祖，丕承天序。[1]赦桀惟湯，[2]克殷伊武。故禪代非一姓，社稷無常主。四岳三塗，[3]九州之阻。彭蠡、洞庭，殷商之旅。虞夏之隆，非由尺土。而紂之百克，[4]卒於絶緒。故王者無親，唯在擇人。傾蓋惟舊，白首乃新。望由釣夫，[5]伊起有莘。[6]負鼎鼓刀，而謀合聖神。夫豈借官左右，而取介近臣。蓋有國有家者，莫云我聰，或此面從；莫謂我智，聽受未易。甘言美疾，鮮不爲累。由夷逃寵，[7]遠於脱屣。奈何人主，位極則侈？

[1]丕承天序：奉承天的安排。

[2]赦桀惟湯：赦，殿本作"放"。

[3]四岳三塗：《左傳・昭公四年》："四岳、三塗、陽城、大

室、荆山、中南，九州之險也。”杜預注：“東岳岱，西岳華，南岳衡，北岳恒。”三塗，杜預注：“山名，太行、轘轅、崤澠也。”

[4]紂之百克：克，宋本作“冠”。

[5]望由釣夫：吕望起家於釣夫。

[6]伊起有莘：伊尹出自有莘氏。

[7]由：許由，堯欲讓之以天下，許由不受，隱於陽箕山之下。夷：伯夷，商末時孤竹國君之子，與其兄互相謙讓繼承君位的權力，結果一起跑到周國。

知人則哲，惟帝所難。唐朝既泰，[1]四族作奸。[2]周室既隆，而管蔡不虔。[3]匪我二聖，孰弭斯患？若九德咸受，俊乂在官，君非臣莫治，臣非君莫安。故《書》美康哉，[4]而《易》貴金蘭。[5]有皇司國，敢告納言。

[1]唐朝：指唐堯時代。

[2]四族：即四凶，堯舜時期的四個惡人。《左傳·文公十八年》：“舜臣堯，賓於四門，流四凶族渾敦、窮奇、檮杌、饕餮，投諸四裔，以禦魑魅。是以堯崩而天下如一，同心戴舜以爲天子，以其舉十六相，去四凶也。”

[3]管蔡：管叔和蔡叔。管叔又稱叔鮮，姬姓，名鮮，西周初三監之一。周武王之弟，被封於管，以監視武庚及殷商遺民。後與蔡叔、武庚起兵反對周公，失敗身亡。蔡叔，又稱叔度，姬姓，名度，西周初三監之一。周武王之弟，被封於蔡，以監視殷遺民。後聯合管叔、武庚起兵反對周公，失敗，被流放而死。二人均爲周武王之弟，因起兵作亂失敗身亡。

[4]《書》美康哉：《尚書·益稷》：“乃賡載歌曰：‘元首明哉，股肱良哉，庶事康哉。’”歌詞稱頌君明臣良，諸事安寧。後

遂以“康哉”爲歌頌太平之詞。

［5］《易》貴金蘭：《易·繫辭上》：“二人同心，其利斷金；同心之言，其臭如蘭。”

及趙王倫篡位，孫秀專政，忠良之士皆罹禍酷。尼遂疾篤，取假拜掃墳墓。[1]聞齊王冏起義，乃赴許昌。[2]冏引爲參軍，與謀時務，兼管書記。事平，封安昌公。歷黄門侍郎、散騎常侍、侍中、秘書監。[3]永興末，爲中書令。時三王戰争，[4]皇家多故，尼職居顯要，從容而已。雖憂虞不及，而備嘗艱難。永嘉中，遷太常卿。[5]洛陽將没，携家屬東出成皋，[6]欲還鄉里。道遇賊，不得前，病卒於塢壁，[7]年六十餘。

［1］拜掃墳墓：掃，宋本作“埽”。

［2］許昌：縣名，治所在許昌城（今河南省許昌市東）。

［3］黄門侍郎：官名，魏晋時爲侍中省或門下省次官。侍從皇帝，顧問應對，多以重臣或外戚子弟擔任，位頗重要。五品。　侍中：官名，東漢建安中與給事黄門侍郎出入禁中，省尚書事。曹魏時爲門下之侍中省長官，常侍衛皇帝左右，掌顧問應對、諫諍糾察、平議奏事、駁奏異議等，權力甚重。三品。　秘書監：官名，秘書寺長官，掌管藝文圖籍、課試署吏，統著作局，掌國史修撰並管理中外三閣圖書。三品。

［4］三王戰争：西晋八王之亂中，齊王司馬冏、成都王司馬穎、河間王司馬顒互相攻伐。

［5］太常卿：官名，對太常的尊稱。太常，漢代稱奉常，本掌禮樂宗廟、社稷祭祀，魏晋時此職掌歸尚書裁定，太常成爲閑職。三品。

[6]成皋：縣名，治所在今河南省滎陽市西北汜水鎮。

[7]塢壁：用以防御的土堡。

張載

張載，字孟陽，安平人也。父收，蜀郡太守。[1]載性閑雅，博學有文章。太康初，至蜀省父，道經劍閣。[2]載以蜀人恃險好亂，因著銘以作誡曰：

巖巖梁山，[3]積石峨峨。遠屬荆衡，[4]近綴岷嶓。[5]南通邛僰，[6]北達褒斜。[7]狹過彭碣，[8]高逾嵩華。[9]

[1]蜀郡：治所在成都縣（今四川省成都市）。

[2]劍閣：即劍門關，位於今四川省劍閣縣東北。

[3]梁山：一名高梁山。即今四川劍閣縣北之劍門山。《山海經·中山經》：岷山之“東三百里，曰高梁之山”。

[4]遠屬：遠矚，遠望。　荆衡：衡山。

[5]岷嶓：岷山和嶓塚山。《尚書·禹貢》：“岷、嶓既藝，沱、潛既道。”孔安國傳：“岷山、嶓塚，皆山名。”

[6]邛僰：臨邛和僰道。約當今四川邛崍、宜賓一帶。

[7]褒斜：古道，自今陝西省眉縣沿斜水及其上源石頭河，經今太白縣循褒水至漢中。

[8]彭：彭門山，位於今四川省彭縣西北。　碣：碣石山，位於今河北省昌黎縣北。

[9]嵩華：嵩山和華山。

惟蜀之門，作固作鎮。是曰劍閣，壁立千仞。窮地之險，極路之峻。世濁則逆，道清斯順。閉由往漢，開自有晋。

秦得百二，并吞諸侯。齊得十二，田生獻籌。[1]矧兹狹隘，土之外區。一人荷戟，萬夫趑趄。[2]形勝之地，非親勿居。

[1]田生獻籌：《漢書》卷一《高祖紀下》：劉邦僞游雲夢，拘執韓信，田肯祝賀説："夫齊，東有琅邪、即墨之饒，南有泰山之固，西有濁河之限，北有勃海之利，地方二千里，持戟百萬，縣隔千里之外，齊得十二焉。此東西秦也。非親子弟，莫可使王齊者。"

[2]趑趄：盤桓不進。

昔在武侯，[1]中流而喜。河山之固，見屈吴起。[2]洞庭孟門，[3]二國不祀。興實由德，險亦難恃。自古及今，天命不易。憑阻作昏，鮮不敗績。公孫既没，[4]劉氏銜璧。[5]覆車之軌，無或重迹。勒銘山阿，[6]敢告梁益。[7]

[1]武侯：魏武侯，戰國時魏國國君。魏文侯長子，名子擊。公元前395至前370年在位，爲魏國較强大時期。

[2]見屈吴起：《史記》卷六五《孫子吴起列傳》："武侯浮西河而下，中流，顧而謂吴起曰：'美哉乎山河之固，此魏國之寶也！'起對曰：'在德不在險。昔三苗氏左洞庭，右彭蠡，德義不修，禹滅之。夏桀之居，左河濟，右泰華，伊闕在其南，羊腸在其北，修政不仁，湯放之。殷紂之國，左孟門，右太行，常山在其北，大河經其南，修政不德，武王殺之。由此觀之，在德不在險。若君不修德，舟中之人盡爲敵國也。'武侯曰：'善。'"

[3]洞庭：山名，又稱湘山，即今湖南省岳陽市西南洞庭湖口

君山。　孟門：孟門山，古山名。位於今河南省輝縣西。春秋時爲晋國要隘。

[4]公孫：公孫述，扶風茂陵（今陝西省興平市）人，字子陽。西漢末任更始政權蜀郡太守，後自立爲蜀王，旋又稱帝，建都成都，國號成家，建元龍興。後爲劉秀派兵所滅。

[5]劉氏：指蜀漢後主劉禪。

[6]勒銘山阿：阿，原本、宋本、殿本作“河”，據中華本改。

[7]益：州名，治所在成都縣（今四川省成都市）。

益州刺史張敏見而奇之，乃表上其文，武帝遣使鐫之於劍閣山焉。[1]

[1]鐫之於劍閣山：鐫，宋本作“儁”。

載又爲《榷論》曰：

夫賢人君子將立天下之功，成天下之名，非遇其時，曷由致之哉！故嘗試論之：殷湯無鳴條之事，[1]則伊尹，有莘之匹夫也；周武無牧野之陣，則吕牙，渭濱之釣翁也。若兹之類，不可勝紀。蓋聲發響應，形動影從，時平則才伏，世亂則奇用，豈不信歟！設使秦莽修三王之法，[2]時致隆平，則漢祖，泗上之健吏；[3]光武，舂陵之俠客耳，[4]況乎附麗者哉！故當其有事也，則足非千里，不入於輿；刃非斬鴻，不韜於鞘。是以駑蹇望風而退，頑鈍未試而廢。及其無事也，則牛驥共牢，利鈍齊列，而無長塗犀革以决之，此離朱與瞽者同眼之説也。[5]處守平之世，而欲建殊常之勛，居太平之際，而吐違俗之謀，此猶却步而登山，鬻章甫於越也。[6]漢文帝見李廣而嘆曰：[7]"惜子不遇，當高帝時，萬户侯豈足道哉！"故智無所運其籌，勇無所奮其氣，則勇怯一也；才無所騁其能，辯無所展其説，則頑慧均也。是以吴榜越船，[8]不能無水而浮；青虬赤螭，不能無雲而飛。故和璧之在荆山，[9]隋珠之潛重川，[10]非遇其人，焉有連城之價，照車之名乎！[11]青骹繁霜，[12]縶於籠中，何以效其撮東郭於韝下也？[13]白猿玄豹，藏於櫺檻，[14]何以知其接垂條於千仞也？孱夫與烏獲訟力，[15]非龍文赤鼎，無以明之；蓋聶政與荆卿争勇，[16]非强秦之威，孰能辨之？故餓夫庸隸，[17]抱關屠釣之倫，[18]一旦而都卿相之位，建金石之號者，或有懷顔孟之術，[19]抱伊管之略，[20]没世而不齒者，此言有事之世易爲功，無爲之時難爲名也。若斯湮滅而不稱，曾不足以多談。[21]

[1]鳴條：一在今河南省封丘縣東；一在今山西省運城市東北。

[2]三王：指夏禹、商湯、周文王。

[3]泗上之健吏：劉邦曾任泗上亭長，故言。

[4]春陵之俠客：新莽末，東漢光武帝劉秀在春陵起兵，故言。

[5]離朱：傳説中的視力特强的人。《孟子·离婁上》："孟子曰：'離婁之明，公輸子之巧，不以規矩，不能成方圓。'"焦循正義："離婁，古之明目者，黄帝時人也。黄帝亡其玄珠，使離朱索之。離朱，即離婁也，能視於百步之外，見秋毫之末。" 瞽者：

失明者。

[6]鬻章甫於越：章甫，帽子。越人斷髮紋身，不戴帽子。向越人出售帽子，形容不合時宜。

[7]李廣：西漢隴西成紀（今甘肅省秦安縣北）人。文帝時以良家子從軍擊匈奴。善射，常從文帝射獵。景帝時任騎郎將，平定七國之亂有功。歷任上谷、上郡、隴西、北地、雁門、雲中等邊郡太守。武帝時任未央衛尉。畢生與匈奴大小七十餘戰，聲名遠在諸將之上，然終未能封侯。

[8]吴榜越船：吴越的船。泛指船。

[9]荆山：位於今湖北省境内，漳水、沮水發源處。

[10]隋珠：隋侯之珠。《搜神記》："隋縣溠水側，有斷蛇丘。隋侯出行，見大蛇被傷，中斷，疑其靈異，使人以藥封之，蛇乃能走，因號其處斷蛇丘。歲餘，蛇銜明珠以報之。珠盈徑寸，純白，而夜有光，明如月之照，可以燭室。故謂之'隋侯珠'，亦曰'靈蛇珠，'又曰'明月珠。'"

[11]照車之名：語出《史記》卷四六《田敬仲完世家》：戰國時，魏王問齊威王："王亦有寶乎？"威王曰："無有。"梁王曰："若寡人國小也，尚有徑寸之珠照車前後各十二乘者十枚，奈何以萬乘之國而無寶乎？"威王曰："寡人之所以爲寶與王異。吾臣有檀子者，使守南城，則楚人不敢爲寇東取，泗上十二諸侯皆來朝。吾臣有肦子者，使守高唐，則趙人不敢東漁於河。吾吏有黔夫者，使守徐州，則燕人祭北門，趙人祭西門，徙而從者七千餘家。吾臣有種首者，使備盜賊，則道不拾遺。將以照千里，豈特十二乘哉！"

[12]青骹（qiāo）：一种青腿的獵鷹。　繁霜：白色，此形容獵鷹羽毛的顔色。

[13]東郭：東郭逡，良兔名。《戰國策·齊策三》："韓子盧者，天下之疾犬也。東郭逡者，海内之狡兔也。"　韝：架鷹用的皮套。

[14]櫺檻：大籠子。櫺，殿本作"靈"。

[15]烏獲：戰國時的大力士。

［16］聶政：戰國時韓國軹（今河南省濟源縣）人，受嚴仲子委託，刺殺韓相俠累，乃杖劍至韓府。韓相俠累方坐府上，持兵戟而衛侍者甚衆。聶政直入，上階刺殺俠累，左右大亂。聶政大呼，所擊殺者數十人，因自皮面决眼，自屠出腸，遂以死。　荆卿：荆軻，又稱荆卿、慶卿。戰國時衛國人。好讀書擊劍，游説至燕國，被田光薦之於燕太子丹，與丹共謀刺殺秦王嬴政。燕王喜二十八年（前227），以顯地圖爲名，携帶匕首見秦王，行刺失敗被殺。

［17］故餓夫庸隸：中華本校勘記："周校：'故'下脱'有'字。"

［18］抱關：監門。借指職位卑微。《史記》卷七七《魏公子列傳》："嬴乃夷門抱關者也，而公子親枉車騎，自迎嬴於衆人廣坐之中。"　屠釣：宰牲和釣魚。舊指操賤業者。《韓詩外傳》卷八："太公望少爲人婿，老而見去，屠牛朝歌，賃於棘津，釣於磻溪。"

［19］顔孟：顔回和孟軻。

［20］伊：伊尹，輔佐商湯及其後代外丙、仲壬、太甲的賢臣。　管：管仲，輔佐齊桓公的賢臣。

［21］不足以多談：談，殿本作"説"。

况夫庸庸之徒，少有不得意者，則自以爲枉伏。莫不飾小辯、立小善以偶時，結朋黨、聚虚譽以驅俗。進之無補於時，退之無損於化。而世主相與雷同齊口，吹而煦之，豈不哀哉！今士循常習故，規行矩步，積階級，累閥閲，碌碌然以取世資。若夫魁梧俊傑，卓躒俶儻之徒，[1]直將伏死嶔岑之下，安能與步驟共争道里乎！至如軒冕黻班之士，苟不能匡化輔政，佐時益世，而徒俯仰取容，[2]要榮求利，厚自封之資，豐私家之積，此沐猴而冠耳，[3]尚焉足道哉！

[1]卓躒俶儻：卓犖出衆異於凡人。

[2]俯仰取容：行爲舉止都討好於人。

[3]沐猴而冠：獼猴沐浴戴帽子。比喻外表掩蓋不了本質。常用來諷刺依附權勢、竊據名位之人。

載又爲《濛汜賦》，司隸校尉傅玄見而嗟嘆，[1]以車迎之，言談盡日，爲之延譽，遂知名。起家佐著作郎，[2]出補肥鄉令。[3]復爲著作郎，轉太子中舍人，[4]遷樂安相、弘農太守。[5]長沙王乂請爲記室督。[6]拜中書侍郎，復領著作。載見世方亂，無復進仕意，遂稱疾篤告歸，卒於家。

[1]司隸校尉：官名，三國魏時先治弘農，後治河南，轄司州所屬河南、河東、河内、弘農、平陽五郡。掌監察京師，糾察京都百官。西晋沿置。三品。　傅玄：字休奕，本書卷四七有傳。

[2]佐著作郎：官名，三國時隸屬中書省，西晋時改隸秘書省，協助著作郎修撰國史及起居注，整理秘書省所藏典籍。七品。

[3]肥鄉：縣名，治所在今河北省邯鄲市肥鄉區西南。

[4]太子中舍人：官名，簡稱太子中舍、中舍人、中舍。東宫屬官，其中有才學者與中庶子共掌東宫文翰及奏事文書，侍從規諫太子。位在太子中庶子下、太子洗馬上。六品。

[5]樂安：郡名，治所在高苑縣（今山東省鄒平市長山鎮）。　弘農：郡名，治所在弘農縣（今河南省靈寶市）。

[6]長沙王乂：司馬乂，字士度，本書卷五九有傳。　記室督：官名，公府及開府位從公加兵者屬官，位在主簿下，掌記録、文書繕寫。

協，字景陽，少有俊才，與載齊名。辟公府掾，轉秘書郎,[1]補華陰令、征北大將軍從事中郎,[2]遷中書侍郎。轉河間内史,[3]在郡清簡寡欲。

[1]秘書郎：官名，秘書令屬官，掌管文書機要，亦掌整理典籍、考核舊文。六品。

[2]華陰：縣名，治所在今陝西省華陰市東南。　征北大將軍：官名，職掌與征北將軍同，位在其上，多統兵出鎮一方，都督數州軍事。不常置。二品，開府位從公者一品。　從事中郎：官名，東漢時爲大將軍屬官，地位較高。三國時爲將軍府或公府屬官。六品。此爲征北大將軍府從事中郎。

[3]河間：郡名，西漢高帝置，文帝二年（前178）改爲國，治所在樂成縣（今河北省獻縣東南）。

于時天下已亂，所在寇盜，協遂棄絶人事，屏居草澤，守道不競，以屬咏自娱。擬諸文士作《七命》。其辭曰：

冲漠公子,[1]含華隱曜，嘉遁龍蟠,[2]超世高蹈，游心於浩然，玩志乎衆妙，絶景乎大荒之遐阻，吞響乎幽山之窮奥。於是徇華大夫聞而造焉。[3]乃整雲輅，驂飛黄,[4]越奔沙，輾流霜，陵扶摇之風，躡堅冰之津，旌拂霄崿，軌出蒼垠，天清泠而無霞，野曠朗而無塵，臨重岫而攬轡，顧石室而迴輪。遂適冲漠公子之所居。其居也，峥嶸幽藹,[5]蕭瑟虚玄，溟海渾濩涌其後，嶰谷嘲嘈張其前,[6]尋竹竦莖蔭其壑，百籟群鳴籠其山，衝飆發而回日,[7]飛礫起而灑天。於是登絶巘,[8]遡長風,陳辨惑之辭，命公子於巖中。曰："蓋聞聖人不卷道而背時，智士不遺身而匿迹，生必耀華名於玉牒，[9]没則勒鴻伐於金册。[10]今公子違世陸沉，避地獨竄，有生之歡滅，資父之義廢。愁洽百年，苦溢千載，何異促鱗之游汀濘，[11]短羽之栖翳薈！[12]今將榮子以天人之大寶，悦子以縱性之至娱，窮地而游，中天而居，傾四海之歡，殫九州之腴，鑚屈穀之瓠，[13]解疏屬之拘，子欲之乎？"公子曰："大夫不遺，來萃荒外，雖在不敏，敬聽嘉話。"

[1]冲漠公子：文中的虚擬人物。

[2]嘉遁龍蟠：指隱居。

[3]徇華大夫：文中的虚擬人物。

[4]飛黄：傳説中的神馬名。又名乘黄。《淮南子·覽冥訓》："青龍進駕，飛黄伏皂。"高誘注："飛黄，乘黄也，出西方，狀如狐，背上有角，壽千歲。"

[5]峥嶸幽藹：高山幽谷。

[6]嶰谷：昆侖山北谷名。應劭《風俗通·聲音序》："昔黄帝使伶倫自大夏之西，崑崙之陰，取竹於嶰谷，生其竅厚均者，斷兩節而吹之，以爲黄鐘之管。"　嵧嶆：幽深險峻。

[7]衝飆發而回日：暴風刮走了太陽。

[8]絶巘：山頂。

[9]玉牒：典册，史籍。

[10]鴻伐：大功。

[11]促鱗：小魚。　汀濘：池沼淺水。

[12]短羽：小鳥。　翳薈：草木。

[13]屈穀：人名。事見《韓非子·外儲説左上》："齊有居士田

仲者，宋人屈穀見之，曰：‘穀聞先生之義，不恃人而食。今穀有樹瓠之道，堅如石，厚而無竅，獻之。’仲曰：‘夫瓠所貴者，謂其可以盛也。今厚而無竅，則不可剖以盛物；而任重如堅石，則不可以剖而以斟。吾無以瓠爲也。’曰：‘然，穀將棄之。’今田仲不恃人而食，亦無益人之國，亦堅瓠之類也。”中華本校勘記：“局本原校：‘穀’一作‘轂’。案：屈轂，本於《韓非子·外儲説左上》，亦作‘轂’。《文選》《後漢書·孔融傳》及注亦均作‘轂’。”

大夫曰：“寒山之桐，出自太冥，含黄鐘以吐幹，據蒼岑而孤生。[1]既乃瓊巘層崚，金岸崥㟳，[2]右當風谷，左臨雲溪，上無陵虚之巢，下無跖實之蹊，[3]摇刖峻挺，[4]茗邈嶕嶢，[5]晞三春之溢露，溯九秋之鳴飆，零雪寫其根，霏霜封其條，木既繁而後緑，草未素而先凋。[6]於是構雲梯，陟峥嶸，翦蕤賓之陽柯，[7]剖大吕之陰莖。[8]營匠斲其樸，伶倫均其聲。[9]器舉樂奏，促調高張，音朗號鐘，韵清繞梁。追逸響於八風，采奇律於歸昌，[10]啓中黄之妙宫，[11]發蓐收之變商。[12]若乃龍火西頽，[13]暄氣初收，[14]飛霜迎節，高風送秋，羈旅懷土之徒，流宕百罹之儔，[15]撫促柱則酸鼻，[16]揮危弦則涕流。若乃追清哇，赴嚴節，奏《渌水》，[17]吐《白雪》，[18]激楚回，流風結，悲蓂莢之朝落，[19]悼望舒之夕缺。[20]煢嫠爲之擗摽，[21]孀老爲之嗚咽，王子拂纓而傾耳，六馬嘘天而仰秣。此蓋音曲之至妙，子豈能從我而聽之乎？”公子曰：“余病未能也。”

[1]蒼岑：青山。

[2]崥（pí）崹（tí）：地勢漸趨平緩。李善注《文選·張協〈七命〉》："崥崹，漸平貌也。"

[3]跖實之蹊：可以走的小路。

[4]搖刖峻挺：高峻挺拔。刖，原本、宋本作"則"，殿本作"刖"，據殿本改。

[5]茗邈嶕嶢：峻峭高聳。

[6]草木素而先凋：凋，殿本作"雕"。

[7]蕤賓：古樂十二律中之第七律。

[8]大吕：古樂十二律中的第二律。

[9]伶倫均其聲：《漢書》卷二一《律歷志上》："黄帝使泠綸，自大夏之西，昆侖之陰，取竹之解谷生，其竅厚均者，斷兩節間而吹之，以爲黄鐘之宫。制十二筒以聽鳳之鳴，其雄鳴爲六，雌鳴亦六，比黄鐘之宫，而皆可以生之，是爲律本。"

[10]歸昌：鳳凰集鳴。《説苑·辨物》：鳳凰"晨鳴曰發明，晝鳴曰保長，飛鳴曰上翔，集鳴曰歸昌"。

[11]妙宫：少宫。《通典·樂四》引桓譚《新論》："五弦第一弦爲宫，其次商、角、徵、羽，文王、武王各加一弦，以爲少宫、少商。"

[12]變商：少商。《文選·張協〈七命〉》："啓中黄之少宫，發蓐收之變商。"李善注："《禮鬥威儀》曰：'少宫主政。'宋均曰：'聲五而已，必加少宫少商者，以君臣任重，爲設副也。'"

[13]龍火：指東方七宿中的心宿。東方七宿稱蒼龍，心宿有星三顆，其主星又稱鶉火、大火，故稱。

[14]暄氣：暑氣。

[15]流宕百罹：漂泊流浪遭受多種苦難。

[16]促柱：移近古琴上支撑琴弦的琴柱使琴弦繃緊。

[17]《渌水》：古詩。

[18]《白雪》：古琴曲名。傳爲春秋晋師曠所作。戰國楚宋玉

《諷賦》：“中有鳴琴焉，臣援而鼓之，爲《幽蘭》《白雪》之曲。”

[19]蓂莢：古代傳説中的一種瑞草。它每月從初一至十五，每日結一莢；從十六至月終，每日落一莢。所以從莢數多少，可以知道是何日。一名曆莢。

[20]望舒：爲月亮駕車的神。此指月亮。

[21]煢嫠爲之擗摽：寡婦爲之心痛。嫠，原本作“釐”，宋本作“氂”，皆通“嫠”，殿本作“嫠”，據殿本改。擗摽，拍胸。擗，殿本作“辟”。

大夫曰：“蘭宫秘宇，雕堂綺櫳，[1]雲屏爛旰，[2]瓊壁青蔥，[3]應門八襲，璇臺九重，[4]表以百常之闕，[5]圜以萬雉之墉。[6]爾乃嶢榭迎風，秀出中天，翠觀岑青，彤閣霞連，長翼臨雲，飛陛陵山，望玉繩而結極，[7]承倒景而開軒。[8]禎素焕爛，[9]枌栱嵯峨。[10]陰虬負檐，陽馬承阿。[11]錯以瑶英，鏤以金華，方疏含秀，圓井吐葩。重殿疊起，交綺對榥。[12]幽堂晝密，明室夜朗。焦冥飛而風生，[13]尺蠖動而成響。[14]若乃目厭常玩，體倦帷幄，携公子而雙游，時娱觀於林麓。登翠阜，臨丹谷，華草錦繁，飛采星燭，陽葉春青，陰條秋緑，華實代新，承意恣觀。仰折神藼，[15]俯采朝蘭，怱惠風於蘅薄，[16]眷椒塗於瑶壇。[17]爾乃浮三翼，戲中沚，潛鰓駭，驚翰起，沉絲結，飛矰理，[18]挂歸翮於赤霄之表，出華鱗於紫潭之裏。然後縱櫂隨風，[19]弭楫乘波，[20]吹孤竹，撫雲和，川客唱淮南之曲，榜人奏《采菱》之歌。歌曰：‘乘鷁舟兮爲水嬉，臨芳洲兮拔靈芝。’樂以忘戚，游以卒時，窮夜爲日，畢歲爲期。此蓋宴居之浩麗，子豈能從我而處之乎？”公子曰：“余病未能也。”

［1］雕堂綺櫳：精美雕刻裝飾的大堂和門窗。

［2］雲屏爛旰：繪有雲彩的屏風輝煌燦爛。

［3］瓊壁青葱：墻上有葱緑的美玉。

［4］璇臺：原本爲夏天子的臺名。泛指飾以美玉的高臺。

［5］百常：一千六百尺。八尺爲尋，倍尋爲常。言極高。

［6］萬雉：雉，古代計算城墻面積的單位。長三丈，高一丈爲一雉。

［7］望玉繩而結極：比量玉繩星的高度而加起的房梁。

［8］承倒景而開軒：在最高的地方開窗子。　倒景：天空中最高的地方。

［9］赬素焕爛：色彩繽紛光輝燦爛。

［10］枌栱嵯峨：棟梁斗拱高聳如山。

［11］陽馬：房屋四角承檐的長桁條。其頂端刻有馬形，故稱。《文選·何晏〈景福殿賦〉》：“承以陽馬，接以員方。”李善注：“陽馬，四阿長桁也。”　阿：屋角處翹起來的檐。《莊子·外物》：“宋元君夜半而夢人被髮闚阿門。”陸德明釋文引司馬彪曰：“阿，屋曲檐也。”

［12］交綺：指窗。《文選·張衡〈西京賦〉》：“工巧之瑰瑋，交綺豁以疏寮。”王念孫曰：“交綺，即窗也。”　榥：窗櫺。

［13］焦冥：傳説中一種極小的蟲。《列子·湯問》：“江浦之間生麽蟲，其名曰焦螟。群飛而集於蚊睫，弗相觸也；棲宿去來，蚊弗覺也。”

［14］尺蠖：尺蠖蛾的幼虫，体柔軟細長，屈伸而行。

［15］蕭（xiāo）：香草名，即白芷。

[16]惒惠風於蘅薄：草叢中的杜衡迎著和風。

[17]眷椒塗於瑶壇：依戀瑶堂的用椒泥塗飾的道路。

[18]飛矰：系有生絲繩以射飛鳥的箭。《吕氏春秋·直諫》："荆文王得茹黄之狗，宛路之矰，以畋於雲夢，三月不反。"高誘注："矰，弋射短矢。"

[19]櫂：船槳。

[20]弭檝：停止划槳任船漂蕩。

大夫曰："若乃白商素節，[1]月既授衣，[2]天凝地閉，風厲霜飛，柔條夕勁，密葉晨稀，將因氣以效殺，臨金郊而講師。[3]爾乃列輕武，整戎剛，建雲髦，啓雄芒。駕紅陽之飛燕，[4]驂唐公之驌驦，[5]屯羽隊於外林，縱輕翼於中荒。[6]爾乃張修罠，[7]布飛羅，[8]凌黄岑，挂青巒，畫長壑以爲限，帶流谿以爲關。既乃内無疏蹊，外無漏迹，叩鉦散校，[9]舉麾贊獲，彀金機，馳鳴鏑，覇剛豪，[10]落勁翮，連騎競騖，駢武齊轍，翕忽揮霍，雲回風烈，聲動響飛，形移影發，舉戈林聳，揮鋒電滅，仰傾雲巢，俯殫地穴。乃有圓文之豣，[11]斑題之豵，[12]鼓鬣風生，[13]怒目電瞛，口歕霜刃，[14]足撥飛鋒，甗林蹶石，[15]扣拔幽叢。於是飛黄奮鋭，賁育逞伎。[16]蹙封豨，拉麀麋，[17]挫解貔，鈎爪摧，踞牙擺。瀾漫狼籍，傾榛倒壑，隕嵴挂山，僵踣掩澤，[18]藪爲毛林，隰爲丹薄。[19]於是徹圍頓綱，卷旆收鳶；虞人數獸，[20]林衡計鮮；[21]論最犒勤，息馬韜弦；肴駟連驪，酒駕方軒；千鍾電釂，[22]萬燧星繁；陵阜沾流膏，溪谷厭芳烟。歡極樂殫，迴節而旋。此亦畋游之壯觀，子豈能從我而爲之乎？”公子曰：“余病未能也。”

[1]白商素節：指秋季。

[2]月既授衣：九月。《詩·豳風·七月》：“七月流火，九月授衣。”毛亨傳：“九月霜始降，婦功成，可以授冬衣矣。”

[3]金郊：秋天的郊區。　講師：借田獵以演練軍隊。

[4]紅陽：古人名。　飛燕：良馬名。

[5]騣唐：古人名。　驌驦：良馬名。

[6]縱輕翼於中荒：輕軍在荒野之中馳騁。

[7]乃張修罠：張開捕獸的大網。

[8]布飛羅：中華本校勘記：“周校：《文選》作‘飛纚’，於韵較協。”

[9]叩鉦散校：敲擊銅鉦散爲列陣。鉦，一種古代樂器。形似鐘而狹長，有柄，擊之發聲，用銅製成。行軍時用以節止步伐。《詩·小雅·采芑》：“鉦人伐鼓。”毛亨傳：“鉦以静之，鼓以動之。”孔穎達疏：“《説文》云：‘鉦，鐃也。似鈴，柄中上下通。’然則鉦即鐃也。”

[10]翦剛豪：剪滅猛獸。

[11]圓文之豣：圓形花紋的野獸。

[12]斑題之豵：額頭有斑紋的野獸。

[13]鼓鬣：頭頸上的鬣毛竪起，形容動物發怒的樣子。

[14]口齩霜刃：咬着鋒利的牙齒，形容猛獸的凶猛。

[15]瓻林蹶石：用鼻子摇動樹木，用脚踢起石頭，形容野獸的凶猛。

[16]賁育：古代的勇士孟賁和夏育。《漢書》卷五七《司馬相如傳下》：“臣聞物有同類而殊能者，故力稱烏獲，捷言慶忌，勇期

賁育。”顔師古注：“孟賁，古之勇士也，水行不避蛟龍，陸行不避豺狼，發怒吐氣，聲響動天。夏育，亦猛士也。”

［17］甝（hán）：白虎。《爾雅·釋獸》：“甝，白虎。”甝，原本、宋本作“䖙”，殿本作“甝”，據殿本改。　虪（shù）：黑虎。《爾雅·釋獸》：“虪，黑虎。”

［18］僵踣：動物的尸體，獵物。

［19］隰爲丹薄：動物的血染紅了低窪地方的草叢。

［20］虞人：掌管山澤園囿的官員。

［21］林衡：掌管山林的官員。

［22］千鍾電釂：形容飲酒慶功的場面。鍾和釂均爲酒器。

大夫曰：“楚之陽劍，歐冶所營，[1]邪谿之鋌，赤山之精，[2]銷逾羊頭，鍱越鍛成。[3]乃鍊乃鑠，萬辟千灌。[4]豐隆奮椎，[5]飛廉扇炭，神器化成，陽文陰漫。既乃流綺星連，浮采豔發，光如散電，質如耀雪，霜鍔水凝，冰刃露潔，形冠豪曹，[6]名珍巨闕，[7]指鄭則三軍白首，麾晋則千里流血。豈徒水截蛟鴻，[8]陸灑奔駟，斷浮翮以爲工，絶重甲而稱利云爾而已哉！若其靈寶，則舒辟無方，[9]奇鋒異模，形震薛燭，[10]光駭風胡，價兼三鄉，聲貴二都，或馳名傾秦，或夜飛去吴。是以功冠萬載，威曜無窮，揮之者無前，擁之者身雄，可以從服九國，横制八戎，爪牙景附，函夏承風。此蓋希世之神兵，子豈能從我而服之乎？”公子曰：“余病未能也。”

［1］“楚之陽劍”句：李善注《文選·張協〈七命〉》引

《越絶書》："楚王召風胡子而問之曰：'寡人聞吴有干將，越有歐冶子，寡人愿賫邦之重寶，請此二人作爲鐵劍，可乎？'於是風胡子之吴，見歐冶、干將，使之作鐵劍三枚。"陽劍，見前"干將"注。

［2］"邪谿之鋌"句：李善注《文選·張協〈七命〉》引《越絶書》："越王勾踐有寶劍五，聞於天下。客有能相劍者，名曰薛燭，王召而問之，對曰：'當造此劍之時，赤堇之山破而出錫，若耶之溪涸而出銅。'"

［3］鍱越鍛成：李善注《文選·張協〈七命〉》："鏷或謂爲鍱。《廣雅》曰：鍱，鋌也。"越，殿本作"鉞"。

［4］萬辟千灌：李善注《文選·張協〈七命〉》："辟，謂疊之。灌，謂鑄之。"

［5］豐隆：古代傳説中的雷神。　椎：錘擊的工具。

［6］豪曹：古劍名。《越絶書·外傳記寶劍》："王使取豪曹，薛燭對曰：'豪曹，非寶劍也。'"

［7］巨闕：古代寶劍名。

［8］蛟鴻：鴻，殿本作"龍"。

［9］舒辟無方：伸卷無定形。

［10］薛燭：春秋越人，善相劍。《越絶書·外傳記寶劍》："昔者，越王句踐有寶劍五，聞於天下。客有能相劍者，名薛燭。王召而問之，曰：'吾有寶劍五，請以示之。'"

大夫曰："天驥之駿，逸態超越，禀氣靈川，受精皎月，眸瞷黑照，[1]玄采紺發，[2]沫如揮紅，汗如振血，秦青不能識其衆尺，[3]方堙不能睹其若滅。[4]爾乃巾雲軒，踐朝霧，赴春衢，整秋御，虬踴螭騰，[5]麟超龍翥，[6]望山載奔，視林載赴。氣盛怒發，星飛電駭，志陵九州，勢越四海。影不及形，塵不暇起，浮箭未移，再踐千里。爾乃逾天根，越地隔，適汗漫之所不游，躡章亥之所未迹，[7]陽烏爲之頓羽，[8]夸父爲之投策。[9]斯蓋天下之俊乘，子豈能從我而御之乎？”公子曰：“余病未能也。”

[1]眸矚黑照：形容馬眼睛的明亮。

[2]玄采紺發：深黑發紅。采，殿本作“綵”，同“彩”。

[3]秦青：古善相馬者秦牙和管青。李善注《文選·張協〈七命〉》引《吕氏春秋》：“古者善相馬者管青相唇吻，秦牙相前，皆天下良士也！” 衆尺：指各類馬的身長。

[4]方堙：即九方皋，春秋時秦國之善相馬者。李善注《文選·張協〈七命〉》：“《吕氏春秋》曰：‘古者善相馬者，管青相唇吻，秦牙相前，皆天下良士也。’若趙之王良，秦之伯樂、九方堙，尤盡其妙矣。”

[5]虬踴螭騰：踴，原本、宋本、殿本作“蛹”，據中華本改。

[6]龍翥：龍騰飛。

[7]章亥：大章和豎亥。古代傳説中善走的人。李善注《文選·張協〈七命〉》引《淮南子》：“禹乃使大章步自東極，至於西極，二億三萬三千五百里七十步；使豎亥步自北極，至於南極，二億三萬三千五百七十里。”

[8]陽烏：即三足烏，太陽中的神烏。李善注《文選·張協〈七命〉》引《春秋元命苞》：“陽成於三，故日中有三足烏，烏者，陽精。”

[9]夸父：神話人物。《山海經·海外北經》：“夸父與日逐走，入日。渴欲得飲，飲於河渭，河渭不足，北飲大澤。未至，道渴而死。棄其杖。化爲鄧林。”

大夫曰：“大梁之黍，[1]瓊山之禾，[2]唐稷播其根，[3]農帝嘗其華。[4]爾乃六禽殊珍，四膳異肴，窮海之錯，極陸之毛，伊公爨鼎，庖丁揮刀。味重九沸，和兼芍藥，晨鳧露鵠，[5]霜鶵黄雀，[6]圓案星亂，方丈華錯。封熊之蹯，[7]翰音之跖，[8]燕髀猩脣，髦殘象白，靈川之龜，萊黄之鮐，丹穴之鷚，[9]玄豹之胎，燀以秋橙，[10]酤以春梅，接以商王之箸，承以帝辛之杯。[11]范公之鱗，[12]出自九溪，赬尾丹腮，[13]紫翼青鬐。[14]爾乃命支離，[15]飛霜鍔，[16]紅肌綺散，[17]素膚雪落，婁子之毫不能厠其細，[18]秋蟬之翼不足擬其薄。繁肴既闋，亦有嘉羞。商山之果，漢皋之榛，[19]析龍眼之房，剖椰子之殼。芳旨萬選，承意代奏。乃有荆南烏程、豫北竹葉，[20]浮蟻星沸，[21]飛華萍接。玄石嘗其味，[22]儀氏進其法。[23]傾罍一朝，可以流湎千日；單醪投川，可使三軍告捷。斯人神之所歆羡，[24]觀聽之所煒曄也，[25]子豈能强起而御之乎？”公子曰：“耽爽口之饌，甘腊毒之味，服腐腸之藥，御亡國之器，雖子大夫之所榮，顧亦吾人之所畏，余病未能也。”

[1]大梁：戰國魏都，治所在今河南省開封市西北。

[2]瓊山：昆崙山。

[3]唐稷：唐堯和後稷。

[4]農帝：神農氏。

[5]晨鳧：指野鴨。劉向《説苑·奉使》：“（魏文）侯嗜晨鳧，好北犬。”　露鵠：大雁。天降霜露的時節，大雁最肥美。故稱。

[6]霜鶵（duò）：降霜時節的鶵。鶵，鶵鳩，鳥名。《爾雅·

釋鳥》："鶟鶋，寇雉。"郭璞注："鶟大如鴿，似雌雉，鼠脚無後指，岐尾。爲鳥憨急，群飛，出北方沙漠地。"

［7］封熊之蹯：大熊掌。

［8］翰音：吕延濟注《文選·張協〈七命〉》："翰音，鷄也。"　距：此指鷄爪。

［9］丹穴之鷚：李善注《文選·張協〈七命〉》："《山海經》曰丹穴之山有鳥焉，其狀如鶴，五采，名曰鳳。"

［10］燀以秋橙：與秋橙放在一起煮。

［11］帝辛之杯：商紂王用的玉杯。

［12］范公之鱗：李善注《文選·張協〈七命〉》引陶朱公《養魚經》：威王聘朱公，問之曰："公家累億金，何術乎？"朱公曰："夫爲生之法五，水畜第一。所謂水畜者，魚池也。以六畝地爲池，池中有九洲，即求懷子鯉魚，以二月上旬庚日内池中。養鯉者，鯉不相食，易長又貴也。"

［13］赬尾：《詩·周南·汝墳》："魴魚赬尾，王室如燬。"毛亨傳："赬，赤也，魚勞則尾赤。"

［14］紫翼：紫色的魚胸鰭。　青鬐：黑色魚脊鰭。

［15］支離：即支離益，《莊子》寓言中的人物。《莊子·列御寇》："朱泙漫學屠龍於支離益，單千金之家，三年技成而無所用其巧。"支，宋本作"文"。

［16］霜鍔：寒光閃爍、鋒利無比的刀。

［17］紅肌綺散：紅色的魚肉被切離若散雪。

［18］婁子：離婁。傳説中視力特强的人。

［19］漢皋：山名。位於今湖北省襄陽市西北。　楱（còu）：果名。橘類的一種。《文選·司馬相如〈上林賦〉》："黄甘橙楱。"李善注引張揖曰："楱，小橘也，出武陵。"楱，原本、宋本、殿本作"榛"，據中華本改。

［20］荆南烏程、豫北竹葉：李善注《文選·張協〈七命〉》引盛弘之《荆州記》："渌水出豫章康樂縣，其間烏程鄉，有酒官，

取水爲酒，酒極甘美，與湘東酃湖酒，年常獻之，世稱酃渌酒。”引《吴地理志》：“吴興烏程縣。酒有名。張華《輕薄篇》：蒼梧竹葉清，宜城九醖酒。”

［21］浮蟻：酒面上的浮沫。張衡《南都賦》：“醪敷徑寸，浮蟻若蓱。”

［22］玄石：善辨酒味的人。張華《博物志·雜説下》：“昔劉玄石於中山酒家酤酒，酒家與千日酒，忘言其節度。歸至家當醉，而家人不知，以爲死也，權葬之。酒家計千日滿，乃憶玄石前來酤酒，醉向醒耳。往視之，云玄石亡來三年，已葬。於是開棺，醉始醒，俗云：‘玄石飲酒，一醉千日。’”

［23］儀氏：儀狄，傳説爲夏禹時善釀酒者。《戰國策·魏策二》：“昔者帝女令儀狄作酒而美，進之禹，禹飲而甘之，遂疏儀狄，絶旨酒，曰：‘後世必有以酒亡其國者。’”

［24］歆羡：歆，殿本作“欣”。

［25］煒曄：美盛貌。

大夫曰：“蓋有晋之融皇風也，金華啓徵，大人有作，繼明代照，配天光宅。其基德也，隆於姬公之處岐；[1]其垂仁也，富乎有殷之在亳。[2]南箕之風不能暢其化，[3]離畢之雲無以豐其澤。[4]皇道昭焕，帝載緝熙。導氣以樂，宣德以詩，教清乎雲官之世，[5]政穆乎鳥紀之時。[6]王猷四塞，函夏謐静，丹冥投鋒，青徼釋警，却馬於糞車之轅，銘德於昆吾之鼎。群萌反素，時文載郁，耕父推畔，漁豎讓陸，樵夫耻危冠之飾，輿臺笑短後之服。[7]六合時雍，巍巍蕩蕩，玄髫巷歌，黄髮擊壤，[8]解羲皇之繩，錯陶唐之象。若乃華裔之夷，流荒之貊，語不傳於輶軒，[9]地未被乎正朔，莫不駿奔稽顙，委質重譯。[10]于時昆蚑感惠，[11]無思不服。苑戲九尾之禽，囿栖三足之烏，[12]鳴鳳在林，夥於黄帝之園；有龍游川，盈於孔甲之沼。[13]萬物烟熅，天地交泰，義懷靡内，化感無外，林無被褐，山無韋帶。[14]皆象刻於百工，兆發乎靈蔡，[15]搢紳濟濟，軒冕藹藹，功與造化争流，德與二儀比大。”言未終，公子蹶然而興曰：“鄙夫固陋，守兹狂狷。蓋理有毁之，而争寶之訟解；[16]言有怒之，而齊王之疾痊。[17]向子誘我以聾耳之樂，棲我以蔀家之屋，[18]田游馳蕩，利刃駿足，既老氏之攸戒，非吾人之所欲，故靡得而應子。至聞皇風載韙，[19]時聖道醇，舉實爲秋，摛藻爲春，下有可封之人，上有大哉之君，余雖不敏，請從後塵。”

世以爲工。

[1]姬公：周文王，姓姬，名昌，王季之子，武王之父。　岐：岐山，位於今陝西省岐山縣。

[2]亳：古都邑名。商湯的都城。相傳有三處：南亳，在今河南省商丘市東南。北亳，在今河南省商丘市北。西亳，在今河南省偃師市西。

[3]南箕：星名。即箕宿。

[4]離畢：月亮附於畢星。是天將降雨的徵兆。李善注《文選·張協〈七命〉》引《春秋緯》：“月失其行，離於箕者風，離於畢者雨。”

[5]雲官：相傳黄帝受命有雲瑞，故以雲紀事，以雲名官。李善注《文選·張協〈七命〉》：“郯子曰：昔者黄帝氏以雲紀，故爲

雲師而雲名。"

［6］鳥紀：傳説少皞氏以鳥紀官，以鳥名官。

［7］輿臺：古代十等人中兩個低微等級的名稱。輿爲第六等，臺爲第十等。泛指操賤役者，奴僕。《文選·張衡〈東京賦〉》："發京倉，散禁財，賚皇僚，逮輿臺。"張銑注："輿臺，賤職。"短後之服：後幅較短的上衣，便於活動，多爲武士之衣。語出《莊子·説劍》："吾王所見劍士，皆蓬頭、突鬢、垂冠，曼胡之纓，短後之衣，瞋目而語難。"郭象注："短後之衣，爲便於事也。"

［8］黄髮：老年人。　擊壤：古代的游戲。喻太平盛世。《藝文類聚·帝王部》引皇甫謐《帝王世紀》："（帝堯之世）天下大和，百姓無事，有五十老人擊壤於道。"

［9］輶軒：古代使臣乘坐的一種輕車。

［10］重譯：輾轉翻譯。

［11］昆蚑：昆蟲。

［12］囿栖三足之鳥：鳥，原本、宋本作"烏"，殿本作"鳥"，據殿本改。

［13］孔甲：夏朝君主，好方鬼神，事淫亂。德衰，諸侯叛之。傳説其在位時，天降兩條龍，一雌一雄。孔甲命劉累爲他豢養。

［14］韋帶：古代平民所繫皮帶，没有任何裝飾。《漢書》卷五一《賈山傳》："布衣韋帶之士，修身於内，成名於外，而使後世不絶息。"顔師古注："言貧賤之人也。韋帶，以單韋爲帶，無飾也。"

［15］靈蔡：卜卦用的大龜。蔡，本大龜所出地名，後指大龜。吕延濟注："靈，靈龜也。蔡，謂龜出蔡地。"

［16］争寶之訟解：李善注《文選·張協〈七命〉》"《莊子》：庚市子肩之毁玉也。淮南子《莊子后解》曰：庚市子，聖人無欲者也。人有争財相鬥者，庚市子毁玉於其間，而鬥者止。"

［17］齊王之疾痊：《吕氏春秋·仲冬季》："齊王疾痏，使人之宋迎文摯。文摯至，視王之疾，謂太子曰：'王之疾必可已也。雖然，王之疾已，則必殺摯也。'太子曰：'何故？'文摯對曰：'非怒

王則疾不可治，怒王則摯必死。’太子頓首强請曰：‘苟已王之疾，臣與臣之母以死争之於王，王必幸臣與臣之母，願先生之勿患也。’文摯曰：‘諾。請以死爲王。’與太子期，而將往不當者三，齊王固已怒矣。文摯至，不解屨登床，履王衣，問王之疾，王怒而不與言。文摯因出辭以重怒王，王叱而起，疾乃遂已。”

[18]蔀家之屋：在屋子上罩以草席以遮蔽陽光。語本《易·豐》：“豐其屋，蔀其家，闚其户，闃其無人。”此指布置華美、居住舒適的屋子。

[19]皇風載韙：皇帝英明，實行善政。

永嘉初，復徵爲黄門侍郎，託疾不就，終於家。

亢，字季陽。才藻不逮二昆，亦有屬綴，又解音樂伎術。時人謂載協亢、陸機雲曰“二陸”“三張”。中興初過江，拜散騎侍郎。秘書監荀崧舉亢領佐著作郎，[1]出補烏程令，[2]入爲散騎常侍，復領佐著作。[3]述《曆贊》一篇，見《律曆志》。

[1]荀崧：字景猷，本書卷七五有傳。

[2]烏程：縣名，治所在今浙江省湖州市南下菰城。

[3]入爲散騎常侍，復領佐著作：中華本校勘記：“李校：散騎常侍不當領佐著作，此‘佐’字衍。”

史臣曰：孝若掞蔚春華，[1]時標麗藻。睹其《抵疑》詮理，本窮通於自天；作誥敷文，流英聲於孝悌，[2]旨深致遠，殊有大雅之風烈焉。安仁思緒雲騫，[3]詞鋒景焕，前史儔於賈誼，先達方之士衡。賈論政範，[4]源王化之幽賾；潘著哀詞，貫人靈之情性。機文喻海，韞蓬山而育蕪；岳藻如江，濯美錦而增絢。混三家以通校，爲二賢之亞匹矣。然其挾彈盈果，拜塵趨貴，蔑棄倚門之訓，[5]乾没不逞之間，[6]斯才也而有斯行也，[7]天之所賦，何其駁歟！正叔含咀藝文，履危居正，安其身而後動，契其心而後言，著論究人道之綱，裁箴懸乘輿之鑒，可謂玉質而金相者矣。孟陽鏤石之文，見奇於張敏；《濛汜》之咏，取重於傅玄，爲名流之所挹，亦當代之文宗矣。景陽摛光王府，棣蕚相輝。[8]洎乎二陸入洛，三張減價。考覈遺文，非徒語也。

[1]掞蔚春華：春花茂盛。

[2]孝悌：孝，原本、宋本作“友”，殿本作“孝”，據殿本改。

[3]思緒雲騫：思緒高翔恣肆奔放。

[4]賈論政範：指賈誼的政論之文。

[5]倚門之訓：典出《戰國策·齊策六》：“王孫賈年十五，事閔王。王出走，失王之處。其母曰：‘女朝出而晚來，則吾倚門而望；女暮出而不還，則吾倚閭而望。女今事王，王出走，女不知其處，女尚何歸？’王孫賈乃入市中曰：‘淖齒亂齊國，殺閔王，欲與我誅者袒右！’市人從者四百人，與之誅淖齒，刺而殺之。”

[6]乾没不逞之間：指潘岳死於孫秀對其的怨恨。不逞，不滿，怨恨。

[7]斯才：才，宋本作“求”。

[8]棣蕚：即棣華。喻兄弟。典出《詩·小雅·常棣》：“常棣之華，鄂不韡韡。凡今之人，莫如兄弟。”

贊曰：湛稱弄翰，縟彩雕煥。才高位卑，往哲攸嘆。岳實含章，藻思抑揚。趨權冒勢，終亦罹殃。尼標雅性，夙聞詞令。載協飛芳，棣華增映。

晋書　卷五六

列傳第二十六

江統 子彪 惇　孫楚 孫統 綽[1]

江統

江統，字應元，陳留圉人也。[2]祖蕤，以義行稱，爲譙郡太守，[3]封亢父男。父祚，南安太守。[4]統静默有遠志，時人爲之語曰："嶷然稀言江應元。"與鄉人蔡克俱知名。[5]襲父爵，除山陰令。[6]

[1]"孫楚"下附傳人名，原本總目録、卷首目録均作"子衆，洵，纂，纂子統，統弟綽"。據正文及中華本目録改。

[2]陳留：郡國名，治所在小黄縣（今河南省開封市東）。圉：縣名，治所在今河南省杞縣西南圉鎮。

[3]譙郡：郡國名，曹魏置，治所在譙縣（今安徽省亳州市）。

[4]南安：郡名，治所在獂道縣（今甘肅省隴西縣東南）。

[5]蔡克：西晋陳留（今河南省開封市東）人，博士、從事中郎，力阻司馬穎殺害陸雲，未果。後死於八王之亂。

[6]山陰：縣名，治所在今浙江省紹興市。

時關隴屢爲氐羌所擾，[1]孟觀西討，[2]自擒氐帥齊萬年。[3]統深惟四夷亂華，宜杜其萌，乃作《徙戎論》。其辭曰：

夫夷蠻戎狄，謂之四夷，[4]九服之制，[5]地在要荒。《春秋》之義，内諸夏而外夷狄。以其言語不通，贄幣不同，法俗詭異，種類乖殊；或居絕域之外，山河之表，崎嶇川谷阻險之地，與中國壤斷土隔，不相侵涉，賦役不及，正朔不加，故曰："天子有道，守在四夷。"禹平九土，而西戎即叙。[6]其性氣貪婪，凶悍不仁，四夷之中，戎狄爲甚。弱則畏服，强則侵叛。雖有賢聖之世，大德之君，咸未能以通化率導，而以恩德柔懷也。當其强也，以殷之高宗而憊於鬼方，[7]有周文王而患昆夷、獫狁，[8]高祖困於白登，[9]孝文軍於霸上。[10]及其弱也，周公來九譯之貢，中宗納單于之朝，[11]以元成之微，[12]而猶四夷賓服。此其已然之效也。故匈奴求守邊塞，而侯應陳其不可；[13]單于屈膝未央，望之議以不臣。[14]是以有道之君牧夷狄也，惟以待之有備，禦之有常。雖稽顙執贄，而邊城不弛固守；爲寇賊强暴，[15]而兵甲不加遠征。期令境内獲安，疆埸不侵而已。[16]

[1]氐羌：氐族和羌族，古代生活在西北地區的少數民族。

[2]孟觀：字叔時，本書卷六〇有傳。

[3]齊萬年：西晋時關中人，氐族。元康六年（296）稱帝，元康九年被晋左積弩將軍孟觀擊敗俘虜。

[4]謂之四夷：夷，原本、宋本、殿本作“海”，據中華本校勘記改。

[5]九服：王畿以外的九等地區。《周禮·夏官·職方氏》：“乃辨九服之邦國：方千里曰王畿，其外方五百里曰侯服，又其外方五百里曰甸服，又其外方五百里曰男服，又其外方五百里曰采服，又其外方五百里曰衛服，又其外方五百里曰蠻服，又其外方五百里曰夷服，又其外方五百里曰鎮服，又其外方五百里曰藩服。”

[6]西戎即叙：西方少數民族就被列入九州序列。

[7]殷之高宗：殷王武丁，又稱殷武，商王，名昭，小乙之子。曾被父置於民間，知稼穡之艱難，百姓之疾苦。即位後求賢覓才，以傅説爲相，使王朝興盛。死後尊爲高宗。　鬼方：上古種族名。殷商西北境强敵。《易·既濟》：“高宗伐鬼方，三年克之。”

[8]昆夷：泛指西北地區的少數民族。　獫狁：古代北方少數民族名，即後來的匈奴。

[9]高祖：指漢高祖劉邦。　白登：即白登山，位於今山西省大同市東北。西漢初劉邦親帥大軍北進抗擊匈奴南侵，被匈奴冒頓單于圍困於此。

[10]孝文軍於霸上：《史記》卷一〇《孝文本紀》載：“後六年冬，匈奴三萬人入上郡，三萬人入雲中。以中大夫令勉爲車騎將軍，軍飛狐；故楚相蘇意爲將軍，軍句注；將軍張武屯北地；河内守周亞夫爲將軍，居細柳；宗正劉禮爲將軍，居霸上；祝兹侯軍棘門：以備胡。”

[11]中宗：殷商帝王。名密，廟號太戊。《史記》卷三《殷本紀》稱其爲中宗。而卜辭中有“中宗祖乙”之句，未見稱太戊爲中宗。

[12]元成：即西漢元帝和成帝。

[13]“匈奴求守邊塞”句：《漢書》卷九四《匈奴傳》載：漢元帝竟寧元年（前 33），單于入朝，元帝以後宫良家子王昭君賜單于。單于喜，上書願保塞上谷以西至敦煌。天子令下有司議，議者

皆以爲便。郎中侯應習邊事，以爲不可。

［14］“單于屈膝未央”句：《漢書》卷九四《匈奴傳》載：呼韓邪單于始朝於漢，漢議其儀，而蕭望之曰：“戎狄荒服，言其來服荒忽無常，時至時去，宜待以客禮，讓而不臣。如其後嗣遁逃竄伏，使於中國不爲叛臣。”

［15］爲寇賊强暴：中華本校勘記：“‘爲’，《册府》九九〇作‘雖’，疑是。”

［16］疆埸：埸，殿本作“場”。

及至周室失統，諸侯專征，以大兼小，轉相殘滅，封疆不固，而利害異心。戎狄乘間，得入中國。或招誘安撫，以爲己用。故申繒之禍，[1]顛覆宗周；襄公要秦，遽興姜戎。[2]當春秋時，義渠、大荔居秦晋之域，[3]陸渾、陰戎處伊洛之間，[4]鄋瞞之屬害及濟東，[5]侵入齊宋，陵虐邢衛，南夷與北狄交侵，中國不絶若綫。齊桓攘之，[6]存亡繼絶，北伐山戎，以開燕路。故仲尼稱管仲之力，嘉左衽之功。[7]逮至春秋之末，戰國方盛，楚吞蠻氏，晋翦陸渾，趙武胡服，[8]開榆中之地，[9]秦雄咸陽，[10]滅義渠之等。始皇之并天下也，南兼百越，北走匈奴，五嶺長城，戎卒億計。雖師役煩殷，寇賊横暴，然一世之功，戎虜奔却，當時中國無復四夷也。[11]

［1］申繒之禍：《史記》卷四《周本紀》載：“幽王以虢石父爲卿，用事，國人皆怨。石父爲人佞巧善諛好利，王用之。又廢申后，去太子也。申侯怒，與繒、西夷犬戎攻幽王。幽王舉烽火徵

兵，兵莫至。遂殺幽王驪山下，虜褒姒，盡取周賂而去。”

［2］姜戎：春秋時西戎之别種，姜姓。《左傳·僖公三十三年》：“晋人及姜戎敗秦師於殽。”杜預注：“姜戎，姜姓之戎，居晋南鄙。”《國語·周語上》：“（周宣王）三十九年，戰於千畝，王師敗績於姜氏之戎。”韋昭注：“姜氏之戎，西戎之别種，四岳之後也。”

［3］義渠：古代民族名。西戎之一。也作“儀渠”。分佈於岐山、涇水、漆水以北今甘肅省慶陽市及涇川縣一帶。　大荔：西戎之一。分佈於岐梁山涇漆之北（今陝西省大荔縣）。

［4］陸渾：《史記》卷四《周本紀》：“定王元年，楚莊王伐陸渾之戎。”張守節正義引杜預云：“允姓之戎居陸渾，在秦、晋西北，二國誘而徙之伊川，遂從戎號，今洛州陸渾縣，取其號也。”《後漢書》云陸渾戎自瓜州遷於伊川。《左傳》云：“初，平王之東遷也，辛有適伊川，見被髮而祭於野者，曰‘不及百年，此其戎乎？其禮先亡矣’。”按：至僖公二十二年（前638）秋，秦、晋遷陸渾之戎於伊川，計至辛有言，適百年也。　陰戎：古代少數民族名。《後漢書》卷八七《西羌傳》：“陸渾戎自瓜州遷於伊川，允姓戎遷於渭汭，東及轘轅。在河南山北者號曰陰戎。”

［5］鄋瞞：古國名。春秋時狄的一支，地在今山東境内。魯桓公十六年（前696）爲齊所滅。《左傳·文公十一年》：“齊襄公之二年，鄋瞞伐齊，齊王子成父獲其弟榮如，埋其首於周首之北門。衛人獲其季弟簡如，鄋瞞由是遂亡。”

［6］齊桓：齊桓公，春秋時齊國國君，名小白，僖公之子，襄公之弟。公元前685至前643年在位。爲公子時因國家内亂出走至莒，襄公死後被迎回立爲國君。在位時任用管仲，改革内政，國力漸强。九合諸侯，尊王攘夷，成爲春秋五霸之首。

［7］嘉左袵之功：嘉，原本、宋本、殿本作“加”，據中華本校勘記改。

［8］趙武：趙武靈王，戰國時趙國國君，名雍，趙肅侯之子，

公元前325至前299年在位。在位期間改革軍事，胡服騎射，國勢大大增强。

［9］榆中：指榆林塞。《史記》卷四三《趙世家》："王略中山地，至寧葭，西略胡地，至榆中。"張守節正義："勝州北河北岸也。"

［10］咸陽：縣名，治所在今陝西省咸陽市東北聶家溝一帶。

［11］四夷：指四方少數民族，東夷、南蠻、西戎、北狄。

漢興而都長安，關中之郡號曰三輔，[1]禹貢雍州，[2]宗周豐、鎬之舊也。及至王莽之敗，赤眉因之，[3]西都荒毀，百姓流亡。[4]建武中，以馬援領隴西太守，[5]討叛羌，徙其餘種於關中，居馮翊、河東空地，[6]而與華人雜處。數歲之後，族類蕃息，既恃其肥强，且苦漢人侵之。[7]永初之元，騎都尉王弘使西域，[8]發調羌氐，以爲行衛。於是群羌奔駭，互相扇動，二州之戎，一時俱發，覆没將守，屠破城邑。鄧騭之征，[9]棄甲委兵，輿尸喪師，前後相繼，諸戎遂熾，至於南入蜀漢，東掠趙魏，唐突軹關，[10]侵及河内。[11]及遣北軍中候朱寵將五營士於孟津距羌，[12]十年之中，夷夏俱斃，[13]任尚、馬賢僅乃克之。[14]此所以爲害深重累年不定者，雖由禦者之無方，將非其才，亦豈不以寇發心腹，害起肘腋，疢篤難療，瘡大遲愈之故哉！自此之後，餘燼不盡，小有際會，輒復侵叛。馬賢狃忕，[15]終於覆敗；段熲臨衝，[16]自西徂東。雍州之戎，常爲國患，中世之寇，惟此爲大。漢末之亂，關中殘滅。魏興之初，與蜀分隔，疆埸之戎，[17]一彼一此。魏武皇帝令將軍夏侯妙才討叛氐阿貴、千萬等，[18]後因拔棄漢中，[19]遂徙武都之種於秦川，[20]欲以弱寇强國，扞禦蜀虜。此蓋權宜之計，一時之勢，非所以爲萬世之利也。今者當之，已受其弊矣。

［1］三輔：以長安爲中心的京畿地區，轄境相當於今陝西中部地區。

［2］雍州：治所在姑臧縣（今甘肅省武威市）。東漢建安十八年（213）移治長安縣（今陝西省西安市西北）。

［3］赤眉因之：宋本作“赤蜀國之”。

［4］流亡：宋本作“濟忘”。

［5］馬援：東漢扶風茂陵（今陝西省興平市東北）人，字文淵。先依凉州隗囂，後歸劉秀。歷任隴西太守、伏波將軍，出征交趾、匈奴、烏桓等。六十二歲時率軍征五溪蠻，病逝軍中。　領：以地位較高的官員兼理較低的職務。　隴西：郡名，治所原在狄道縣（今甘肅省臨洮縣），曹魏時徙治襄武縣（今甘肅省隴西縣東南）。

［6］馮翊：郡名，三國魏以左馮翊改置，治所在臨晋縣（今陝西省大荔縣）。　河東：郡名，治所在安邑縣（今山西省夏縣西北禹王城）。

［7］且苦漢人侵之：苦，原本、宋本作“若”，殿本作“苦”，據殿本改。

［8］騎都尉：官名，最高位領騎兵之武職，不領兵時爲侍衛武官。因親近皇帝，多以侍中兼任。與駙馬都尉、奉車都尉並爲三都尉。六品。　西域：古代對玉門關以西地區的總稱。狹義西域指葱嶺以東、玉門關以西地區，廣義則指通過狹義西域所到達的地區。

［9］鄧騭：東漢南陽新野（今河南省新野縣）人，字昭伯。妹爲和帝皇后，三遷虎賁中郎將，後任車騎將軍，儀同三司，官至大將軍，專擅朝政。安帝親政后，遭人陷害，宗族盡廢，乃絶食而死。

［10］軹關：位於今河南省濟源市西北，當豫、晋交通要衝，爲太行八陘中第一陘，爲歷代兵家必争之地。

［11］河内：郡名，治所在野王縣（今河南省沁陽市）。

［12］北軍中候：官名，掌監屯騎校尉、越騎校尉、步兵校尉、長水校尉、射聲校尉所領北軍五營。魏晋時增設禁軍兵力，由地位更高的中領軍統轄，北軍五營作用漸輕，北軍中候置省無常，常與中領軍並置。五品。　朱寵：東漢京兆杜陵（今陝西省西安市東南）人，字仲威。歷任大司農、大鴻臚、太尉、北軍中候。　孟津：一作盟津，又名富平津。位於今河南省孟州市西南黄河上。

［13］夷夏俱斃：中華本校勘記："'斃'，《通鑑》八三作'敝'，《群書治要》三〇、《通典》一八九、《通志》一二四下作'弊'。'敝''弊'同，疑'斃'爲誤字。"

［14］任尚：東漢人，章帝時任護羌校尉長史，和帝時任大將軍司馬、中郎將、護烏丸校尉、戊己校尉、西域都護。在西域爲政嚴苛，激起西域各族反抗。安帝初任征西校尉。後因與鄧遵争功被殺。　馬賢：東漢人，歷任騎都尉、護羌校尉、征西將軍等。

［15］狃忕：驕縱。

［16］段熲：東漢武威姑臧（今甘肅省武威市）人，字紀明。初舉孝廉，歷任陽陵令、遼東屬國都尉、中郎將、護羌校尉、并州刺史、破羌將軍、太尉、司隸校尉等職。受陽球獄牽連入獄，自殺。

［17］疆埸：埸，殿本作"場"。

［18］夏侯妙才：夏侯淵，東漢末沛國譙縣（今安徽省亳州市）人，字妙才，夏侯惇族弟。從曹操起兵，軍功頗多。歷任陳留太守、潁川太守、護軍將軍、都護將軍等職。建安二十四年（219），

劉備征漢中，夏侯淵被斬殺於定軍山。死後謚號“愍侯”。

[19]漢中：郡名，治所在南鄭縣（今陝西省漢中市）。

[20]武都：郡名，治所在下辯縣（今甘肅省成縣西）。　秦川：泛指今陝西、甘肅秦嶺以北渭水平原。

夫關中土沃物豐，[1]厥田上上，加以涇渭之流溉其舄鹵，[2]鄭國、白渠灌浸相通，[3]黍稷之饒，畝號一鍾，百姓謠咏其殷實，帝王之都每以爲居，未聞戎狄宜在此土也。非我族類，其心必異，戎狄志態，不與華同。而因其衰弊，遷之畿服，士庶玩習，侮其輕弱，使其怨恨之氣毒於骨髓。至於蕃育衆盛，則坐生其心。以貪悍之性，挾憤怒之情，候隙乘便，輒爲横逆。而居封域之内，無障塞之隔，掩不備之人，收散野之積，故能爲禍滋蔓，暴害不測。此必然之勢，已驗之事也。當今之宜，宜及兵威方盛，衆事未罷，徙馮翊、北地、新平、安定界内諸羌，[4]著先零、罕幵、析支之地；[5]徙扶風、始平、京兆之氐，[6]出還隴右，[7]著陰平、武都之界。[8]廪其道路之糧，令足自致，各附本種，反其舊土，使屬國、撫夷就安集之。[9]戎晋不雜，並得其所，上合往古即叙之義，下爲盛世永久之規。縱有猾夏之心，風塵之警，則絶遠中國，隔閡山河，雖爲寇暴，所害不廣。是以充國、子明能以數萬之衆制群羌之命，[10]有征無戰，全軍獨克，雖有謀謨深計，廟勝遠圖，豈不以華夷異處，戎夏區别，要塞易守之故得成其功也哉！

［1］關中：地區名，函谷關以西秦國故地，包括今河南省靈寶市以西及陝西省、甘肅省東部和四川省部分地區。

［2］舄鹵：瘠薄的鹽碱地。

［3］鄭國：鄭國渠，秦王嬴政元年采納韓國水工鄭國建議開鑿。自中山西瓠口（今陝西省涇縣西北）引涇水東流，至今三原縣北會濁水，復東經今富平、蒲城之南，注入洛水。　白渠：西漢太始二年（前95）由白公建議開鑿。自谷口（今陝西省禮泉縣東北）鄭國渠南引涇水東南流經今西安市高陵區及臨潼區東北櫟陽鎮附近，至渭南市北下邽鎮南注入渭水。

［4］北地：郡名，三國魏治所在祋祤城（今陝西省銅川市耀州區城東），西晋移治泥陽縣（今甘肅省寧縣東南）。　新平：郡名，治所在漆縣（今陝西省彬州市）。　安定：郡名，西漢置，治所在高平縣（今寧夏回族自治區固原市），東漢治所在臨涇縣（今甘肅省鎮原縣東南），東晋改治安定縣（今甘肅省涇川縣北）。

［5］先零：古羌人部落名，在今甘肅、青海的湟水流域。　罕幵：即枹罕，地名，在今甘肅省臨夏縣西南。幵，殿本作“开”。　析支：古西戎族名，在今青海省東南部黄河曲流處。

［6］扶風：封國名，治所在郿縣（今陝西省眉縣東渭河北岸）。　始平：郡名，治所在槐里縣（今陝西省興平市）。　京兆：郡名，治所在長安縣（今陝西省西安市西北）。

［7］隴右：地區名，指甘肅隴山以西地區。

［8］陰平：郡名，治所在陰平縣（今甘肅省文縣西白龍江北岸）。

［9］屬國：官名，此爲屬國都尉。管理屬國事務的長官。　撫夷：官名，即輔夷將軍。東漢末建安年間曹操置，屬雜號將軍，地位不高。

［10］充國：趙充國，西漢隴西上邽（今甘肅省天水市）人，字翁叔。武帝時爲騎士，以善騎射補羽林。從李廣利擊匈奴有功，遷車騎將軍長史。昭帝時歷任水衡都尉、後將軍、衛尉等職。　子

明：即馮奉世，西漢上黨潞（今山西省黎城南）人，字子明。漢武帝末以良家子選爲郎。宣帝時以衛侯使持節送大宛諸國客。時匈奴發兵攻車師，北道告急，莎車又攻劫南道，鄯善以西皆斷絶不通。於此時，馮奉世乃矯詔發西域諸國兵進擊莎車，西域復安。朝廷因其功不問矯詔罪，封其爲光禄大夫、水衡都尉。

難者曰：方今關中之禍，暴兵二載，征戍之勞，老師十萬，水旱之害，薦饑累荒，疫癘之灾，札瘥夭昏。[1]凶逆既戮，悔惡初附，且款且畏，咸懷危懼，百姓愁苦，異人同慮，望寧息之有期，若枯旱之思雨露，誠宜鎮之以安豫。而子方欲作役起徒，興功造事，使疲悴之衆，徙自猜之寇，以無穀之人，遷乏食之虜，恐勢盡力屈，緒業不卒，羌戎離散，心不可一，前害未及弭，而後變復横出矣。

[1]札瘥夭昏：指死亡。《左傳·昭公十九年》："鄭國不天，寡君之二三臣札瘥夭昏，今又喪我先大夫偃。"杜預注："大死曰札，小疫曰瘥，短折曰夭，未名曰昏。"孔穎達疏："總説諸死，連言之耳。"

答曰：羌戎狡猾，擅相號署，攻城野戰，傷害牧守，連兵聚衆，載離寒暑矣。而今異類瓦解，同種土崩，老幼繫虜，丁壯降散，禽離獸迸，不能相一。子以此等爲尚挾餘資，悔惡反善，懷我德惠而來柔附乎？將勢窮道盡，智力俱困，懼我兵誅以至於此乎？曰無有餘力，勢窮道盡故也。然則我能制其短長之命，而令其進退由己矣。夫樂其業者不易事，安其居者無遷志。方其自疑危懼，畏怖促遽，故可制以兵威，使之左右無違也。迨其死亡散流，離逷未鳩，[1]與關中之人，户皆爲仇，故可遐遷遠處，令其心不懷土也。夫聖賢之謀事也，爲之於未有，理之於未亂，道不著而平，德不顯而成。其次則能轉禍爲福，因敗爲功，值困必濟，遇否皆通。[2]今子遭弊事之終而不圖更制之始，愛易轍之勤而得覆車之軌，何哉？且關中之人百餘萬口，率其少多，戎狄居半，處之與遷，必須口實。若有窮乏糝粒不繼者，故當傾關中之穀以全其生生之計，必無擠於溝壑而不爲侵掠之害也。今我遷之，傳食而至，附其種族，自使相贍，而秦地之人得其半穀，此爲濟行者以廩糧，遺居者以積倉，寬關中之逼，去盜賊之原，除旦夕之損，建終年之益。若憚暫舉之小勞，而忘永逸之弘策；惜日月之煩苦，而遺累世之寇敵，非所謂能開物成務，[3]創業垂統，崇基拓迹，謀及子孫者也。

[1]離逷未鳩：遠遠地流亡未得到安定。

[2]遇否皆通：皆，殿本作“能”。

[3]開物成務：指通曉萬物的道理並按道理行事而得到成功。語出《易·繫辭上》：“夫《易》，開物成務，冒天下之道，如斯而已者也。”孔穎達疏：“言《易》能開通萬物之志，成就天下之務。”意爲通曉事物之理從而取得成功。

并州之胡，本實匈奴桀惡之寇也。漢宣之世，凍餒殘破，國内五裂，後合爲二，呼韓邪遂衰弱孤危，[1]不能自存，依阻塞下，委質柔服。建武中，南單于復來降附，遂令入塞，居於漠南，數世之後，亦輒叛戾，故何熙、梁慬戎車屢征。[2]中平中，以黄巾賊起，發調其兵，部衆不從，而殺羌渠。由是於彌扶羅求助於漢，以討其賊。仍值世喪亂，遂乘釁而作，鹵掠趙魏，寇至河南。建安中，又使右賢王去卑誘質呼厨泉，[3]聽其部落散居六郡。咸熙之際，以一部大强，[4]分爲三率。泰始之初，又增爲四。於是劉猛内叛，[5]連結外虜。近者郝散之變，[6]發於穀遠。[7]今五部之衆，户至數萬，人口之盛，過於西戎。然其天性驍勇，弓馬便利，倍於氐羌。若有不虞風塵之慮，[8]則并州之域可爲寒心。滎陽句驪本居遼東塞外，[9]正始中，幽州刺史毌丘儉伐其叛者，[10]徙其餘種。始徙之時，户落百數，子孫孳息，今以千計，數世之後，必至殷熾。今百姓失職，猶或亡叛，犬馬肥充，則有噬齧，[11]況於夷狄，能不爲變？但顧其微弱勢力不陳耳。[12]

[1]呼韓邪：匈奴單于，攣鞮氏，名稽侯狦，虚閭權渠單于之子。西漢神爵四年（前 58）爲左地貴人擁立。甘露二年（前 52）率衆降漢。次年至長安謁見漢宣帝。元帝竟寧元年（前 33），漢廷將王昭君嫁給他。長期與漢朝保持和親關係。

[2]何熙：東漢陳國（今河南省周口市淮陽區）人，字孟孫。少有大志。永元中，爲謁者。身長八尺五寸，善爲威容，贊拜殿中，音動左右。和帝偉之，擢爲御史中丞，歷司隸校尉、大司農。

永初三年（109）任行車騎將軍事，征討南匈奴與烏桓，後病死軍中。　梁慬：東漢北地（今寧夏回族自治區吴忠市西南）人，字伯威。有勇氣，慷慨好功名。初爲車騎將軍鄧鴻司馬，以後歷任西域副校尉、行度遼將軍事，征討羌人及匈奴、烏桓。後病死軍中。慬，原本、宋本、殿本作“覲”，據中華本改。

［3］右賢王：匈奴官名，地位僅次於左賢王。

［4］一部大强：大，殿本作“太”。

［5］劉猛：東漢末建安年間，曹操把入居塞内的匈奴分成左、右、南、北、中五部，劉猛爲中部帥。後舉兵反叛，被李恪斬殺。

［6］郝散：西晋人，匈奴族。元康四年（294）率衆反晋，攻上黨，殺長吏，據上郡。後率衆降，被殺。

［7］穀遠：縣名，治所在今陝西省沁源縣南。

［8］不虞風塵：意外發生的警情。

［9］滎陽：郡名，治所在滎陽縣（今河南省滎陽市東北）。　句驪：此指古高句麗國人。　遼東：郡名，治所在襄平縣（今遼寧省遼陽市）。

［10］幽州：治所在薊縣（今北京市西南）。　毌丘儉：三國時河東聞喜（今山西省聞喜縣東北）人，字仲恭。歷任曹魏尚書郎、羽林監、洛陽典農、荆州刺史、幽州刺史等職。後舉兵反司馬師，兵敗被殺。

［11］噬齧：撕咬。

［12］不陳：陳，殿本作“成”。

夫爲邦者，患不在貧而在不均，憂不在寡而在不安。以四海之廣，士庶之富，豈須夷虜在内，然後取足哉？此等皆可申諭發遣，還其本域，慰彼羈旅懷土之思，釋我華夏纖介之憂。惠此中國，以綏四方，德施永世，於計爲長。

帝不能用。未及十年，而夷狄亂華，時服其深識。

遷中郎。[1]選司以統叔父春爲宜春令，[2]統因上疏曰："故事，父祖與官職同名，皆得改選，而未有身與官職同名，不在改選之例。臣以爲父祖改選者，蓋爲臣子開地，不爲父祖之身也。而身名所加，亦施於臣子。佐吏係屬，朝夕從事，官位之號，發言所稱，若指實而語，則違經禮諱尊之義；若詭辭避迴，則爲廢官擅犯憲制。今以四海之廣，職位之衆，名號繁多，士人殷富，至使有受寵皇朝，出身宰牧，而令佐吏不得表其官稱，子孫不得言其位號，所以上嚴君父，下爲臣子，體例不通。若易私名以避官職，則違《春秋》不奪人親之義。臣以爲身名與官職同者，宜與觸父祖名爲比，體例既全，於義爲弘。"朝廷從之。

[1]中郎：官名，屬郎官。原來分屬五官、左、右中郎將，魏晋有時不置三署，但仍置中郎，無固定職掌，作爲儲備人才。八品。

[2]宜春：縣名，治所在今江西省宜春市。

轉太子洗馬。[1]在東宫累年，甚被親禮。太子頗闕朝覲，又奢費過度，多諸禁忌，統上書諫曰：

臣聞古之爲臣者，進思盡忠，退思補過，獻可替否，[2]拾遺補闕。是以人主得以舉無失行，言無口過，德音發聞，揚名後世。臣等不逮，無能云補，思竭愚誠，謹陳五事如左，惟蒙一省再省，少垂察納。

[1]太子洗馬：官名，東宫屬官。掌太子圖籍、經書，太子出行則前導威儀。七品。太，宋本作“大”。

[2]獻可替否：進獻可行者，廢去不可行者。謂對君主進諫，勸善規過。亦泛指議論國事興革。語出《左傳·昭公二十年》：“君所謂可而有否焉，臣獻其否以成其可。君所謂否而有可焉，臣獻其可以去其否。”

其一曰，六行之義，[1]以孝爲首，虞舜之德，以孝爲稱，故太子以朝夕視君膳爲職，左右就養無方。文王之爲世子，可謂篤於事親者也，故能擅三代之美，爲百王之宗。自頃聖體屢有疾患，數闕朝侍，遠近觀聽者不能深知其故，以致疑惑。伏願殿下雖有微苦，可堪扶輿，則宜自力。《易》曰：“君子終日乾乾。”[2]蓋自勉强不息之謂也。

[1]六行：即孝、友、睦、姻、任、恤六種美行。見《周禮·地官·大司徒》。

[2]君子終日乾乾：語見《易·乾卦》：“君子終日乾乾，夕惕若厲，無咎。”

其二曰，古之人君，雖有聰明之姿，叡喆之質，必須輔弼之助，相導之功，故虞舜以五臣興，[1]周文以四友隆。[2]及成王之爲太子也，則周召爲保傅，[3]史佚昭文章，[4]故能聞道早備，登崇大業，刑措不用，流聲洋溢。伏惟殿下天授逸才，聰鑒特達，臣謂猶宜時發聖令，宣揚德音，諮詢保傅，[5]訪逮侍臣，覲見賓客，得令接盡，壅否之情沛然交泰，殿下之美焕然光明。如此，則高朗之風，扇於前人；弘範令軌，永爲後式。

[1]五臣：《論語·泰伯》：“舜有臣五人，而天下治。”何晏注：“孔曰：‘禹、稷、契、皋陶、伯益。’”

[2]四友：指周文王四個親信大臣：南宫括、散宜生、閎夭、太顛。張華《博物志》卷六：“文王四友：南宫括、散宜生、閎夭、太顛。”

[3]周召：西周周公旦和召公奭。

[4]史佚：西周初人。或作史逸，或説即尹逸。周文王、武王時任内史，與太公、周公、召公并稱“四聖”。

[5]保傅：保，宋本作“深”。

其三曰，古之聖王，莫不以儉爲德，故堯稱采椽茅茨，[1]禹稱卑宫惡服，漢文身衣弋綈，[2]足履革舄，以身先物，政致太平，存爲明主，没見宗祀。及諸侯修之者，魯僖以躬儉節用，[3]聲列《雅》《頌》；蚡冒以篳路藍縷，[4]用張楚國。大夫修之者，文子相魯，[5]妾不衣帛；晏嬰相齊，[6]鹿裘不補，亦能匡君濟俗，興國隆家。庶人修之者，顔回以簞食瓢飲，[7]揚其仁聲；原憲以蓬户繩樞，[8]邁其清德。此皆聖主明君賢臣智士之所履行也。故能懸名日月，永世不朽，蓋儉之福也。及到末世，以奢失之者，帝王則有瑶臺瓊室，[9]玉杯象箸，[10]肴膳之珍則熊蹯豹胎，酒池肉林。諸侯爲之者，至於丹楹刻桷，[11]饜徵百牢。[12]大夫有瓊弁玉纓，庶人有擊鐘鼎食。亦罔不亡國喪宗，破家失身，醜名彰聞，以爲後戒。竊聞後園鏤飾金銀，刻磨犀象，畫室之巧，課試日精。臣等以爲今四海之廣，萬物之富，以今方古，不足爲侈也。[13]然上之所好，下必從之，是故居上者必慎其所好也。昔漢光武皇帝時，有獻千里馬及寶劍者，馬以駕鼓車，劍以賜騎士。世祖武皇帝有上雉頭裘者，即詔有司焚之都街。高世之主，不尚尤物，故能正天下之俗，刑四方之風。臣等以爲畫室之功，可且減省，後園雜作，一皆罷遣，肅然清静，優游道德，則日新之美光于四海矣。

[1]采椽茅茨：櫟木或柞木椽子，茅草作屋頂。言儉樸。《韓非子·五蠹》："堯之王天下也，茅茨不翦，采椽不斫。"

[2]身衣弋綈：身穿黑色粗厚的絲織物。言簡樸。弋，通"黓"。《漢書》卷四《文帝紀贊》："身衣弋綈，所幸慎夫人，衣不曳地，帷帳無文綉，以示敦樸，爲天下先。"

[3]魯僖：魯僖公，一作魯釐公。春秋時魯國國君，名申，公元前659至前627年在位。

[4]蚡冒：即熊眴，號蚡冒，春秋時楚國國君，公元前757至741年在位。　篳路藍縷：《左傳·宣公十二年》："篳路藍縷，以啓山林。"孔穎達疏："以荆竹織門謂之篳門，則篳路亦以荆竹編車，故謂篳路爲柴車。《方言》云：'楚謂凡人家貧衣破醜敝爲藍縷。'藍縷，謂敝衣也。"意思是坐着柴車，穿着破衣服去開闢山林。形容創業艱辛。

[5]文子：季文子：即季孫行父，春秋時魯國人。季友之孫。自魯宣公八年（前601）執政，歷宣公、成公、襄公三朝。執政期

間實行改革，按畝收税，按丘征收軍賦。

［6］晏嬰：即晏子。春秋時夷濰（今山東省高密市）人，字平仲。齊國大夫，機智善辯，敢於諫諍，生活節儉。歷事齊靈公、莊公、景公三朝。

［7］顔回：孔子弟子，名回，字子淵，亦稱顔淵。早卒。

［8］原憲：春秋末魯國人，名憲，字子思，孔子學生，以安貧樂道著稱。　蓬户繩樞：草做的門用繩子繫在門框上。

［9］帝王：王，殿本作“主”。　瑶臺瓊室：玉砌的樓臺宫室。泛指華麗的宫廷建築物。

［10］玉杯象箸：玉制酒杯象牙筷子。

［11］丹楹刻桷：紅漆的柱子與刻有花紋的椽子。形容屋宇華麗精美。楹，柱。桷，椽。

［12］饘徹百牢：吃肉用衆多的牲畜。百牢，一百份牢。牢，古代祭祀或宴享時用的牲畜。太牢爲猪牛羊，少牢爲猪和羊。

［13］不足爲侈也：侈，宋本作“侈”。

其四曰，以天下而供一人，以百里而供諸侯，故王侯食籍而衣税，[1]公卿大夫受爵而資禄，莫有不贍者也。是以士農工商四業不雜。[2]交易而退，以通有無者，庶人之業也。《周禮》三市，旦則百族，晝則商賈，夕則販夫販婦。買賤賣貴，販鬻菜果，收十百之盈，以救旦夕之命，故爲庶人之貧賤者也。樊遲匹夫，[3]請學爲圃，仲尼不答；魯大夫臧文仲使妾織蒲，[4]又譏其不仁；公儀子相魯，[5]則拔其園葵，言食禄者不與貧賤之人争利也。秦漢以來，風俗轉薄，公侯之尊，莫不殖園圃之田，而收市井之利，漸冉相放，莫以爲耻，乘以古道，誠可愧也。今西園賣葵菜、藍子、鷄、麵之屬，虧敗國體，貶損令問。

[1]食籍而衣稅：靠俸禄和税收吃飯穿衣。

[2]四業不雜：雜，殿本作“離”。

[3]樊遲：名須，字子遲，亦稱樊須，孔子的學生。

[4]臧文仲：春秋時人，臧孫氏，名辰，字文仲，魯國大夫。歷事魯莊公、閔公、僖公、文公四世。　織蒲：《左傳·文公二年》：“（臧文仲）下展禽，廢六關，妾織蒲，三不仁也。”杜預注：“家人販席，言其與民争利。”後即用作爲政不仁與民争利之典故。

[5]公儀子：即公儀休，戰國時魯國人。穆公時任魯相，奉法循理，廉潔自守。主張食禄者不得與下民争利。《史記》卷一一九《循吏列傳》載他：“食茹而美，拔其園葵而棄之。見其家織布好，而疾出其家婦，燔其機，云：‘欲令農士工女安所讎其貨乎？’”

其五曰，竊見禁土，令不得繕修墻壁，動正屋瓦。臣以爲此既違典彝舊義，且以拘攣小忌而廢弘廓大道，宜可蠲除，於事爲宜。

朝廷善之。

及太子廢，徙許昌，[1]賈后諷有司不聽宫臣追送。[2]統與宫臣冒禁至伊水，[3]拜辭道左，悲泣流漣。都官從事悉收統等付河南、洛陽獄。[4]付郡者，河南尹樂廣悉散遣之，[5]繫洛陽者猶未釋。都官從事孫琰説賈謐曰：[6]“所以廢徙太子，以爲惡故耳。東宫故臣冒罪拜辭，涕泣路次，不顧重辟，乃更彰太子之德，不如釋之。”謐語洛陽令曹攄，[7]由是皆免。及太子薨，改葬，統作誄叙哀，爲世所重。

[1]許昌：縣名，治所在許昌城（今河南省許昌市東）。

[2]賈后：惠帝皇后賈南風，本書卷三一有傳。

[3]伊水：位於今河南省境内，發源於欒川縣西伏牛山，東北流至偃師市西南入洛河。

[4]都官從事：官名，司隸校尉的屬官，舉奏彈劾不法官員。

[5]河南尹：官名，京都洛陽所在河南郡長官，主管京都事務。三品。　樂廣：字彦輔，本書卷四三有傳。

[6]賈謐：字長深，本書卷四〇有傳。

[7]曹攄：字顔遠，本書卷九〇有傳。

後爲博士、尚書郎，[1]參大司馬、齊王冏軍事。[2]冏驕荒將敗，統切諫，文多不載。遷廷尉正，[3]每州郡疑獄，斷處從輕。成都王穎請爲記室，[4]多所箴諫。申論陸雲兄弟，[5]辭甚切至。以母憂去職。服闋，爲司徒左長史。[6]東海王越爲兖州牧，[7]以統爲别駕，委以州事。與統書曰："昔王子師爲豫州，[8]未下車，辟荀慈明；[9]下車，辟孔文舉。[10]貴州人士有堪應此者不？"統舉高平郗鑒爲賢良，[11]陳留阮脩爲直言，[12]濟北程收爲方正，[13]時以爲知人。尋遷黄門侍郎、散騎常侍，[14]領國子博士。[15]永嘉四年，避難奔于成皋，[16]病卒。凡所造賦頌表奏皆傳於後。二子：彪、惇。

[1]博士：官名，分太常博士、國子博士、太學博士。皆六品。　尚書郎：官名。東漢之制，取孝廉中之有才能者入尚書臺，在皇帝左右處理政務，初入臺稱守尚書郎中，滿一年稱尚書郎，滿三年稱侍郎。魏晋以後尚書各曹有侍郎、郎中等官，綜理職務，通稱爲尚書郎。六品。

[2]大司馬：官名，八公之一，位在上公之下、大將軍及三公之上，高級將帥，多爲大臣加官。一品。　齊王冏：司馬冏，字景治，本書卷五九有傳。

[3]廷尉正：官名，廷尉副貳，高級審判官員，地位相當於列卿丞。可代表廷尉參加詔獄會審，或獨立決斷疑獄，平反冤案，參議案例律條。六品。

[4]成都王穎：司馬穎，字章度，本書卷五九有傳。　記室：官名，記室令史、記室督、記室參軍、中記室參軍等官職的省稱。此爲記室參軍。

[5]陸雲：字士龍，本書卷五四有傳。

[6]司徒：官名，西漢哀帝元壽二年（前1）改丞相爲大司徒，東漢光武帝時改名爲司徒，東漢末又改爲丞相。三國魏恢復三公制，改丞相爲司徒，管理民政。兩晋沿制，爲八公之一，在太尉之下、司空之上。與丞相通職，一般不並置，爲名譽宰相。一品。　左長史：官名，此爲司徒左長史，司徒府掾屬之長，佐司徒總管府内諸曹。長史如分左、右，則左高於右。六品。

[7]東海王越：司馬越，字元超，本書卷五九有傳。　兖州：魏晋時期治所在廩丘縣（今山東省鄆城縣西北），晋惠帝末，兖州闔境淪没於石勒。東晋元帝僑置兖州，治京口（今江蘇省鎮江市）。

[8]王子師：王允，東漢太原祁縣（今山西省祁縣東南）人，字子師。靈帝時任侍御史、豫州刺史。獻帝時任太僕、守尚書令、司徒。與司隸校尉黄琬等密謀誅殺董卓。後爲董卓部將所殺。　豫州：此指東漢豫州，治所在譙縣（今安徽省亳州市）。

[9]荀慈明：即荀爽，東漢潁川潁陰（今河南省許昌市）人，又名諝，字慈明。好學明經，古文經學家。延熹九年（166）以至孝拜郎中。后遭黨錮，隱居著述。獻帝時出任平原相、司空。

[10]孔文舉：即孔融，東漢魯國（今山東省曲阜市）人，字文舉。孔子二十世孫。“建安七子”之一。東漢末任侍御史、司空掾、中軍候、虎賁中郎將。建安中爲將作大匠，遷少府。因與曹操

積怨被殺。

[11]高平：郡名，治所在昌邑縣（今山東省巨野縣南）。　郗鑒：字道徽，本書卷六七有傳。郗，殿本作“郄”。本卷下文此人名同。　賢良：選舉科目，始於漢代。

[12]阮脩：字宣子，本書卷四九有傳。　直言：漢晋察舉科目。

[13]濟北：郡國名，治所在盧子城（今山東省平陰縣舊東阿東北）。　程收：殿本卷末考證：“收，一本作牧，本書成都王穎傳以黄門郎程牧爲左司馬，未知即此人否。”　方正：舉薦選拔人才的科目，始於西漢文帝時。

[14]黄門侍郎：官名，魏晋時爲侍中省或門下省次官。侍從皇帝，顧問應對，多以重臣或外戚子弟擔任，位頗重要。五品。　散騎常侍：官名，三國魏文帝黄初年間置，侍從皇帝左右，諫諍得失，顧問應對，與侍中等共平尚書奏事。也用作宰相、諸公等加官，入宫議政。三品。

[15]國子博士：學官，教授儒學。六品。

[16]成皋：縣名，治所在今河南省滎陽市西北汜水鎮。

彪，字思玄，本州辟舉秀才，[1]平南將軍温嶠以爲參軍。[2]復爲州別駕，[3]辟司空郗鑒掾，除長山令。[4]鑒又請爲司馬，[5]轉黄門郎。[6]車騎將軍庾冰鎮江州，[7]請爲長史。[8]冰薨，庾翼以爲諮議參軍，[9]俄而復補長史。翼薨，大將干瓚作難，[10]彪討平之。除尚書吏部郎，[11]仍遷御史中丞、侍中、吏部尚書。[12]永和中，代桓景爲護軍將軍。[13]出補會稽内史，[14]加右軍將軍。[15]代王彪之爲尚書僕射。[16]哀帝即位，疑周貴人名號所宜，彪議見禮志。帝欲於殿庭立鴻祀，[17]又欲躬自藉田，[18]彪並以爲禮廢日久，儀注不存，中興以來所不行，謂宜停之。爲僕射積年，簡文帝爲相，每訪政事，彪多所補益。轉護軍將軍，領國子祭酒，[19]卒官。

[1]秀才：察舉科目，州舉秀才，郡舉孝廉。

[2]平南將軍：官名，與平東、平西、平北合稱四平將軍。多持節都督或監某一地區的軍事，有時作爲刺史等地方官員監理軍務的加官。三品，加持節都督者二品。 温嶠：字太真，本書卷六七有傳。 參軍：官名，亦作參軍事，謂參謀軍事。兩晋公府、軍府皆置。

[3]别駕：官名，别駕從事、别駕從事史省稱。州部佐官，因從刺史行部，别乘傳車，故稱。位居州吏之右。

[4]長山：縣名，治所在今浙江省金華市。

[5]司馬：官名，此爲司空府司馬。府署高級幕僚，掌參讚軍務、管理府内武職，位僅次於長史。六品。

[6]黄門郎：官名，黄門侍郎或給事黄門侍郎的省稱。五品。

[7]車騎將軍：官名，魏晋南北朝時位次於驃騎將軍，在諸名號將軍之上，多作爲軍府名號，以加授大臣及重要州郡長官。二品，開府位從公者一品。 庾冰：字季堅，本書卷七三有傳。 江州：治所在南昌縣（今江西省南昌市）。

[8]長史：官名，掌顧問參謀，爲所在官署掾屬之長。魏晋南北朝時王府、公府、軍府、邊郡均置。八至六品。

[9]庾翼：字稚恭，本書卷七三有傳。 諮議參軍：官名，兩晋時大將軍府、丞相府、公府、位從公府、州軍府均有置者，掌顧問謀議。

[10]大將干瓚作難：干，原本、宋本、殿本作“千”，據中華本校勘記改。

[11]尚書吏部郎：官名，尚書省吏部曹長官通稱。亦稱郎中，

資深者可轉侍郎。屬吏部尚書，主管官吏選任、銓叙、調動事務，對五品以下官吏之任免有建議權。六品。

［12］御史中丞：官名，御史大夫副手，掌監察、執法，爲京師顯官，職權甚重。四品。　侍中：官名，東漢建安中與給事黄門侍郎出入禁中，省尚書事。曹魏時爲門下之侍中省長官，常侍衛皇帝左右，掌顧問應對、諫諍糾察、平議奏事、駁奏異議等，權力甚重。三品。　吏部尚書：官名，三國魏時爲尚書省吏部曹長官，位居列曹尚書之上。三品。

［13］護軍將軍：官名，東漢建安十二年（207）曹操改丞相府護軍爲中護軍，資重者可遷護軍將軍，典武官選舉，與中領軍同掌禁軍。曹魏時四品，西晋時三品。

［14］會稽：郡名，治所在山陰縣（今浙江省紹興市）。　内史：官名，西晋武帝太康十年（289）改諸王國相爲内史，掌管民政。五品。周家禄《晋書校勘記》認爲："晋制，以郡爲國，内史治民事，若郡太守。國除爲郡，復稱太守。然二名往往混淆，史家亦互稱之。"

［15］右軍將軍：官名，與前軍、後軍、左軍合稱四軍，領營兵千人，掌宿衛。初屬中軍將軍，後屬領軍將軍。四品。

［16］王彪之：字叔武，本書卷七六有傳。　尚書僕射：官名，秦漢爲尚書令副貳，東漢建安四年（199）分置左、右，爲尚書省次官。三品。

［17］鴻祀：大祀，最隆重的祭祀。《周禮·春官·肆師》："立大祀用玉帛、牲牷，立次祀用牲幣，立小祀用牲。"鄭玄注："鄭司農曰：'大祀，天地；次祀，日月星辰；小祀，司命以下。'玄謂，大祀又有宗廟，次祀又有社稷，五祀五岳，小祀又有司中、風師、山川、百物。"

［18］藉田：藉，殿本作"耤"。

［19］國子祭酒：官名，國子學的長官，主管國子學，掌教授儒學、參議禮制。五品。

子敳，歷琅邪内史、驃騎諮議。[1]敳子恒，元熙中爲西中郎長史。[2]恒弟夷，尚書。[3]

[1]琅邪：封國名，治所在今山東省臨沂市。　驃騎諮議：官名，驃騎將軍府諮議參軍。掌參謀軍事，位在諸參軍上。

[2]西中郎：官名，即西中郎將。東漢末所置四中郎將之一。帥師征伐或鎮守。魏、西晋多兼凉州刺史，東晋多兼豫州刺史。四品。　長史：史，宋本作“忠”。

[3]尚書：官名，東漢尚書臺六曹各置尚書，秩六百石。魏晋出爲朝官，分掌尚書省諸曹，品秩提高。三品。

惇，字思悛，孝友淳粹，高節邁俗。性好學，儒玄並綜。每以爲君子立行，應依禮而動，雖隱顯殊途，未有不傍禮教者也。若乃放達不羈，以肆縱爲貴者，非但動違禮法，亦道之所棄也。乃著《通道崇檢論》，世咸稱之。蘇峻之亂，[1]避地東陽山。[2]太尉郗鑒檄爲兖州治中，[3]又辟太尉掾；[4]康帝爲司徒，[5]亦辟焉；征西將軍庾亮請爲儒林參軍；[6]徵拜博士、著作郎：[7]皆不就。邑里宗其道，有事必諮而後行。東陽太守阮裕、長山令王濛，[8]皆一時名士，並與惇游處，深相欽重。養志二十餘年，永和九年卒，時年四十九，友朋相與刊石立頌，以表德美云。

[1]蘇峻：字子高，本書卷一〇〇有傳。

[2]東陽山：位於今江蘇省盱眙縣東。

[3]太尉：官名，曹操爲丞相後，太尉府屬官歸相府，晋時太尉雖爲八公之一、三公之首，實爲名譽宰相，多爲大臣加官。一

品。　治中：官名，治中從事史的省稱，州之佐吏。身份雖低，職權却重。

[4]太尉掾：官名，太尉府屬吏。太，殿本作“大”。

[5]康帝：司馬岳，本書卷七有本紀。

[6]征西將軍：官名，東漢永元年間置，地位與雜號將軍、偏將軍、裨將軍等同。建安年間與征東、征南、征北將軍合稱四征將軍，地位提高。三品，加持節都督者二品。　庾亮：字元規，本書卷七三有傳。　儒林參軍：官名，掌學館。東晋征西將軍府初置爲僚屬。殿本作“羽林將軍”。

[7]著作郎：官名，三國時爲著作局長官，隸屬中書省。西晋時著作局别自置省，長官仍爲著作郎，改隸屬秘書省。西晋後亦稱大著作郎、大著作、著作，掌國史及起居注的修撰。兩晋南北朝時爲清要之官，多由有名望的文學之士擔任，也用司空、侍中、尚書等官典領。職閑位重，南朝時多爲貴族起家官。六品。

[8]東陽：郡名，治所在長山縣（今浙江省金華市）。

孫楚

孫楚，字子荆，太原中都人也。[1]祖資，[2]魏驃騎將軍。[3]父宏，南陽太守。[4]楚才藻卓絶，爽邁不群，多所陵傲，缺鄉曲之譽。年四十餘，始參鎮東軍事。[5]

[1]太原：郡名，治所在晋陽縣（今山西省太原市西南）。　中都：縣名，治所在今山西省平遥縣西南。

[2]資：孫資，三國時太原中都（今山西省平遥縣西南）人，字彦龍。東漢建安初任曹操丞相軍事，後遷秘書郎。文帝時爲中書令，加給事中，掌機密。明帝病重時與劉放共謀使司馬懿、曹爽輔政。後加右光禄大夫，轉衛將軍，官至侍中，領中書令。

[3]驃騎將軍：官名，西漢時爲重號將軍，東漢以後，居諸名

號將軍之首，僅作爲軍府名號加授大臣或重要州郡長官。二品，開府位從公者一品。

[4]南陽：郡名，治所在宛縣（今河南省南陽市）。

[5]參鎮東軍事：官名，鎮東將軍府參軍事。參軍事，亦作參軍，謂參謀軍事。兩晋公府、軍府皆置。

文帝遣苻劭、孫郁使吴，[1]將軍石苞令楚作書遺孫皓曰：[2]

蓋見機而作，《周易》所貴；小不事大，《春秋》所誅。此乃吉凶之萌兆，榮辱所由生也。是故許鄭以銜璧全國，[3]曹譚以無禮取滅。[4]載籍既記其成敗，古今又著其愚智，不復廣引譬類，崇飾浮辭。苟以夸大爲名，更喪忠告之實。今粗論事要，以相覺悟。

[1]文帝遣苻劭、孫郁使吴：中華本校勘記："《斠注》：《文帝紀》《吴志・三嗣主傳》、《文選・爲石仲容與孫皓書》注引臧榮緒《晋書》，'符'並作'徐'。《文紀》《魏志・陳留王紀》'郁'並作'彧'。"

[2]石苞：字仲容，本書卷三三有傳。

[3]許鄭以銜璧全國：《左傳・僖公六年》載，諸侯伐鄭國，楚國用圍攻許國來救鄭國。許僖公通過蔡國向楚國請降，"許男面縛，銜璧，大夫衰絰，士輿櫬"。因而避免了國家滅亡。

[4]曹譚以無禮取滅：《左傳・僖公二十三年》載，晋公子重耳在外流亡，在曹國時，曹共公聽説他的肋骨是長在一塊的，所以在重耳洗澡的時候，曹共公便走近前去觀看。後來重耳回國執政，對曹共公無禮忌恨在心，便將曹國滅掉。又《左傳・莊公十年》

載："齊侯之出也，過譚，譚不禮焉。及其入也，諸侯皆賀，譚又不至。冬，齊師滅譚，譚無禮也。"

昔炎精幽昧，[1]曆數將終，桓靈失德，[2]災釁並興，豺狼抗爪牙之毒，生靈罹塗炭之難。由是九州絶貫，[3]王綱解紐，[4]四海蕭條，非復漢有。太祖承運，神武應期，征討暴亂，克寧區夏；協建靈符，天命既集，遂廓洪基，奄有魏域。土則神州中岳，器則九鼎猶存，世載淑美，重光相襲，故知四隩之攸同，帝者之壯觀也。昔公孫氏承藉父兄，[5]世居東裔，擁帶燕胡，憑陵險遠，講武游盤，不供職貢，内傲帝命，外通南國，乘桴滄海，交酬貨賄，葛越布于朔土，貂馬延于吴會；自以控弦十萬，奔走之力，信能右折燕齊，左震扶桑，[6]輮轢沙漠，[7]南面稱王。宣王薄伐，猛鋭長驅。師次遼陽，[8]而城池不守；[9]枹鼓暫鳴，而元凶折首。於是遠近疆埸，列郡大荒，收離聚散，大安其居，衆庶悦服，殊俗款附。自兹以降，九野清泰，[10]東夷獻其樂器，肅慎貢其楛矢，[11]曠世不羈，應化而至，巍巍蕩蕩，想所具聞也。

[1]昔炎精幽昧：漢朝衰微。炎精指漢朝，因漢爲火德，故言。

[2]桓靈：東漢桓帝和靈帝。

[3]九州絶貫：天下分崩。

[4]王綱解紐：國家瓦解。

[5]公孫氏：即遼東公孫淵。三國時遼東襄平（今遼寧省遼陽

市）人，字文懿，公孫康子，公孫康死後，奪弟公孫恭之權，自立爲燕王。後被司馬懿征討攻殺。

[6]扶桑：東方古國名。後亦代稱日本。

[7]輮轢：踐踏碾軋。

[8]遼陽：遼水之南。

[9]城池不守：原本作“城地不安”，宋本作“城池不安”，殿本作“城池不守”，據殿本改。

[10]九野：九州。

[11]肅慎：古族名，亦作息慎、稷慎，分佈在今長白山北，東濱日本海，西近嫩江，北達黑龍江以北的廣大地區。　楛（kǔ）矢：以楛木做杆的箭。

吴之先祖，起自荆楚，遭時擾攘，潛播江表。劉備震懼，亦逃巴岷。[1]遂因山陵積石之固，三江五湖浩汗無涯，假氣游魂，迄兹四紀。[2]兩邦合從，東西唱和，互相扇動，距捍中國。自謂三分鼎足之勢，可與太山共相終始也。相國晋王輔相帝室，文武桓桓，志厲秋霜，廟勝之算，應變無窮，獨見之鑒，與衆絶慮。主上欽明，委以萬機，長轡遠御，妙略潛授，偏師同心，上下用力，淩威奮伐，深入其阻，并敵一向，奪其膽氣。小戰江由，[3]則成都自潰；[4]曜兵劍閣，[5]則姜維面縛。[6]開地六千，領郡三十。兵不逾時，梁益肅清，[7]使竊號之雄，稽顙絳闕，球琳重錦，充於府庫。夫韓并魏徙，[8]虢滅虞亡，[9]此皆前鑒，後事之表。又南中吕興，[10]深睹天命，蟬蜕内附，願爲臣妾。外失輔車脣齒之援，[11]内有羽毛零落之漸。而徘徊危國，冀延日月，此由魏武侯却指山河，[12]自以爲强，殊不知物有興亡，則所美非其地也。

[1]巴岷：巴山和岷山，指四川。

[2]紀：十二年爲一紀。《尚書·畢命》："既歷三紀。"孔安國傳："十二年曰紀。"

[3]江由：即江油戍、江油關，位於今四川省平武縣東南南壩鎮。

[4]成都：蜀漢國都，即今四川省成都市。

[5]劍閣：即劍門關，位於今四川省劍閣縣東北。

[6]姜維：三國時天水冀縣（今甘肅省甘谷縣東）人，字伯約。本仕曹魏，后歸蜀漢。歷任征西將軍、凉州刺史、衛將軍、録尚書事、大將軍等。蜀漢景耀六年（263）成都被曹魏軍攻破，後主投降，乃受命投降魏將鍾會。後與鍾會謀叛，失敗被殺。

[7]梁：梁州，古九州之一。三國曹魏治所在沔陽縣（今陝西省勉縣東），西晋移治南鄭縣（今陝西省漢中市東）。　益：州名，治所在成都縣（今四川省成都市）。

[8]韓并魏徙：李善注《文選》引《史記》曰："秦始皇十七年，攻韓得韓王安。二十三年攻魏，其王請降。"

[9]虢滅虞亡：李善注《文選》引《左氏傳》曰："晋滅虢，虢公醜奔京師。遂襲虞，滅之，執虞公。"

[10]吕興：《三國志》卷四八《吴書·三嗣主傳》：交阯郡吏吕興等殺太守孫諝，"使使如魏請太守及兵"。

[11]輔車：頰輔與牙床。一説車夾木與車輿。比喻事物互爲依存的利害關係。　脣齒：意同"輔車"。

[12]魏武侯：戰國時魏國國君。魏文侯長子，名子擊。公元前395至前370年在位，爲魏國較强大時期。

方今百僚濟濟，俊乂盈朝，武臣猛將，折衝萬里，國富兵强，六軍精練，思復翰飛，飲馬南海。自頃國家，整修器械，興造舟楫，簡習水戰，樓船萬艘，千里相望，刳木已來，舟車之用，未有如今之殷盛者也。驍勇百萬，畜力待時。役不再舉，今日之師也。然主相眷眷未便電發者，猶以爲愛人治國，道家所尚，崇城遂卑，文王退舍，[1]故先開大信，喻以存亡，殷勤之指，往使所究也。若能審識安危，自求多福，蹶然改容，祗承往錫，追慕南越，嬰齊入侍，北面稱臣，伏聽告策。則世祚江表，永爲魏藩，豐功顯報，隆於今日矣。若猶侮慢，[2]未順王命，然後謀力雲合，指麾從風，雍梁二州，順流而東，青徐戰士，[3]列江而西，荆揚兖豫，[4]争驅八衝，征東甲卒，武步秣陵。[5]爾乃王輿整駕，六戎徐征，羽校燭日，旌旗星流，龍游曜路，歌吹盈耳，士卒奔邁，其會如林，烟塵俱起，震天駭地，渴賞之士，鋒鏑争先。忽然一旦，身首横分，宗祀淪覆，取戒萬世，引領南望，良助寒心！夫療膏肓之疾者，必進苦口之藥；决狐疑之慮者，亦告逆耳之言。如其猶豫，迷而不反，恐俞附見其已死，[6]扁鵲知其無功矣。[7]勉思良圖，惟所去就。

劭等至吴，不敢爲通。

[1]文王退舍：《左傳·僖公十九年》：宋人圍曹，討不服，子魚言於宋公曰："文王聞崇德亂而伐之，軍三旬而不降，退修教而

複伐之，因壘而降。”

[2]若猶：猶，殿本作“有”。

[3]青：青州，治所在臨淄縣（今山東省淄博市臨淄區）。徐：徐州，治所在彭城縣（今江蘇省徐州市）。

[4]荆：荆州，三國時曹魏治所在新野縣（今河南省新野縣），孫吴治所在江陵縣（今湖北省江陵縣），西晋統一後治所在江陵縣（今湖北省江陵縣）。揚：揚州，三國魏、吴各置揚州，魏治所在壽春縣（今安徽省壽縣），吴治所在建業縣（今江蘇省南京市）。西晋統一後復合，治所在建鄴縣（今江蘇省南京市）。

[5]秣陵：縣名，東漢建安十七年（212）孫權改名建業縣，治所在今江蘇省南京市。

[6]俞附：即俞跗，相傳爲黄帝時的良醫。附，殿本作“跗”。

[7]扁鵲：戰國初渤海鄚（今河北省任丘市北）人。姓秦，名越人。初從長桑君學醫，後遍游列國行醫，醫術高明。

楚後遷佐著作郎，[1]復參石苞驃騎軍事。[2]楚既負其材氣，頗侮易於苞。初至，長揖曰：“天子命我參卿軍事。”因此而嫌隙遂構。苞奏楚與吴人孫世山共訕毁時政，楚亦抗表自理，紛紜經年，事未判。又與鄉人郭奕忿争。[3]武帝雖不顯明其罪，然以少賤受責，遂湮廢積年。初，參軍不敬府主，楚既輕苞，遂制施敬，自楚始也。

[1]佐著作郎：官名，三國時隸屬中書省，西晋時改隸秘書省，協助著作郎修撰國史及起居注，整理秘書省所藏典籍。七品。

[2]參石苞驃騎軍事：即驃騎將軍府參軍事。參軍事，亦作參軍，謂參謀軍事。兩晋公府、軍府皆置。

[3]郭奕：字大業，本書卷四五有傳。奕，原本、宋本作

“弈”，殿本作“奕”，據殿本改。本卷下文此人名同。

征西將軍、扶風王駿與楚舊好，[1]起爲參軍。轉梁令，[2]遷衛將軍司馬。[3]時龍見武庫井中，群臣將上賀，楚上言曰：“頃聞武庫井中有二龍，群臣或有謂之禎祥而稱賀者，或有謂之非祥無所賀者，可謂楚既失之，而齊亦未爲得也。夫龍或俯鱗潛于重泉，或仰攀雲漢游乎蒼昊，而今蟠于坎井，同於蛙蝦者，豈獨管庫之士或有隱伏，[4]厮役之賢没於行伍？故龍見光景，有所感悟。願陛下赦小過，舉賢才，垂夢於傅巖，[5]望想於渭濱，[6]修學官，起淹滯，申命公卿，舉獨行君子可惇風厲俗者，又舉亮拔秀異之才可以撥煩理難矯世抗言者，無繫世族，必先逸賤。夫戰勝攻取之勢，并兼混一之威，[7]五伯之事，[8]韓白之功耳；[9]至於制禮作樂，闡揚道化，甫是士人出筋力之秋也。伏願陛下擇狂夫之言。”

[1]扶風王駿：司馬駿，字子臧，本書卷三八有傳。

[2]梁：縣名，治所在今河南省汝州市南。

[3]衛將軍：官名，魏晋時位在名號將軍之上，多爲軍府名號，加給大臣、重要州郡長官。二品，開府位從公者一品。　司馬：官名，此爲衛將軍府司馬。府署高級幕僚，掌參讚軍務、管理府内武職，位僅次於長史。六品。

[4]管庫之士：指堪作衛尉卿之類的人才。因衛尉掌宫廷警衛，兼管武庫、冶鑄，故言。

[5]垂夢於傅巖：指武丁發現傅説之事。《史記》卷三《殷本紀》載：武丁夜夢得聖人，名曰説。群臣百官都不是夢中人，便命人在朝廷以外尋求，結果發現一個版築城墻的刑徒，與夢中所見一

樣，便舉以爲相，使殷國大治。

[6]望想於渭濱：指周文王發現吕尚之事。《史記》卷三二《齊太公世家》：吕尚年老且貧，在渭水畔釣魚以等待明主發現。周文王將出獵，占卜，得知將得人才，乃出獵，果遇太公於渭之陽，與語大説，曰："自吾先君太公曰'當有聖人適周，周以興'，子真是邪？吾太公望子久矣。"故號之曰"太公望"，載與俱歸，立爲師。

[7]混一之威：宋本無"一"字。

[8]五伯：即春秋五霸：齊桓公、晋文公、宋襄公、楚莊公、秦繆公。一説爲齊桓公、宋襄公、晋文公、秦穆公、吴王夫差。

[9]韓：韓信，秦末淮陰（今江蘇省淮安市淮陰區南）人，早年家貧，常從人寄食。後隨項羽起兵，因不受重用，轉投劉邦。受蕭何舉薦，拜大將軍。功勛卓著，爲漢初三傑之一。漢立封楚王，後貶爲淮陰侯。終爲吕后設計所殺。　白：白起，戰國郿（今陝西省眉縣東渭河北岸）人，一稱公孫起。戰國名將，歷任秦國左庶長、左更、國尉、大良造。先後攻韓國新城，破韓魏聯軍於伊闕，攻破楚都郢城，大破趙軍於長平，坑殺降卒四十餘萬。後因與范雎有隙，被免爲士伍，自殺。

惠帝初，爲馮翊太守。元康三年卒。

初，楚與同郡王濟友善，[1]濟爲本州大中正，[2]訪問銓邑人品狀，至楚，濟曰："此人非卿所能目，吾自爲之。"乃狀楚曰："天才英博，亮拔不群。"楚少時欲隱居，謂濟曰："當欲枕石漱流"，誤云"漱石枕流"。濟曰："流非可枕，石非可漱。"楚曰："所以枕流，欲洗其耳；所以漱石，欲厲其齒。"楚少所推服，惟雅敬濟。初，楚除婦服，[3]作詩以示濟，濟曰："未知文生於情，情生於文，覽之悽然，增伉儷之重。”

［1］王濟：字武子，本書卷四二有傳。

［2］大中正：州一級評定士人品第的官員。大，宋本作“太”。

［3］除婦服：爲妻子服孝結束。

三子：衆、洵、纂。衆及洵俱未仕而早終，[1]惟纂子統、綽並知名。

［1］“三子”至“俱未仕而早終”：中華本校勘記：“孫洵，《孫盛傳》及《魏志·劉放傳》注引《晉陽秋》俱云爲潁川太守，非未仕。”今注按：孫洵，本書卷三八《新野莊王歆傳》亦作“孫洵”，卷八二《孫盛傳》作“孫恂”。

統，字承公。幼與綽及從弟盛過江。[1]誕任不羈，而善屬文，時人以爲有楚風。征北將軍褚裒聞其名，[2]命爲參軍，辭不就，家于會稽。性好山水，乃求爲鄞令，[3]轉在吴寧。[4]居職不留心碎務，縱意游肆，名山勝川，靡不窮究。後爲餘姚令，[5]卒。

［1］盛：孫盛，字安國，本書卷八二有傳。

［2］征北將軍：官名，與征東將軍、征西將軍、征南將軍合稱四征將軍。三國魏蜀吴兩晋皆置，出鎮方面，地位顯要。三品，加持節都督者二品。　褚裒：字季野，本書卷九三有傳。

［3］鄞：縣名，治所在今浙江省奉化市東北白杜。

［4］吴寧：縣名，治所在今浙江省東陽市東。

［5］餘姚：縣名，治所在今浙江省餘姚市。

子騰嗣，以博學著稱，位至廷尉。[1]騰弟登，少善名理，注《老子》，行於世，仕至尚書郎，早終。

[1]廷尉：官名，中央最高司法審判機構長官，負責會審朝中有罪文武大臣，覆核審决郡國疑獄等。三品。

綽，字興公。博學善屬文，少與高陽許詢俱有高尚之志。[1]居于會稽，游放山水，十有餘年，乃作《遂初賦》以致其意。嘗鄙山濤，[2]而謂人曰："山濤吾所不解，吏非吏，隱非隱，若以元禮門爲龍津，[3]則當點額暴鱗矣。"所居齋前種一株松，恒自守護，鄰人謂之曰："樹子非不楚楚可憐，但恐永無棟梁日耳。"綽答曰："楓柳雖復合抱，亦何所施邪？"綽與詢一時名流，或愛詢高邁，則鄙於綽，或愛綽才藻，而無取於詢。沙門支遁試問綽："君何如許？"答曰：[4]"高情遠致，弟子早已伏膺；然一咏一吟，許將北面矣。"絶重張衡、左思之賦，[5]每云："《三都》《二京》，《五經》之鼓吹也。"嘗作《天臺山賦》，辭致甚工，初成，以示友人范榮期，云："卿試擲地，當作金石聲也。"榮期曰："恐此金石非中宫商。"[6]然每至佳句，輒云："應是我輩語。"除著作佐郎，[7]襲爵長樂侯。

[1]高陽：郡名，東漢桓帝置，治所在高陽縣（今河北省高陽縣東舊城），西晋移治博陸縣（今河北省蠡縣南）。　許詢：東晋高陽北新城（今河北省保定市徐水區）人，字玄度。僑居會稽，與劉惔、王羲之、孫安、郗愔文字交游，清談往返。

[2]山濤：字巨源，本書卷四三有傳。

[3]元禮門爲龍津：元禮，李膺，東漢潁川襄城（今河南省襄城縣）人，字元禮。歷任青州刺史、漁陽太守、蜀郡太守、度遼將軍、河南尹等。與太學生郭泰等交游，反對宦官專權，聲譽日高。世人以與之結交爲榮，稱爲“登龍門”。後遭黨錮之禍，被禁錮終身。後復出任長樂少府，再遭黨錮之禍，下獄致死。

[4]答曰：宋本無“曰”字。

[5]張衡：東漢南陽西鄂（今河南省南陽市北）人，字平子。早年游學長安，觀太學於洛陽，通五經六藝。渾天儀、測風儀、地動儀的製造者。文學作品以《二京賦》《歸田賦》著稱於世。　左思：字太冲，本書卷九二有傳。

[6]宮商：音樂五音中的兩個音階。

[7]著作佐郎：官名，即佐著作郎，三國時隸中書省，西晉改隸秘書省，協助著作郎修撰國史及起居注，整理秘書省藏書。七品。

綽性通率，好譏調。嘗與習鑿齒共行，[1]綽在前，顧謂鑿齒曰：“沙之汰之，瓦石在後。”鑿齒曰：“簸之颺之，糠秕在前。”

[1]習鑿齒：字彦威，本書卷八二有傳。

征西將軍庾亮請爲參軍，補章安令，[1]徵拜太學博士，[2]遷尚書郎。揚州刺史殷浩以爲建威長史。[3]會稽内史王羲之引爲右軍長史。[4]轉永嘉太守，[5]遷散騎常侍，領著作郎。

[1]章安：縣名，治所在今浙江省臨海市東南張安鎮。

[2]太學博士：學官，掌經學傳授，參議禮儀制度。六品。

[3]殷浩：字深源，本書卷七七有傳。　建威長史：官名，建威將軍府長史。掌軍府顧問參謀，爲所在官署掾屬之長。七品。

[4]王羲之：字逸少，本書卷八〇有傳。　右軍長史：官名，右軍將軍府長史。掌軍府顧問參謀，爲所在官署掾屬之長。七品。

[5]永嘉：郡名，治所在永寧縣（今浙江省温州市）。

時大司馬桓温欲經緯中國，[1]以河南粗平，將移都洛陽。朝廷畏温，不敢爲異，而北土蕭條，人情疑懼，雖並知不可，莫敢先諫。綽乃上疏曰：

伏見征西大將軍臣温表："便當躬率三軍，[2]討除二寇，蕩滌河渭，清灑舊京。然後神旗電舒，朝服濟江，反皇居於中土，正玉衡於天極。"[3]斯超世之宏圖，千載之盛事。然臣之所懷，竊有未安，以爲帝王之興，莫不藉地利人和以建功業，貴能以義平暴，因而撫之。懷愍不逮，[4]淪胥秦京，遂令胡戎交侵，神州絶綱，土崩之釁，誠由道喪。然中夏蕩蕩，一時横流，百郡千城曾無完郛者，何哉？亦以地不可守，投奔有所故也。天祚未革，中宗龍飛，非惟信順協於天人而已，實賴萬里長江畫而守之耳。《易》稱："王公設險以守其國"，[5]險之時義大矣哉！斯已然之明效也。今作勝談，自當任道而遺險；校實量分，[6]不得不保小以固存。自喪亂已來六十餘年，蒼生殄滅，百不遺一，河洛丘墟，函夏蕭條，井堙木刊，阡陌夷滅，生理茫茫，永無依歸。播流江表，[7]已經數世，存者長子老孫，亡者丘隴成行。雖北風之思感其素心，[8]目前之哀實爲交切。若遷都旋軫之日，中興五陵，即復緬成遐域。泰山之安既難以理保，烝烝之思豈不纏於聖心哉！

［1］桓温：字元子，本書卷九八有傳。
［2］三軍：泛指軍隊。
［3］玉衡：玉衡原指北斗。此指治理國家的命脉。
［4］懷愍不逮：逮，殿本作“建”。
［5］王公設險以守其國：語見《易·習坎·彖辭》。
［6］校實量分：核查實際情况，思量自己本分。
［7］江表：指長江以南。
［8］北風之思：《左傳·襄公十八年》：楚軍侵襲鄭國，師曠説：“不害。吾驟歌北風，又歌南風。南風不競，多死聲。楚必無功。”

温今此舉，誠欲大覽始終，爲國遠圖。向無山陵之急，亦未首决大謀，獨任天下之至難也。今發憤忘食，忠慨亮到，凡在有心，孰不致感！而百姓震駭，同懷危懼者，豈不以反舊之樂賒，[1]而趣死之憂促哉！何者？植根於江外數十年矣，一朝拔之，頓驅踧於空荒之地，提挈萬里，逾險浮深，離墳墓，棄生業，富者無三年之糧，[2]貧者無一餐之飯，田宅不可復售，舟車無從而得，捨安樂之國，適習亂之鄉，出必安之地，就累卵之危，將頓仆道塗，飄溺江川，僅有達者。夫國以人爲本，疾寇所以爲人，衆喪而寇除，亦安所取裁？此仁者所宜哀矜，國家所宜深慮也。自古今帝王之都，豈有常所，時隆則宅中而圖大，勢屈則遵養以待會。使德不可勝，家有三年之積，然後始可謀太平之事耳。今天時人事，有未至者矣，一朝欲一宇宙，無乃頓而難舉乎？

[1]反舊之樂賒：返回舊鄉之樂事很遠。

[2]三年之糧：糧，原本、宋本作“量”，殿本作“糧”，據殿本改。

臣之愚計，以爲且可更遣一將有威名資實者，先鎮洛陽，於陵所築二壘以奉衛山陵，掃平梁許，[1]清一河南，運漕之路既通，然後盡力於開墾，廣田積穀，漸爲徙者之資。如此，賊見亡徵，勢必遠竄。如其迷逆不化，復欲送死者，南北諸軍風馳電赴，若身手之救痛痒，率然之應首尾，山陵既固，中夏小康。陛下且端委紫極，[2]增修德政，躬行漢文簡樸之至，去小惠，節游費，審官人，練甲兵，以養士滅寇爲先。十年行之，無使隳廢，則貧者殖其財，怯者充其勇，人知天德，赴死如歸，以此致政，猶運諸掌握。何故捨百勝之長理，舉天下而一擲哉！陛下春秋方富，温克壯其猷，[3]君臣相與，弘養德業，括囊元吉，[4]豈不快乎！[5]

[1]掃平梁許：掃，原本、殿本作“埽”，宋本作“歸”，據中

華本改。

[2]紫極：紫極，帝王宮殿。

[3]克壯其猷：宏大其謀略。

[4]元吉：大福，洪福。

[5]豈不快乎：快，宋本作“恢”。

今温唱高議，聖朝互同，臣以輕微，獨獻管見。出言之難，實在今日，而臣區區必聞天聽者，竊以無諱之朝，[1]狂瞽進説，芻蕘之謀，[2]聖賢所察，所以不勝至憂，觸冒干陳。若陛下垂神，温少留思，豈非屈於一人而允億兆之願哉！如以干忤罪大，欲加顯戮，使丹誠上達，退受刑誅，雖没泉壤，尸且不朽。

桓温見綽表，不悦，曰：“致意興公，何不尋君《遂初賦》，知人家國事邪！”尋轉廷尉卿，[3]領著作。

[1]無諱之朝：指朝政開明。

[2]芻蕘之謀：草野之人的謀略。

[3]廷尉卿：官名，對廷尉的尊稱。三品。

綽少以文才垂稱，于時文士，綽爲其冠。温、王、郗、庾諸公之薨，必須綽爲碑文，然後刊石焉。年五十八，卒。

子嗣，有綽風，文章相亞，位至中軍參軍，[1]早亡。

[1]中軍參軍：官名，中軍將軍府佐官。參軍，亦作參軍事，謂參謀軍事。兩晉公府、軍府皆置。

史臣曰：江統風檢操行，良有可稱，陳留多士，斯爲其冠。《徙戎》之論，實乃經國遠圖。[1]然運距中衰，陵替有漸，假其言見用，恐速禍招怨，無救於將顛也。逮愍懷廢徙，冒禁拜辭，所謂命輕鴻毛，義貴熊掌。虨位隆端右，[2]竭誠獻替。惇遺忽榮利，[3]聿修天爵。雖出處異塗，俱難兄弟矣。孫楚體英絢之姿，超然出類，見知武子，誠無愧色。覽其貽皓之書，諒曩代之佳筆也。而負才誕傲，蔑苞忿奕，[4]違遜讓之道，肆陵憤之氣，丁年沉廢，[5]蓋自取矣。統、綽棣華秀發，名顯中興，可謂無忝爾祖。統竟淪迹下邑，窮觀勝地，會其心焉。綽獻直論辭，都不懾元子，[6]有匪躬之節，豈徒文雅而已哉！

[1]實乃：乃，殿本作“是”。

[2]端右：指宰輔重臣。亦特指尚書令。

[3]惇：即江惇，原本、宋本作“焞”，殿本作“惇”，據正文、殿本改。

[4]蔑苞忿奕：奕，原本、宋本作“弈”，殿本作“奕”，據殿本改。

[5]丁年：指男子成丁之年。丁，宋本、殿本作“十”。

[6]不懾元子：不懼桓温。

贊曰：應元蹈義，子荆越俗。江寡悔尤，孫貽擯辱。虨、統昆弟，江左馳聲。彬彬藻思，綽冠群英。

晋書　卷五七

列傳第二十七

羅憲 兄子尚　滕脩　馬隆 子咸　胡奮 弟烈　陶璜　吾彦　張光　趙誘[1]

羅憲

羅憲，字令則，襄陽人也。[2]父蒙，蜀廣漢太守。[3]憲年十三，能屬文，早知名。師事譙周，[4]周門人稱爲子貢。[5]性方亮嚴整，待士無倦，輕財好施，不營産業。仕蜀爲太子舍人、宣信校尉。[6]再使於吴，吴人稱焉。

[1]原本、宋本、殿本總目録、卷首目録均無“子咸”“弟烈”二附傳人名，據正文及中華本目録補。

[2]襄陽：郡名，東漢建安十三年（208）置，治所在襄陽縣（今湖北省襄陽市），西晋移治宜城縣（今湖北省宜城市南）。

[3]廣漢：郡名，治所在廣漢縣（今四川省射洪市南）。

[4]譙周：三國蜀漢巴西西充（今四川省閬中市西南）人，字允南。蜀中儒學大師，歷任蜀漢勸學從事、典學從事、太子家令、光禄大夫等職。後勸後主降魏。西晋時任騎都尉、散騎常侍。

[5]子貢：春秋時衛國人，姓端木，名賜，字子貢，孔子弟子，善辭令。經商於曹魯間，富累千金。孔子死後，獨自廬墓六年。

[6]太子舍人：官名，掌行書令、表啓等。初隸太子太傅、太子少傅，後隸太子詹事。七品。　宣信校尉：官名，三國吴蜀皆置。主要擔任出使其他政權的任務。

時黄皓預政，[1]衆多附之，憲獨介然。皓恚之，左遷巴東太守。[2]時大將軍閻宇都督巴東，[3]拜憲領軍，[4]爲宇副貳。魏之伐蜀，召宇西還，憲守永安城。[5]及成都敗，[6]城中擾動，邊江長吏皆棄城走，憲斬亂者一人，百姓乃安。知劉禪降，乃率所統臨于都亭三日。[7]吴聞蜀敗，遣將軍盛憲西上，[8]外託救援，内欲襲憲。憲曰："本朝傾覆，吴爲脣齒，不恤我難，而邀其利，吾寧當爲降虜乎！"乃歸順。於是繕甲完聚，厲以節義，士皆用命。及鍾會、鄧艾死，[9]百城無主，吴又使步協西征，[10]憲大破其軍。孫休怒，[11]又遣陸抗助協。[12]憲距守經年，救援不至，城中疾疫太半。或勸南出牂柯，[13]北奔上庸，[14]可以保全。憲曰："夫爲人主，百姓所仰，既不能存，急而棄之，君子不爲也。畢命於此矣。"會荆州刺史胡烈等救之，[15]抗退。加陵江將軍、監巴東軍事、使持節，領武陵太守。[16]

[1]黄皓：三國時蜀漢人，宦官，受後主劉禪寵愛。董允在位時，正色匡正後主，數責於皓。皓畏允，不敢爲非。終允之世，皓位不過黄門丞。董允去世後，陳祗代允爲侍中，與黄皓互相表裏，皓始預政事。祗死後，皓從黄門令爲中常侍、奉車都尉，操弄威柄，終至覆國。

[2]左遷：降職。　巴東：郡名，東漢建安六年（201）以固陵郡改名，治所在魚復縣（今重慶市奉節縣東）。

[3]大將軍：官名，高級軍事統帥。曹魏時多以之屯駐長安，對付蜀漢，蜀漢以其爲最高軍事長官，孫吴則别置上大將軍居其上。西晋時爲八公之一，位居上公、大司馬下，三公之上。東晋時常專擅軍政事務。一品。

[4]領軍：官名，即領軍將軍。三國曹丕置，職掌同於中領軍，但任職者資位重於中領軍，簡稱領軍。爲禁衛軍最高統帥，常由皇帝親信或宗室擔任。兩晋沿置。三品。

[5]永安：縣名，治所在今重慶市奉節縣東。

[6]成都：蜀漢國都，即今四川省成都市。

[7]都亭：都亭山，位於今湖北省恩施市西北。

[8]盛憲：中華本校勘記："《校文》：《吴志・孫休傳》作'盛曼'。"

[9]鍾會：三國時潁川長社（今河南省長葛市東）人，字士季。鍾繇之子。歷任秘書郎、尚書郎、中書侍郎、黄門侍郎、司隸校尉。破蜀後因與姜維謀叛，失敗被殺。　鄧艾：三國時義陽棘陽（今河南省南陽市南）人，字士載。歷任典農綱紀、尚書郎、討寇將軍、汝南太守、兗州刺史。平蜀漢有功，官至太尉。後爲鍾會所誣，以檻車徵回京師，中途爲衛瓘所殺。

[10]步協：三國孫吴臨淮淮陰（今江蘇省淮安市淮陰區西南）人，步騭之子，步騭死後繼父領軍，任撫軍將軍。

[11]孫休：孫吴景帝，字子烈，孫權第六子。

[12]陸抗：三國時吴郡吴縣（今江蘇省蘇州市）人，字幼節。陸遜子。以鎮軍大將軍都督信陵、西陵、夷道、樂鄉、公安諸軍事。與西晋荆州都督羊祜互通使節，各保分界。

[13]牂柯：郡名，西漢武帝置，治所在故且蘭縣（今貴州省黄平縣西南），西晋治所在萬壽縣（今貴州省甕安縣東北）。

[14]上庸：郡名，東漢建安二十二年（217）置，治所在上庸

縣（今湖北省竹山縣西南四十里堵水北岸）。

［15］荆州：三國時曹魏治所在新野縣（今河南省新野縣），孫吴治所在江陵縣（今湖北省江陵縣），西晋統一後治所在江陵縣（今湖北省江陵縣）。　胡烈：西晋人，歷任泰山太守、征蜀護軍、荆州刺史、秦州刺史等，泰始六年六月，死於征戰。

［16］陵江將軍：官名，屬名號將軍，亦稱凌江將軍。五品。　監巴東軍事：巴東地區軍事行政長官，位次於都督。　使持節：漢朝官吏奉使外出時，或由皇帝授予節杖，以提高其權力。魏晋以後，凡重要軍事長官出征或出鎮，加使持節，可誅殺二千石以下官員。　領：以地位較高的官員兼理較低的職務。　武陵：郡名，治所在臨沅縣（今湖南省常德市）。

泰始初入朝，詔曰："憲忠烈果毅，有才策器幹，可給鼓吹。"[1]又賜山玄玉佩劍。泰始六年卒，贈使持節、安南將軍、武陵太守，[2]追封西鄂侯，謚曰烈。

［1］鼓吹：帝王及高級官員儀仗中的樂隊，由管樂和打擊樂器組成，常用來賜予有軍功的高級武官。

［2］安南將軍：官名，東漢建安年間置，與安東、安北、安西合稱四安將軍，爲出鎮某一地區的軍事長官，或作爲刺史等兼理軍務的加官，權任頗重。三品，加持節都督者二品。

初，憲侍讌華林園，[1]詔問蜀大臣子弟，後問先輩宜時叙用者，憲薦蜀人常忌、杜軫等，[2]皆西國之良器，武帝並召而任之。

［1］華林園：宫苑名，本東漢芳林園，魏正始初因避齊王芳諱改。故址位於今河南洛陽東洛陽故城内。有瑶華宫、景陽山、天淵

池諸勝。

[2]杜軫：字超宗，本書卷九〇有傳。

子襲，歷給事中、陵江將軍，[1]統其父部曲，[2]至廣漢太守。兄子尚。

[1]給事中：官名，爲加官，所加爲三公、將軍、中書監令、博士、郎等。常侍從皇帝左右，諫諍糾彈，爲中朝要職。五品。

[2]部曲：帶有人身依附性質的私兵。

尚，字敬之，一名仲。父式，牂柯太守。尚少孤，依叔父憲。善屬文。[1]荆州刺史王戎以尚及劉喬爲參軍，[2]並委任之。太康末，爲梁州刺史。[3]

[1]屬文：寫文章。

[2]王戎：字濬冲，本書卷四三有傳。　劉喬：字仲彦，本書卷六一有傳。　參軍：官名，亦作參軍事，謂參謀軍事。兩晋公府、軍府皆置。

[3]梁州：三國曹魏治所在沔陽縣（今陝西省勉縣東），西晋移治南鄭縣（今陝西省漢中市東）。

及趙廞反于蜀，[1]尚表曰："廞非雄才，必無所成，計日聽其敗耳。"乃假尚節爲平西將軍、益州刺史、西戎校尉。[2]性貪，少斷，蜀人言曰："尚之所愛，非邪則佞；尚之所憎，非忠則正。富擬魯衛，[3]家成市里；貪如豺狼，無復極已。"又曰："蜀賊尚可，羅尚殺我。平西將軍，反更爲禍。"

[1]趙廞：西晋益州刺史。朝廷徵其爲大長秋，因不滿而反叛，自稱大都督、大將軍、益州牧。后被李特所殺。

[2]平西將軍：官名，與平北、平南、平東合稱四平將軍，權任很重，多持節都督或監某一地區的軍事，有時亦作爲刺史等地方官員兼理軍務的加官。三品，加持節都督者二品。　益州：治所在成都縣（今四川省成都市）。　西戎校尉：官名，亦稱護西戎校尉，西晋初治長治，掌雍州少數民族事務，領兵，多以征西、鎮西將軍兼任。四品。

[3]魯衛：指富而無教。典出《詩·曹譜》：曹"夾於魯、衛之間，又寡於患難，末時富而無教，乃更驕侈"。

時李特亦起於蜀，[1]攻蜀，殺趙廞。又攻尚於成都，尚退保江陽。[2]初，尚乞師方岳，荆州刺史宗岱率建平太守孫阜救之，[3]次于江州。[4]岱、阜兵盛，諸爲寇所逼者，人有奮志。尚乃使兵曹從事任鋭僞降，[5]因出密宣告於外，克日俱擊，遂大破之，斬李特，傳首洛陽。特子雄僭號，[6]都于郫城。[7]尚遣將軍隗伯攻之，不克。俄而尚卒，雄遂據有蜀土。

[1]李特：字玄休，本書卷一二〇有傳。

[2]江陽：郡名，治所在江陽縣（今四川省瀘州市）。

[3]宗岱：中華本校勘記："《惠紀》《李特載記》作'宋岱'。"　建平：郡名，治所在巫縣（今重慶市巫山縣）。

[4]江州：治所在南昌縣（今江西省南昌市）。

[5]兵曹從事：官名，即兵曹從事史，司隸校尉及州部屬吏。司隸校尉下屬有從事史十二人。其有軍事則置兵曹從事，主兵事。秩百石。州刺史所屬職秩同。均由所部長官自行辟除。　任鋭：中華本校勘記："《考異》：《李特載記》作'任明'，《蜀録》作'任

叡’，當以‘叡’爲本名。按：《通鑑》八五亦作‘任叡’。”

[6]雄：李雄，字仲儁，本書卷一二一有載記。

[7]郫城：郫縣城，位於今四川省成都市郫都區。

滕脩

滕脩，字顯先，南陽西鄂人也。[1]仕吴爲將帥，封西鄂侯。孫皓時，代熊睦爲廣州刺史，[2]甚有威惠。徵爲執金吾。[3]廣州部曲督郭馬等爲亂，皓以脩宿有威惠，爲嶺表所伏，以爲使持節、都督廣州軍事、鎮南將軍、廣州牧以討之。[4]未克而王師伐吴，脩率衆赴難。至巴丘而皓已降，[5]乃縞素流涕而還，與廣州刺史閭豐、蒼梧太守王毅各送印綬，[6]詔以脩爲安南將軍，廣州牧、持節、都督如故，封武當侯，加鼓吹，委以南方事。脩在南積年，爲邊夷所附。

[1]南陽：郡名，治所在宛縣（今河南省南陽市）。　西鄂：縣名，治所在今河南省南陽市北。

[2]廣州：治所在番禺縣（今廣東省廣州市）。

[3]執金吾：官名，掌京城警衛、管理武庫、護衛皇帝出行等。

[4]都督廣州軍事：廣州地區最高軍事行政長官。　鎮南將軍：官名，與鎮東、鎮西、鎮北將軍合稱四鎮將軍。多爲持節都督，出鎮方面。曹魏二品。晋改三品，加持節都督者二品。

[5]巴丘：一名巴陵，又名天岳山，位於今湖南省岳陽市西南。

[6]蒼梧：郡名，治所在廣信縣（今廣西壯族自治區梧州市）。

太康九年卒，請葬京師，帝嘉其意，賜墓田一頃，謚曰聲。脩之子並上表曰：“亡父脩羈紲吴壤，爲所驅馳；幸逢開通，沐浴至化，得從俘虜握戎馬之要；未覲聖顏，[1]委南藩之重，實由勛勞少聞天聽故也。年衰疾篤，屢乞骸骨，未蒙垂哀，奄至薨隕。臣承遺意，輿櫬還都，瞻望雲闕，實懷痛裂。竊聞博士謚脩曰聲，直彰流播，不稱行績，不勝愚情，冒昧聞訴。”帝乃賜謚曰忠。

[1]未覲聖顏：未，原本作“末”，宋本、殿本作“未”，據宋本、殿本改。

並子含，初爲庾冰輕車長史，[1]討蘇峻有功，[2]封夏陽縣開國侯，[3]邑千六百户，授平南將軍、廣州刺史。[4]在任積年，甚有威惠，卒謚曰戴。含弟子遁，交州刺史。[5]

[1]庾冰：字季堅，本書卷七三有傳。　輕車長史：官名，輕車將軍府長史。掌顧問參謀，爲所在官署掾屬之長。七品。輕車將軍，官名，東漢末一度地位較高，在九卿及衛將軍之上。三國魏以後地位稍降，爲將軍名號。五品。

[2]蘇峻：字子高，本書卷一〇〇有傳。

[3]夏陽：縣名，治所在今陝西省韓城市南。

[4]平南將軍：官名，與平東、平西、平北合稱四平將軍。多持節都督或監某一地區的軍事，有時作爲刺史等地方官員監理軍務的加官。三品，加持節都督者二品。

[5]交州：又稱交阯，公元前2世紀初南越王趙佗置，後屬西漢。東漢改爲交州，治所在番禺縣（今廣東省廣州市）。三國時移治龍編縣（今越南社會主義共和國河北省仙游縣東）。

脩曾孫恬之，龍驤將軍、魏郡太守，[1]戍黎陽，[2]爲翟遼所執，死之。

［1］龍驤將軍：官名，高級軍事將領。三品。　魏郡：治所在鄴縣（今河北省臨漳縣西南）。

［2］黎陽：縣名，治所在今河南省浚縣東北。

馬隆

馬隆，字孝興，東平平陸人。[1]少而智勇，好立名節。魏兖州刺史令狐愚坐事伏誅，[2]舉州無敢收者。隆以武吏託稱愚客，以私財殯葬，服喪三年，列植松柏，禮畢乃還，一州以爲美談。署武猛從事。[3]

［1］東平：郡國名，治所在須昌縣（今山東省東平縣西北）。平陸：縣名，治所在今山東省汶上縣西北。

［2］兖州：三國魏治所在廪丘縣（今山東省鄄城縣西北），晋惠帝末，兖州闔境淪没於石勒。東晋元帝僑置兖州，治京口（今江蘇省鎮江市）。　令狐愚：三國時曹魏兖州刺史，王淩外甥。

［3］武猛從事：官名，州刺史僚屬。魏晋時司隸校尉、州刺史皆置，參掌軍事。

泰始中，將興伐吴之役，下詔曰："吴會未平，宜得猛士以濟武功。雖舊有薦舉之法，未足以盡殊才。其普告州郡，有壯勇秀異才力傑出者，皆以名聞，將簡其尤異，擢而用之。苟有其人，勿限所取。"兖州舉隆才堪良將。稍遷司馬督。[1]

[1]司馬督：官名，殿中司馬督簡稱。西晋置，統禁軍，負責宫殿内的宿衛。分隸於左右衛將軍。六品。

初，凉州刺史楊欣失羌戎之和，[1]隆陳其必敗。俄而欣爲虜所没，河西斷絶，[2]帝每有西顧之憂，臨朝而嘆曰："誰能爲我討此虜通凉州者乎？"朝臣莫對。隆進曰："陛下若能任臣，臣能平之。"帝曰："必能滅賊，何爲不任，顧卿方略何如耳。"隆曰："陛下若能任臣，當聽臣自任。"帝曰："云何？"隆曰："臣請募勇士三千人，無問所從來，率之鼓行而西，禀陛下威德，醜虜何足滅哉！"帝許之，乃以隆爲武威太守。[3]公卿僉曰："六軍既衆，州郡兵多，但當用之，不宜横設賞募以亂常典。隆小將妄説，不可從也。"帝弗納。隆募限腰引弩三十六鈞、弓四鈞，[4]立標簡試。自旦至中，得三千五百人，隆曰："足矣。"因請自至武庫選杖。武庫令與隆忿争，[5]御史中丞奏劾隆，[6]隆曰："臣當亡命戰場，以報所受，武庫令乃以魏時朽杖見給，不可復用，非陛下使臣滅賊意也。"帝從之，又給其三年軍資。隆於是西渡温水。[7]虜樹機能等以衆萬計，[8]或乘險以遏隆前，或設伏以截隆後。隆依八陣圖作偏箱車，地廣則鹿角車營，路狹則爲木屋施於車上，且戰且前，弓矢所及，應弦而倒。奇謀間發，出敵不意。或夾道累磁石，賊負鐵鎧，行不得前，隆卒悉被犀甲，無所留礙，賊咸以爲神。轉戰千里，殺傷以千數。自隆之西，音問斷絶，朝廷憂之，或謂已没。後隆使夜到，帝撫掌歡笑。詰朝，召群臣謂曰："若從諸卿言，是無秦凉也。"乃詔曰：

"隆以偏師寡衆，奮不顧難，冒險能濟，其假節、宣威將軍，[9]加赤幢、曲蓋、鼓吹。"[10]隆到武威，虜大人猝跋韓、且萬能等率萬餘落歸降，前後誅殺及降附者以萬計。又率善戎没骨能等與樹機能大戰，斬之，凉州遂平。朝議將加隆將士勛賞，有司奏隆將士皆先加顯爵，不應更授。衛將軍楊珧駁曰：[11]"前精募將士，少加爵命者，此適所以爲誘引。今隆全軍獨克，西土獲安，不得便以前授塞此後功，宜皆聽許，以明要信。"乃從珧議，賜爵加秩各有差。

[1]凉州：東漢治所在隴縣（今甘肅省張家川回族自治縣），三國魏移治姑臧縣（今甘肅省武威市）。　楊欣：西晋人，任金城太守、凉州刺史。死於武威征討若羅拔能戰鬥中。

[2]河西：地區名，今甘肅、青海二省之間黄河南段以西地區，即河西走廊、湟水流域一帶。

[3]武威：郡名，治所在姑臧縣（今甘肅省武威市）。

[4]鈞：古代重量單位，三十斤爲一鈞。

[5]武庫令：官名，亦稱武庫署令。武庫署長官，主藏兵器，隸屬衛尉。

[6]御史中丞：官名，御史大夫副手，掌監察、執法，爲京師顯官，職權甚重。四品。

[7]温水：《水經注·河水二》：河水又東北過武威媪圍縣（今甘肅省皋蘭縣西南水阜鄉長川村西廟岔山古城），縣西南有泉源，東逕其縣南，又東北入河也。全祖望注云："按胡三省曰，禿髮傉檀之拒赫連，其臣焦朗勸令從温圍水北渡，疑因媪圍縣得名，訛媪爲温也。前此，晋馬隆討凉州鮮卑，渡温水，則省文也。"

[8]樹機能：河西鮮卑，禿髮壽闐之孫，壯果多謀略。泰始中，

殺秦州刺史胡烈於萬斛堆，敗凉州刺史蘇愉於金山，盡有凉州之地。後爲馬隆所敗，爲部下所殺。

［9］假節：假以節杖。指大臣臨時持節出巡，爲權臣掌軍、秉政的地位象徵和政治待遇。　宣威將軍：官名，三國魏置，爲雜號將軍。八品。

［10］赤幢：車輿上紅色的帷幔。　曲蓋：曲柄傘蓋。

［11］衛將軍：官名，魏晋時位在名號將軍之上，多爲軍府名號，加給大臣、重要州郡長官。二品，開府位從公者一品。　楊珧：字文琚，本書卷四〇有傳。

太康初，朝廷以西平荒毁，宜時興復，以隆爲平虜護軍、西平太守，[1]將所領精兵，又給牙門一軍，屯據西平。時南虜成奚每爲邊患，隆至，帥軍討之。虜據險距守，隆令軍士皆負農器，將若田者。虜以隆無征討意，御衆稍怠。隆因其無備，進兵擊破之。畢隆之政，不敢爲寇。

［1］平虜護軍：官名，三國魏、吴及西晋皆置。時常隨征伐目的，置諸雜號護軍，如征蜀護軍、平虜護軍、揚威護軍等，職如將軍，而地位稍遜同號將軍，資歷稍淺之統帥常授此。五品。　西平：郡名，治所在西都縣（今青海省西寧市）。

太熙初，封奉高縣侯，加授東羌校尉。[1]積十餘年，威信震於隴右。[2]時略陽太守馮翊嚴舒與楊駿通親，[3]密圖代隆，毁隆年老謬耄，不宜服戎，於是徵隆，以舒代鎮。氐羌聚結，百姓驚懼。朝廷恐關隴復擾，乃免舒，遣隆復職，竟卒於官。

[1]東羌校尉：官名，亦稱護東羌校尉，掌管雍、秦、梁等州内羌族事務，領兵，下設東羌督、東羌獵將等部屬。四品。

[2]隴右：地區名，指甘肅隴山以西地區。

[3]略陽：郡名，西晋泰始中以廣魏郡改名，治所在臨渭縣（今甘肅省天水市東北渭河北岸）。略，殿本作“洛”。　馮翊：郡名，三國魏以左馮翊改置，治所在臨晋縣（今陝西省渭南市大荔縣）。　楊駿：字文長，本書卷四〇有傳。

子咸嗣，亦驍勇。成都王穎攻長沙王乂，[1]以咸爲鷹揚將軍，[2]率兵屯河橋中渚，[3]爲乂將王瑚所敗，没於陣。

[1]成都王穎：司馬穎，字章度，本書卷五九有傳。　長沙王乂：司馬乂，字士度，本書卷五九有傳。

[2]鷹揚將軍：官名，雜號將軍中地位較高者，曾作爲荆州、兖州等州刺史的加官。五品。

[3]河橋：即河陽橋，西晋泰始中杜預在黄河富平津所建，位於今河南省孟州市西南、孟津縣東北黄河上。

胡奮

胡奮，字玄威，安定臨涇人也，[1]魏車騎將軍陰密侯遵之子也。[2]奮性開朗，有籌略，少好武事。宣帝之伐遼東也，[3]以白衣侍從左右，甚見接待。還爲校尉，[4]稍遷徐州刺史，[5]封夏陽子。匈奴中部帥劉猛叛，[6]使驍騎路蕃討之，[7]以奮爲監軍、假節，[8]頓軍硜北，[9]爲蕃後繼。擊猛，破之，猛帳下將李恪斬猛而降。以功累遷征南將軍、假節、都督荆州諸軍事，[10]遷護軍，[11]加散騎常侍。[12]奮家世將門，晚乃好學，有刀筆之用，所在有聲績，居邊特有威惠。

[1]安定：郡名，西漢置，治所在高平縣（今寧夏回族自治區固原市），東漢治所在臨涇縣（今甘肅省鎮原縣東南），東晋改治安定縣（今甘肅省涇川縣北）。　臨涇：縣名，治所在今甘肅省鎮原縣東南。

[2]車騎將軍：官名，魏晋南北朝時位次於驃騎將軍，在諸名號將軍之上，多作爲軍府名號，以加授大臣及重要州郡長官。二品，開府位從公者一品。　遵：胡遵，三國時安定臨涇（今甘肅省涇川縣北涇河北岸）人，歷任征東將軍、衛將軍等職。隨司馬懿西拒蜀漢，北征公孫淵，甘露元年（256）卒。

[3]遼東：郡名，治所在襄平縣（今遼寧省遼陽市）。

[4]校尉：官名，秦漢時爲統兵武職，略次於將軍，高於都尉。出征時臨時任命，領一校（營）兵，有司馬、候等武官。又有常設的專職校尉。魏晋時校尉名號極繁，品秩高低不等。有專職武官校尉、負責具體事務的校尉、管理少數民族地區軍政的校尉等。諸領兵征戰的雜號校尉地位略次於中郎將，高於都尉。此處或爲侍從校尉。

[5]徐州：治所在彭城縣（今江蘇省徐州市）。

[6]中部帥劉猛：東漢末建安年間，曹操把入居塞内的匈奴分成左右南北中五部，劉猛爲中部帥。後舉兵反叛，被李恪斬殺。

[7]驍騎：官名，即驍騎將軍。三國魏爲内軍將領，統營兵。兩晋與領軍、護軍、左右衛、游擊諸將軍合稱六軍，擔當宿衛之任，是護衛宫廷的主要將領。四品。

[8]監軍：官名，軍隊出征所置官員，掌監視將帥，權勢頗重。四品。

[9]硜北：《晋書音義》："硜北，口莖反，字當作陘，户經反，

即井陘之北。”井陘，縣名，治所在今河北省井陘縣西北。

［10］征南將軍：官名，與征東將軍、征西將軍、征北將軍合稱四征將軍。三國魏蜀吳兩晋皆置，出鎮方面，地位顯要。三品，加持節都督者二品。　都督荆州諸軍事：荆州地區最高軍事行政長官。

［11］護軍：官名，護軍將軍簡稱。東漢建安十二年（207）曹操改丞相府護軍爲中護軍，資重者可遷護軍將軍，典武官選舉，與中領軍同掌禁軍。曹魏時四品，西晋時三品。

［12］散騎常侍：官名，三國魏文帝黄初年間置，侍從皇帝左右，諫諍得失，顧問應對，與侍中等共平尚書奏事。也用作宰相、諸公等加官，入宫議政。三品。

泰始末，武帝怠政事而耽於色，大采擇公卿女以充六宫，[1]奮女選入爲貴人。[2]奮唯有一子，爲南陽王友，早亡。及聞女爲貴人，哭曰：“老奴不死，唯有二兒，男入九地之下，女上九天之上。”奮既舊臣，兼有椒房之助，甚見寵待。遷左僕射，[3]加鎮軍大將軍、開府儀同三司。[4]時楊駿以后父驕傲自得，奮謂駿曰：“卿恃女更益豪邪？歷觀前代，與天家婚，未有不滅門者，但早晚事耳。觀卿舉措，適所以速禍。”駿曰：“卿女不在天家乎？”奮曰：“我女與卿女作婢耳，何能損益！”時人皆爲之懼。[5]駿雖銜之，而不能害。後卒於官，贈車騎將軍，謚曰壯。奮兄弟六人，兄廣，弟烈，並知名。

［1］六宫：《禮記·昏義》：“古者天子後立六宫。”孔穎達疏引正義：按《宫人》云：“掌王之六寢之修。”注云：“路寢一，小寢五。是天子六寢也。”

[2]貴人：女官名，《後漢書》卷一〇《皇后紀序》："及光武中興，斵彫爲朴，六宫稱號，唯皇后、貴人。貴人金印紫綬，奉不過粟數十斛。"宋高承《事物紀原》卷一《嬪御命婦·貴人》："漢光武置貴人爲三夫人，歷代不常有。"

[3]左僕射：官名，即尚書左僕射，尚書省次官。輔助尚書令執行政務，參議大政，諫諍得失，監察糾彈百官。有時尚書省不置令，衹設左右僕射，此時左僕射居右僕射之上。三品。

[4]鎮軍大將軍：官名，高級軍事長官，權任甚重。兩晋二品，開府位從公者一品。　開府儀同三司：官名，三國魏始置。爲大臣加號，意謂與太尉、司徒、司空三司待遇相同，許開設府署，任命僚屬。

[5]時人皆爲之懼：爲，原本、宋本作"謂"，殿本作"爲"，據殿本改。

廣，字宣祖，位至散騎常侍、少府。[1]廣子喜，字林甫，亦以開濟爲稱，仕至凉州刺史、建武將軍、假節、護羌校尉。[2]

[1]少府：官名，掌管宫廷手工業。三品。

[2]建武將軍：官名，東漢末曹操置，統兵征伐。四品。　護羌校尉：官名，監護内附羌人，戍衛邊塞，領羌人軍隊作戰。四品。

烈，字武玄，爲將伐蜀。鍾會之反也，烈與諸將皆被閉。烈子世元，時年十八，爲士卒先，攻殺會，名馳遠近。烈爲秦州刺史，[1]及凉州叛，烈屯於萬斛堆，爲虜所圍，無援，遇害。

[1]秦州：治所在冀縣（今甘肅省甘谷縣東）。

陶璜

陶璜，字世英，丹楊秣陵人也。[1]父基，吴交州刺史。璜仕吴歷顯位。

[1]丹楊：郡名，治所在建鄴縣（今江蘇省南京市）。楊，原本、宋本、殿本作“陽”，據中華本改。　秣陵：縣名，東漢建安十七年（212）孫權改名建業縣，治所在今江蘇省南京市。

孫皓時，交阯太守孫諝貪暴，[1]爲百姓所患。會察戰鄧荀至，[2]擅調孔雀三千頭，遣送秣陵，既苦遠役，咸思爲亂。郡吏吕興殺諝及荀，以郡内附。武帝拜興安南將軍、交阯太守。尋爲其功曹李統所殺，[3]帝更以建寧爨谷爲交阯太守。[4]谷又死，更遣巴西馬融代之。[5]融病卒，南中監軍霍弋又遣犍爲楊稷代融，[6]與將軍毛炅，九真太守董元，[7]牙門孟幹、孟通、李松、王業、爨能等，[8]自蜀出交阯，破吴軍于古城，[9]斬大都督脩則、交州刺史劉俊。吴遣虞汜爲監軍，薛珝爲威南將軍、大都督，[10]璜爲蒼梧太守，距稷，戰于分水。璜敗，退保合浦，[11]亡其二將。珝怒，謂璜曰：“若自表討賊，而喪二帥，其責安在?”璜曰：“下官不得行意，[12]諸軍不相順，故致敗耳。”珝怒，欲引軍還。璜夜以數百兵襲董元，獲其寶物，船載而歸，珝乃謝之，以璜領交州，爲前部督。[13]璜從海道出於不意，徑至交阯，元距之。諸將將戰，璜疑斷墻内有伏兵，列長戟於其後。兵纔接，元僞退，璜追之，伏兵果出，長戟逆之，大破元等。以前所得寶船上錦物數千匹遺扶嚴賊帥梁奇，奇將萬餘人助璜。元有勇將解系同在城内，璜誘其弟象，使爲書與系，又使象乘璜軺車，鼓吹導從而行。元等曰："象尚若此，系必有去志。"乃就殺之。珝、璜遂陷交阯。吴因用璜爲交州刺史。

［1］交阯：郡名，治所在龍編縣（今越南社會主義共和國河北省仙游縣東）。

［2］察戰：官名，三國吴置，爲皇帝身邊的親信，多被派出執行使命。　鄧荀：中華本校勘記："《魏志·陳留王紀》作'鄧句'。"

［3］功曹：官名，即功曹史。郡縣屬官，職掌人事，參與郡縣政務。兩晋時，不開府將軍、太子二傅、特進、郡縣皆置。

［4］建寧：郡名，治所在味縣（今雲南省曲靖市西）。

［5］巴西：郡名，治所在閬中縣（今四川省閬中市）。

［6］南中監軍：官名，監南中諸軍事，即南中地區軍事行政長官。四品。據《三國志》卷四一《蜀書·霍弋傳》注引《漢晋春秋》，霍弋降魏後，被司馬昭任爲南中都督。　霍弋：三國時期南郡枝江（今湖北省枝江市）人，字紹先，霍峻之子。歷任蜀漢永昌太守、庲降都督。蜀漢滅亡後，帥六郡守將降魏，任南中都督，遥領交州刺史。　犍爲：郡名，治所在武陽縣（今四川省眉山市彭山區東）。

［7］九真：郡名，西漢文帝時南越王趙佗置。漢武帝時爲漢郡，治所在胥浦縣（今越南社會主義共和國清化省清化市西北）。

［8］牙門：官名，牙門將，三國魏晋南北朝皆置，統兵武職，位在裨將軍下、郡守上。五品。　王業：中華本校勘記："《通鑑》七八作'王素'。"

[9]古城：地名，在今廣西壯族自治區南流江流域一帶。

[10]威南將軍：官名，三國孫吴置，領兵出征。　大都督：官名，高級軍事長官。三國初作爲加官於戰時臨時設置，後逐漸成爲常設加官官職，地位極高。

[11]合浦：郡名，治所在合浦縣（今廣西壯族自治區合浦縣東北）。

[12]不得行意：不能按照自己的意志辦事。

[13]前部督：官名，東漢建安中孫權置。

璜有謀策，周窮好施，能得人心。滕脩數討南賊，不能制，璜曰："南岸仰吾鹽鐵，斷勿與市，皆壞爲田器。如此二年，可一戰而滅也。"脩從之，果破賊。

初，霍弋之遣稷、炅等，與之誓曰："若賊圍城未百日而降者，家屬誅；若過百日救兵不至，吾受其罪。"稷等守未百日，糧盡，乞降，璜不許，給其糧使守。諸將並諫，璜曰："霍弋已死，不能救稷等必矣，可須其日滿，然後受降，使彼得無罪，我受有義，内訓百姓，外懷鄰國，不亦可乎！"稷等期訖糧盡，救兵不至，乃納之。脩則既爲毛炅所殺，則子允隨璜南征，城既降，允求復仇，璜不許。炅密謀襲璜，事覺，收炅，呵曰："晋賊！"炅厲聲曰："吴狗！何等爲賊？"允剖其腹，曰："復能作賊不？"炅猶駡曰："吾志殺汝孫皓，汝父何死狗也！"璜既擒稷等，並送之。稷至合浦，發病死。孟幹、爨能、李松等至建鄴，[1]皓將殺之。或勸皓，幹等忠於所事，宜宥之以勸邊將，皓從其言，將徙之臨海。[2]幹等志欲北歸，慮東徙轉遠，以吴人愛蜀側竹弩，言能作之，皓留付作部。[3]後幹逃至京都，松、能爲皓所殺。幹陳伐吴之計，帝乃厚加賞賜，以爲日南太守。[4]先是，以楊稷爲交州刺史，毛炅爲交阯太守，[5]印綬未至而敗，即贈稷交州，炅及松、能子並關内侯。

［1］建鄴：孫吴國都，即今江蘇省南京市。

［2］臨海：郡名，三國吴置，治所在臨海縣（今浙江省臨海市），尋移置章安縣（今浙江省臨海市東南）。

［3］作部：官署名，負責手工業品生産。

［4］日南：郡名，治所在西卷縣（今越南社會主義共和國廣治河與甘露河合流處）。

［5］太守：太，宋本作“大”。

九真郡功曹李祚保郡内附，璜遣將攻之，不克。祚舅黎晃隨軍，勸祚令降。祚答曰：“舅自吴將，祚自晋臣，唯力是視耳。”逾時乃拔。皓以璜爲使持節、都督交州諸軍事、前將軍、交州牧。[1]武平、九德、新昌土地阻險，[2]夷獠勁悍，[3]歷世不賓，璜征討，開置三郡，及九真屬國三十餘縣。徵璜爲武昌都督，[4]以合浦太守脩允代之。[5]交土人請留璜以千數，於是遣還。

［1］都督交州諸軍事：交州地區最高軍事行政長官。　前將軍：官名，漢代重號將軍之一，與左、右、後將軍並爲上卿。魏晋時常設，權位較兩漢時漸低，僅爲武官名號，略高於一般雜號將軍，不典禁兵，不與朝政。三品。

［2］武平：郡名，孫吴孫皓置，治所在武定縣（今越南社會主義共和國永福省）。　九德：郡名，三國孫吴置，治所在九德縣

（今越南社會主義共和國義安省榮市）。 新昌：郡名，治所在泠縣（今越南社會主義共和國永福省）。

[3]獠（lǎo）：亦作“僚”，古族名，分佈於今四川、陝西、貴州、云南、廣西等省區。

[4]武昌：郡名，治所在武昌縣（今湖北省鄂州市鄂城區）。

[5]太守：守，殿本作“中”。

皓既降晉，手書遣璜息融敕璜歸順。[1]璜流涕數日，遣使送印綬詣洛陽。帝詔復其本職，封宛陵侯，改爲冠軍將軍。[2]

[1]息：兒子。

[2]冠軍將軍：官名，曹魏、孫吴、西晋皆置。西晋時領營兵。三品。

吴既平，普減州郡兵，璜上言曰：“交土荒裔，斗絶一方，[1]或重譯而言，[2]連帶山海。又南郡去州海行千有餘里，[3]外距林邑纔七百里。[4]夷帥范熊世爲逋寇，自稱爲王，數攻百姓。且連接扶南，[5]種類猥多，朋黨相倚，負險不賓。往隸吴時，數作寇逆，攻破郡縣，殺害長吏。臣以尪駑，[6]昔爲故國所采，偏戍在南，十有餘年。雖前後征討，翦其魁桀，深山僻穴，尚有逋竄。又臣所統之卒本七千餘人，南土温濕，多有氣毒，加累年征討，死亡減耗，其見在者二千四百二十人。[7]今四海混同，無思不服，當卷甲消刃，禮樂是務。而此州之人，識義者寡，厭其安樂，好爲禍亂。又廣州南岸，周旋六千餘里，不賓屬者乃五萬餘户，及桂林不羈之輩，[8]復當萬户。至於服從官役，纔五千餘家。二州脣齒，唯兵是鎮。又寧州、興古接據上流，[9]去交阯郡千六百里，水陸並通，互相維衛。州兵未宜約損，以示單虚。夫風塵之變，出於非常。臣亡國之餘，議不足采，聖恩廣厚，猥垂飾擢，蠲其罪釁，改授方任，去辱即寵，拭目更視，誓念投命，以報所受，臨履所見，謹冒瞽陳。”又以“合浦郡土地磽确，[10]無有田農，百姓唯以采珠爲業，商賈去來，以珠貿米。而吴時珠禁甚嚴，慮百姓私散好珠，禁絶來去，人以饑困。又所調猥多，限每不充。今請上珠三分輸二，次者輸一，粗者蠲除。自十月訖二月，非采上珠之時，聽商旅往來如舊”。並從之。

[1]斗絶：地勢險峻，與外界隔絶。

[2]重譯：輾轉翻譯。

[3]又南郡去州海行千有餘里：中華本校勘記：“李校：‘南’上當脱‘日’字。”

[4]林邑：即占城，今越南社會主義共和國中部地區。本書卷九七有傳。

[5]扶南：意爲“山地之王”，在今柬埔寨，公元1世紀建國。

[6]尪（wāng）駑：謂孱弱無能。

[7]二千四百二十人：原本、宋本無“十”字，殿本有，據殿本補。

[8]桂林：郡名，治所在潭中縣（今廣西壯族自治區柳州市東南柳江東南岸）。

[9]寧州：治所在滇池縣（今雲南省昆明市晋寧區晋城鎮）。興古：郡名，三國蜀治所在宛温縣，晋武帝時先治勝休縣（今雲

南省玉溪市江川區)，後治律高縣（今雲南省彌勒市竹園鎮)，東晋復治宛温縣（今雲南省硯山縣維摩彝族鄉附近)。

［10］磽（qiāo）确：土地堅硬瘠薄。

在南三十年，威恩著于殊俗。及卒，舉州號哭，如喪慈親。朝廷乃以員外散騎常侍吾彦代瑱。[1]彦卒，又以員外散騎常侍顧秘代彦。秘卒，州人逼秘子參領州事。參尋卒，參弟壽求領州，州人不聽，固求之，遂領州。壽乃殺長史胡肇等，又將殺帳下督梁碩，[2]碩走得免，起兵討壽，禽之，付壽母，令鴆殺之。碩乃迎瑱子蒼梧太守威領刺史，在職甚得百姓心，三年卒。威弟淑，子綏，後並爲交州。自基至綏四世，爲交州者五人。

［1］員外散騎常侍：官名，初爲正員之外添差之散騎常侍，無定員，三國魏後爲固定官員。職閑位顯。三品。

［2］帳下督：官名，在主帥軍中負責督兵。

瑱弟濬，吴鎮南大將軍、荆州牧。[1]濬弟抗，太子中庶子。[2]濬子湮，字恭之；湮弟猷，字恭豫，並有名。湮至臨海太守、黄門侍郎。[3]猷宣城内史，[4]王導右軍長史。[5]湮子馥，于湖令，[6]爲韓晃所殺，追贈廬江太守。[7]抗子回，自有傳。

［1］鎮南大將軍：官名，三國魏置，職掌與鎮南將軍同，唯資歷深者得任此職，不常置。晋二品，開府位從公者一品。

［2］太子中庶子：官名，太子侍從，掌侍從、奏事、諫議等。

五品。

［3］黄門侍郎：官名，魏晋時爲侍中省或門下省次官。侍從皇帝，顧問應對，多以重臣或外戚子弟擔任，位頗重要。五品。

［4］宣城：郡名，治所在宛陵縣（今安徽省宣城市）。　内史：官名，西晋武帝太康十年（289）改諸王國相爲内史，掌管民政。五品。周家禄《晋書校勘記》認爲："晋制，以郡爲國，内史治民事，若郡太守。國除爲郡，復稱太守。然二名往往混淆，史家亦互稱之。"

［5］王導：字茂弘，本書卷六五有傳。　右軍：官名，即右軍將軍。與前軍、後軍、左軍合稱四軍，領營兵千人，掌宿衛。初屬中軍將軍，後屬領軍將軍。四品。

［6］于湖：縣名，治所在今安徽省當塗縣。

［7］廬江：郡名，三國魏、吴於境内各置廬江郡，魏治所在六安縣（今安徽省六安市），吴治所在皖縣（今安徽省潛山市）。西晋合爲一，治所在舒縣（今安徽省廬江縣西南）。

吾彦

吾彦，字士則，吴郡吴人也。[1]出自寒微，有文武才幹。身長八尺，手格猛獸，旅力絶群。[2]仕吴爲通江吏。時將軍薛珝杖節南征，軍容甚盛，彦觀之，慨然而嘆。有善相者劉札謂之曰："以君之相，後當至此，不足慕也。"

［1］吴郡：治所在吴縣（今江蘇省蘇州市）。

［2］旅力：旅，同"膂"，指脊梁骨。殿本作"膂"。

初爲小將，給吴大司馬陸抗。[1]抗奇其勇略，將拔用之，患衆情不允，乃會諸將，密使人陽狂拔刀跳躍而來，坐上諸將皆懼而走，唯彦不動，舉几禦之，衆服其勇，乃擢用焉。

[1]給：供役使。　大司馬：官名，八公之一，位在上公之下、大將軍及三公之上，高級將帥，多爲大臣加官。一品。

稍遷建平太守。[1]時王濬將伐吴，[2]造船於蜀，彦覺之，請增兵爲備，皓不從，彦乃輒爲鐵鎖，横斷江路。及師臨境，緣江諸城皆望風降附，或見攻而拔，唯彦堅守，大衆攻之不能克，乃退舍禮之。

[1]稍：漸漸。

[2]王濬：字士治，本書卷四二有傳。

吴亡，彦始歸降，武帝以爲金城太守。[1]帝嘗從容問薛瑩曰：[2]"孫皓所以亡國者何也？"瑩對曰："歸命侯臣皓之君吴，昵近小人，刑罰妄加，大臣大將無所親信，人人憂恐，各不自安，敗亡之釁，由此而作矣。"其後帝又問彦，對曰："吴主英俊，宰輔賢明。"帝笑曰："君明臣賢，何爲亡國？"彦曰："天禄永終，曆數有屬，所以爲陛下擒。此蓋天時，豈人事也！"張華時在坐，[3]謂彦曰："君爲吴將，積有歲年，蔑爾無聞，竊所惑矣。"彦厲聲曰："陛下知我，而卿不聞乎？"帝甚嘉之。

[1]金城：郡名，治所原在允吾縣（今甘肅省永靖縣西北），曹魏時移治榆中縣（今甘肅省榆中縣西北黄河南岸）。

[2]薛瑩：三國時沛郡竹邑（今安徽省宿州北）人，字道言。歷任孫吴秘府中書郎、選曹尚書、太子少傅、左國史、光禄勛。吴亡後至洛陽。

[3]張華：字茂先，本書卷三六有傳。

轉在敦煌，[1]威恩甚著。遷雁門太守。[2]時順陽王暢驕縱，[3]前後内史皆誣之以罪。及彦爲順陽内史，彦清身率下，威刑嚴肅，衆皆畏懼。暢不能誣，乃更薦之，冀其去職。遷員外散騎常侍。帝嘗問彦："陸喜、陸抗二人誰多也？"彦對曰："道德名望，抗不及喜；立功立事，喜不及抗。"

[1]敦煌：郡名，治所在敦煌縣（今甘肅省敦煌市西）。

[2]雁門：郡名，治所在廣武縣（今山西省代縣西南）。

[3]順陽王暢：司馬暢，字玄舒，本書卷三八有傳。

會交州刺史陶璜卒，以彦爲南中都督、交州刺史。[1]重餉陸機兄弟，機將受之，雲曰："彦本微賤，爲先公所拔，而答詔不善，安可受之！"機乃止。因此每毁之。長沙孝廉尹虞謂機等曰："自古由賤而興者，乃有帝王，何但公卿。若何元幹、侯孝明、唐儒宗、張義允等，[2]並起自寒微，皆内侍外鎮，人無譏者。卿以士則答詔小有不善，毁之無已，吾恐南人皆將去卿，卿便獨坐也。"於是機等意始解，毁言漸息矣。

[1]南中都督：南中地區最高軍事行政長官。

[2]何元幹：何楨，魏晉時廬江人，字元幹，有文學器幹，容貌甚偉。歷幽州刺史、廷尉，入晉爲尚書光禄大夫。　侯孝明：侯史光，字孝明，本書卷四五有傳。　唐儒宗：唐彬，字儒宗，本書卷四二有傳。

初，陶璜之死也，九真戍兵作亂，逐其太守，九真賊帥趙祉圍郡城，彦悉討平之。在鎮二十餘年，威恩宣著，南州寧靖。自表求代，徵爲大長秋。[1]卒於官。

[1]大長秋：官名，宣達皇后旨意，領受皇帝詔命。魏晉南北朝時領諸宦者，管理宫闈。三品。

張光

張光，字景武，江夏鍾武人也。[1]身長八尺，明眉目，美音聲。少爲郡吏，家世有部曲，以牙門將伐吴有功，遷江夏西部都尉，[2]轉北地都尉。[3]

[1]江夏：郡名，三國魏治所在上昶城（今湖北省雲夢縣），西晉移治安陸縣（今湖北省安陸市西南）。　鍾武：縣名，治所在今湖南省衡陽市西。

[2]江夏西部都尉：執行特定職務的名號官員，負責江夏郡西部軍務。

[3]北地都尉：執行特定職務的名號官員，負責江夏郡北部軍務。

初，趙王倫爲關中都督，[1]氐羌反叛，太守張損戰没，郡縣吏士少有全者。光以百餘人戍馬蘭山北，[2]賊圍之百餘日。光撫厲將士，屢出奇兵擊賊，破之。光以兵少路遠，自分敗没。[3]會梁王肜遣司馬索靖將兵迎光，[4]舉軍悲泣，遂還長安。肜表光“處絶圍之地，有耿恭之忠，[5]宜加甄賞，以明奬勸”。於是擢授新平太守，[6]加鼓吹。

[1]趙王倫：司馬倫，字子彝，本書卷五九有傳。　關中都督：關中地區最高軍事行政長官。

[2]馬蘭山：位於今陝西省銅川市北。

[3]自分敗没：自以爲軍敗身亡。

[4]梁王肜：司馬肜，字子徽，本書卷三八有傳。　索靖：字幼安，本書卷六〇有傳。

[5]耿恭：東漢扶風茂陵（今陝西省興平市東北）人，字伯宗。有將帥之才。明帝永平年間任戊己校尉，屯後王部金蒲城。車師與匈奴聯合進犯，耿恭率衆堅守孤城，糧食吃完煮食弓弩筋弦，直到援兵救援。以後歷任騎都尉、長水校尉等。後被監營謁者彈劾，免官歸鄉，卒於家。

[6]新平：郡名，治所在漆縣（今陝西省彬州市）。

屬雍州刺史劉沈被密詔討河間王顒，[1]光起兵助沈。沈時委任秦州刺史皇甫重，重自以關西大族，心每輕光，謀多不用。及二州軍潰，爲顒所擒，顒謂光曰：“前起兵欲作何策？”光正色答曰：“但劉雍州不用鄙計，故令大王得有今日也。”顒壯之，引與歡宴彌日，表爲右衛司馬。[2]

[1]雍州：治所在姑臧縣（今甘肅省武威市）。東漢建安十八年（213）移治長安縣（今陝西省西安市西北）。　河間王顒：司馬顒，字文載，本書卷五九有傳。

[2]右衛：官名，即右衛將軍。三國魏咸熙二年（265），司馬炎即晋王位，分中衛將軍爲左、右衛將軍。掌佽飛虎賁及前驅、由基、强弩三部司馬，屬下還有虎賁、羽林、上騎、異力、命中共五部督，負責宫禁侍衛。西晋屬中軍將軍，後屬領軍將軍。爲禁衛軍主要統帥之一，權任很重。四品。　司馬：官名，此爲右衛司馬，右衛將軍府高級幕僚。掌參讚軍務、管理府内武職，位僅次於長史。七品。

陳敏作亂，[1]除光順陽太守，[2]加陵江將軍，率步騎五千詣荆州討之。刺史劉弘雅敬重光，[3]稱爲南楚之秀。時江夏太守陶侃與敏大將錢端相距於長岐，[4]將戰，襄陽太守皮初爲步軍，[5]使光設伏以待之，武陵太守苗光爲水軍，藏舟艦於沔水。皮初等與賊交戰，光發伏兵應之，水陸同奮，賊衆大敗。弘表光有殊勛，遷材官將軍、梁州刺史。[6]

[1]陳敏：字令通，本書卷一〇〇有傳。

[2]順陽：郡名，治所在南鄉縣（今河南省淅川縣）。

[3]劉弘：字和季，本書卷六六有傳。

[4]陶侃：字士行，本書卷六六有傳。　長岐：地名，在今湖北省武漢市黄陂區西南。

[5]皮初：任荆州刺史劉弘牙門將、參軍、襄陽太守。

[6]材官將軍：官名，漢朝屬將軍名號，領郡國材官士（步兵）出征，師還則省。東晋將材官校尉改稱材官將軍，設司馬一員，掌工匠土木之事，領營兵，隸屬中領軍。五品。

先是，秦州人鄧定等二千餘家，饑餓流入漢中，[1]保于成固，[2]漸爲抄盜。梁州刺史張殷遣巴西太守張燕討之。定窘急，僞乞降於燕，并餽燕金銀，燕喜，爲之緩師。定密結李雄，雄遣衆救定，燕退，定遂進逼漢中。太守杜正冲東奔魏興，[3]殷亦棄官而遁。光不得赴州，止於魏興，乃結諸郡守共謀進取。燕唱言曰："漢中荒敗，迫近大賊，克復之事，當俟英雄。"[4]正冲曰："張燕受賊金銀，不時進討，阻兵緩寇，致喪漢中，實燕之罪也。"光於是發怒，呵燕令出，斬之以徇。綏撫荒殘，百姓悦服。光於是却鎮漢中。

[1]漢中：郡名，治所在南鄭縣（今陝西省漢中市）。

[2]成固：縣名，治所在今陝西省漢中市城固縣東漢江北岸。成，原本、宋本、殿本作"城"，據中華本校勘記改。本卷下文此地名同。

[3]杜正冲：中華本校勘記："《通鑑》八六作'杜孟治'。"魏興：郡名，東漢建安二十年（215）分漢中郡置西城郡，曹魏黄初二年（221）改名魏興，治所在西城縣（今陝西省安康市西北）。

[4]當俟英雄：宋本無"當"字。

時逆賊王如餘黨李運、楊武等，[1]自襄陽將三千餘家入漢中，光遣參軍晋邈率衆於黄金距之。[2]邈受運重賂，勸光納運。光從邈言，使居成固。既而邈以運多珍貨，又欲奪之，復言於光曰："運之徒屬不事佃農，但營器杖，意在難測，可掩而取之。"光又信焉。遣邈衆討運，不克。光乞師於氐王楊茂搜，[3]茂搜遣子難敵助之。[4]難敵求貨於光，光不與。楊武乃厚賂難敵，謂之曰：“流人寶物悉在光處，今伐我，不如伐光。”難敵大喜，聲言助光，内與運同，光弗之知也，遣息援率衆助邈。運與難敵夾攻邈等，援爲流矢所中死，賊遂大盛。光嬰城固守，自夏迄冬，憤激成疾。佐吏及百姓咸勸光退據魏興，光按劍曰：“吾受國厚恩，不能翦除寇賊，今得自死，便如登仙，何得退還也！”聲絶而卒，時年五十五。百姓悲泣，[5]遠近傷惜之。有二子：炅、邁。

［1］王如：西晉京兆新豐（今陝西省西安市東北）人，初爲州武吏，西晉末聚流人起兵，自稱大將軍，與石勒結爲兄弟，活動於沔漢一帶。後爲王敦所殺。

［2］黄金：縣名，治所在今陝西省漢中市洋縣東漢江北岸。

［3］楊茂搜：西晉略陽清水（今甘肅省清水縣西北）人，氐族，前仇池國君。原姓令狐，百頃氐王楊飛龍外甥，因楊飛龍無子，乃從楊姓。

［4］難敵：楊難敵，十六國時略陽清水（今甘肅省清水縣西北）人。左賢王楊茂搜之子。繼楊茂搜之後任左賢王，受前趙劉曜封爲武都王。後降於成漢。

［5］悲泣：泣，原本作“位”，宋本作“立”，殿本作“泣”，據殿本改。

炅少辟太宰掾。[1]邁多才略，有父風。州人推邁權領州事，與賊戰没。别駕范曠及督護王喬奉光妻息，[2]率其衆，還據魏興。其後義陽太守任愔爲梁州，[3]光妻子歸本郡。南平太守應詹白都督王敦，[4]稱：“光在梁州能興微繼絶，威振巴漢。值中原傾覆，征鎮失守，[5]外無救助，内闕資儲，以寡敵衆，經年抗禦，厲節不撓，宜應追論顯贈，以慰存亡。”敦不能從。

［1］太宰掾：太宰府屬官。

［2］别駕：官名，别駕從事、别駕從事史省稱。州部佐官，因從刺史行部，别乘傳車，故稱。位居州吏之右。　督護：官名，州郡及出鎮方面將軍府皆設，掌兵事。兩晋時常統軍征伐，衹督一軍。

［3］義陽：郡國名，西晋爲義陽國，治所在新野縣（今河南省新野縣），東晋末改爲義陽郡，移治平陽縣（今河南省信陽市）。　任愔：東晋人，任義陽太守，王敦起兵後，又任其爲督沔北諸軍事、南中郎將。

［4］南平：郡名，治所在江安縣（在今湖北省公安縣西北）。　應詹：字思遠，本書卷七〇有傳。　王敦：字處仲，本書卷九八有傳。

［5］征鎮失守：失，殿本作“太”。

趙誘

趙誘，字元孫，淮南人也。[1]世以將顯。州辟主簿。[2]

［1］淮南：郡名，治所在壽春縣（今安徽省壽縣）。

［2］主簿：官名，州府屬官，典領文書籍簿、省録衆事，職權甚重。

值刺史郗隆被齊王冏檄，[1]使起兵討趙王倫，[2]隆欲承檄舉義，而諸子侄並在洛陽；欲坐觀成敗，恐爲冏所討，進退有疑，會群吏計議。誘説隆曰："趙王簒逆，海内所病。今義兵飆起，其敗必矣。今爲明使君計，莫若自將精兵，徑赴許昌，上策也。不然，且可留後，遣猛將將兵會盟，亦中策也。若遣小軍隨形助勝，下策耳。"隆曰："我受二帝恩，無所偏助，正欲保州而已。"誘與治中留寶、主簿張褒等諫隆：[3]"若無所助，變難將生，州亦不可保也。"隆猶豫不決，遂爲其下所害。

[1]郗隆：字弘始，本書卷六七有傳。郗，原本、宋本作"郤"，殿本作"郄"，據其本傳及中華本改。　被齊王冏檄：收到齊王冏的討伐檄文。齊王冏，司馬冏，字景治，本書卷五九有傳。

[2]趙王倫：司馬倫，字子彝，本書卷五九有傳。

[3]治中：官名，治中從事史的省稱，州之佐吏。身份雖低，職權却重。

誘還家，杜門不出。左將軍王敦以爲參軍，[1]加廣武將軍，[2]與甘卓、周訪共討華軼，[3]破之。又擊杜弢於西湘。[4]太興初，復與卓攻弢，滅之。累功賜爵平阿縣侯，代陶侃爲武昌太守。時杜曾迎第五猗於荆州作亂，[5]敦遣誘與襄陽太守朱軌共距之。猗既愍帝所遣，加有時望，爲荆楚所歸。誘等苦戰皆没，敦甚悼惜之，表贈征虜將軍、秦州刺史，[6]謚曰敬。

[1]左將軍：官名，漢代爲重號將軍，與前、後、右將軍並爲上卿。魏晋時爲常設官職，權位較兩漢漸低，僅爲武官名號，略高於一般雜號將軍，不典禁兵。三品。

[2]廣武將軍：官名，曹魏、西晋皆置。名號將軍中地位較高。

四品。

[3]甘卓：字季思，本書卷七〇有傳。　周訪：字士達，本書卷五八有傳。　華軼：字彦夏，本書卷六一有傳。

[4]杜弢：字景文，本書卷一〇〇有傳。

[5]杜曾：西晋新野（今河南省新野縣）人，始爲新野王司馬歆鎮南參軍，有勇力。永嘉之亂中任胡亢竟陵太守，後殺胡亢，併其衆，自號南中郎將。後被周訪打敗，被殺。　第五猗：愍帝時任侍中、征南大將軍，監荆、梁、益、寧四州。受杜曾等迎奉，聚兵數萬。後被周訪斬殺。第，宋本作“弟”。

[6]征虜將軍：既是武官名，也作爲高級文職官員的加官。三品。

子龔，與誘俱死。元帝爲晋王，下令贈新昌太守。龔弟胤，字伯舒。王敦使周訪擊杜曾，胤請從行。訪憚曾之强，欲先以胤餌曾，使其衆疲而後擊之。胤多梟首級。王導引爲從事中郎。[1]南頓王宗反，[2]胤殺宗，於是王導、庾亮並倚杖之。[3]轉冠軍將軍，遷西豫州刺史，[4]卒於官。

[1]從事中郎：官名，東漢時爲大將軍屬官，地位較高。魏晋時爲將軍府或公府屬官。六品。

[2]南頓王宗：司馬宗，字延祚，本書卷五九有傳。

[3]庾亮：字元規，本書卷七三有傳。

[4]西豫州刺史：中華本校勘記：“勞校：‘西’字衍。”

史臣曰：忠爲令德，貞曰事君，徇國家而竭身，歷夷險而一節。[1]羅憲、滕脩，濯纓入仕，指巴東而受脤，[2]出嶺嶠而揚麾。屬鼎命淪胥，本朝失守，届巴丘而流涕，集都亭而大臨。古之忠烈，罕輩于兹！孝興之智勇，玄威之武藝，滅醜虜於河西，制凶酋於硜北，審楊欣之必敗，譏楊駿之速禍。陶璜、吾彦，逸足齊驅，毛炅屈其深謀，陸抗奇其茂略。薪楢之任，[3]清規自遠；鼙鼓之臣，厥聲彌劭。景武，南楚秀士；元孫，累葉將門。赴死喻於登仙，效誠陳於上策，竟而俱斃，貞則斯存。

[1]歷夷險而一節：雖經歷艱險但節操始終如一。

[2]受脤：受命統軍。《後漢書》卷七一《皇甫嵩朱俊傳論》："皇甫嵩、朱俊並以上將之略，受脤倉卒之時。"李賢注："《春秋左氏傳》曰：'國之大事在祀與戎。祀有執膰，戎有受脤。'脤，宜社之肉也。《爾雅》曰：'舉大事，動大衆，必先有事於社然後出，謂之宜。'"

[3]薪楢：優秀人才。《詩·大雅·棫樸》："芃芃棫樸，薪之槱之。"毛亨傳："槱，積也。山木茂盛，萬民得而薪之；賢人衆多，國家得用蕃興。"

贊曰：憲居玉壘，[1]才博流譽。脩赴石門，惠政攸著。孝興、玄威，操履無違。愚墳畢禮，楊門致譏。璜謀超絶，彦材雄傑。潜師襲董，觀兵嘆薛。惟趙與張，神略多方。作尉北地，立功西湘。

[1]玉壘：指玉壘山。位於今四川省理縣東南。多作成都的代稱。左思《蜀都賦》："廓靈關以爲門，包玉壘而爲宇。"劉逵注："玉壘，山名也，湔水出焉。在成都西北岷山界。"

晋書　卷五八

列傳第二十八

周處 子玘 玘子勰 玘弟札 札兄子莚　周訪 子撫 撫子楚 楚子瓊 瓊子虓 撫弟光 光子仲孫

周處

周處，字子隱，義興陽羨人也。[1]父魴，[2]吴鄱陽太守。[3]處少孤，未弱冠，[4]膂力絶人，好馳騁田獵，不修細行，縱情肆欲，州曲患之。處自知爲人所惡，乃慨然有改勵之志，謂父老曰："今時和歲豐，何苦而不樂耶？"父老嘆曰："三害未除，何樂之有！"處曰："何謂也？"答曰："南山白額猛獸，長橋下蛟，並子爲三矣。"處曰："若此爲患，吾能除之。"父老曰："子若除之，則一郡之大慶，非徒去害而已。"處乃入山射殺猛獸，因投水搏蛟，蛟或沉或浮，行數十里，而處與之俱，經三日三夜，人謂死，[5]皆相慶賀。處果殺蛟而反，聞鄉里相慶，始知人患己之甚，乃入吴尋二陸。[6]時機不在，見雲，具以情告，曰："欲自修而年已蹉跎，[7]恐將無及。”雲曰：“古人貴朝聞夕改，君前塗尚可，且患志之不立，何憂名之不彰！”處遂勵志好學，有文思，志存義烈，言必忠信克己。期年，州府交辟。仕吴爲東觀左丞。[8]孫皓末，爲無難督。[9]

[1]義興：郡名，治所在陽羨縣（今江蘇省宜興市）。

[2]魴：周魴，三國吴義興陽羨（今江蘇省宜興市）人，字子魚。東漢末舉孝廉，任丹楊西部都尉。孫權黄武年間，任鄱陽太守、昭義校尉。向曹魏揚州牧曹休詐降，大破曹魏十萬步騎。

[3]鄱陽：郡名，治所在廣晋縣（今江西省鄱陽縣東北）。

[4]弱冠：指男子二十歲時。《禮記·曲禮上》：“二十曰弱，冠。”年少爲弱，待至二十，即爲成年，舉行冠禮。

[5]人謂死：中華本校勘記：“《御覽》四三五、《册府》八九七‘謂’下有‘已’字。”

[6]二陸：陸機和陸雲，本書卷五四有傳。

[7]蹉跎：虚度光陰。

[8]東觀左丞：官名，三國吴置，協助東觀令校書修史。

[9]無難督：官名，三國吴置。統無難士，負責侍衛帝王，亦用於征戰。分置左右部，各以無難左右部督領之。地位頗重要。

及吴平，王渾登建鄴宫釃酒，[1]既酣，謂吴人曰：“諸君亡國之餘，得無戚乎？”處對曰：“漢末分崩，三國鼎立，魏滅於前，吴亡於後，亡國之戚，豈惟一人！”渾有慚色。[2]

[1]王渾：字玄沖，本書卷四二有傳。　建鄴：即建業，三國孫吴國都，西晋初改名建鄴，即今江蘇省南京市。

[2]有慚色：慚，殿本作“愧”。

入洛，稍遷新平太守，[1]撫和戎狄，叛羌歸附，雍土美之。轉廣漢太守。[2]郡多滯訟，有經三十年而不决者，處詳其枉直，一朝决遣。以母老罷歸。尋除楚内史，[3]未之官，徵拜散騎常侍。[4]處曰：“古人辭大不辭小。”乃先之楚。而郡既經喪亂，新舊雜居，風俗未一，處敦以教義，又檢尸骸無主及白骨在野收葬之，然始就徵，[5]遠近稱嘆。

[1]新平：郡名，治所在漆縣（今陝西省彬州市）。

[2]廣漢：郡名，治所在廣漢縣（今四川省射洪市南）。

[3]内史：官名，西晋武帝太康十年（289）改諸王國相爲内史，掌管民政。五品。周家禄《晋書校勘記》認爲：“晋制，以郡爲國，内史治民事，若郡太守。國除爲郡，復稱太守。然二名往往混淆，史家亦互稱之。”

[4]散騎常侍：官名，三國魏文帝黄初年間置，侍從皇帝左右，諫諍得失，顧問應對，與侍中等共平尚書奏事。也用作宰相、諸公等加官，入宫議政。三品。

[5]然始就徵：中華本校勘記：“《通志》一二四下‘始’作‘後’。”

及居近侍，多所規諷。遷御史中丞，[1]凡所糾劾，不避寵戚。梁王肜違法，[2]處深文案之。[3]及氐人齊萬年反，[4]朝臣惡處强直，皆曰：“處，吴之名將子也，忠烈果毅。”乃使隸夏侯駿西征。[5]伏波將軍孫秀知其將死，[6]謂之曰：“卿有老母，可以此辭也。”處曰：“忠孝之道，安得兩全！既辭親事君，父母復安得而子乎？[7]今日是我死所也。”萬年聞之，曰：“周府君昔臨新平，我知其爲人，才兼文武，若專斷而來，[8]不可當也。如受制於人，此成擒耳。”既而梁王肜爲征西大將軍、都督關中諸軍事。[9]處知肜不平，必當陷己，自以人臣盡節，不宜辭憚，乃悲慨即路，志不生還。中書令陳準知肜將逞宿憾，[10]乃言於朝曰：“駿及梁王皆是貴戚，非將率之才，進不求名，退不畏咎。周處吴人，忠勇果勁，有怨無援，將必喪身。宜詔孟觀以精兵萬人，[11]爲處前鋒，必能殄寇。不然，肜當使處先驅，其敗必也。”朝廷不從。時賊屯梁山，[12]有衆七萬，而駿逼處以五千兵擊之。處曰：“軍無後繼，必至覆敗，雖在亡身，爲國取耻。”肜復命處進討，乃與振威將軍盧播、雍州刺史解系攻萬年於六陌。[13]將戰，處軍人未食，肜促令速進，而絶其後繼。處知必敗，賦詩曰：“去去世事已，策馬觀西戎。藜藿甘粱黍，[14]期之克令終。”言畢而戰，自旦及暮，斬首萬計。弦絶矢盡，播、系不救。左右勸退，處案劍曰：“此是吾效節授命之日，何退之爲！且古者良將受命，鑿凶門以出，[15]蓋有進無退也。今諸軍負信，勢必不振。我爲大臣，以身徇國，不亦可乎！”遂力戰而没。追贈平西將軍，[16]賜錢百萬，葬地一頃，[17]京城地五十畝爲第，[18]又賜王家近田五頃。詔曰：“處母年老，加以遠人，朕每愍念，給其醫藥酒米，賜以終年。”

[1]御史中丞：官名，御史大夫副手，掌監察、執法，爲京師顯官，職權甚重。四品。

[2]梁王肜：司馬肜，字子徽，本書卷三八有傳。

[3]深文案之：用過分嚴苛的法律條文處理案件。

[4]齊萬年：西晋時關中人，氐族。元康六年（296）稱帝，元康九年被晋左積弩將軍孟觀擊敗俘虜。

[5]夏侯駿：西晋人，字長容，任豫州大中正、安西將軍、尚書等職。

[6]伏波將軍：官名，屬名號將軍，地位較高。五品。　孫秀：西晋吴郡富春（今浙江省杭州市富陽區）人，字彦才，孫權弟。歷任前將軍、夏口督。受孫皓猜疑，率全家投奔西晋，任驃騎將軍，封會稽公。

[7]父母復安得而子乎：父母怎能再讓他盡兒子義務呢？

[8]若專斷而來：原本無"斷"字，作一字空白，宋本、殿本有，據宋本、殿本補。

[9]征西大將軍：官名，屬將軍名號，多授予統兵出鎮在外、都督數州諸軍事者。位在征西將軍之上。二品，開府位從公者一品。　都督關中諸軍事：關中地區最高軍事行政長官。

[10]中書令：官名，掌收納尚書奏事、傳達皇帝詔旨。三國魏文帝初年分秘書置中書省，設中書監和中書令，職權甚重。三品。　陳準：西晋人，歷任太尉、光禄大夫、中書令、録尚書事，封廣陵公。

[11]孟觀：字叔時，本書卷六〇有傳。

[12]梁山：山名，位於今陝西省韓城市西北。

[13]振威將軍：官名，雜號將軍，統兵出征。四品。　盧播：曾爲司馬冏部將，後任振威將軍。　雍州：治所在姑臧縣（今甘肅省武威市）。東漢建安十八年（213）移治長安縣（今陝西省西安市西北）。　解系：字少連，本書卷六〇有傳。　六陌：地名，在今陝西省乾縣西北。

[14]藜藿甘粱黍：吃粗劣的飯菜像吃精細的美食一樣美味。

[15]鑿凶門以出：原本、宋本、殿本無“鑿”字。中華本校勘記：“原無‘鑿’字。李校：‘凶門’上當脱一‘鑿’字。《斠注》：《類聚》二〇、《御覽》四一七引《周處别傳》‘凶’上有‘鑿’字。按：《御覽》三一二引《晋書》正有‘鑿’字。語出《淮南子》兵略，當有‘鑿’字，今據補。”

[16]平西將軍：官名，與平北、平南、平東合稱四平將軍，權任很重，多持節都督或監某一地區的軍事，有時亦作爲刺史等地方官員兼理軍務的加官。三品，加持節都督者二品。

[17]葬地一頃：頃，宋本作“頁”。

[18]京城地五十畝爲第：第，宋本作“弟”。

處著《默語》三十篇及《風土記》，并撰集《吴書》。時潘岳奉詔作《關中詩》曰：[1]“周殉師令，身膏齊斧。[2]人之云亡，貞節克舉。”又西戎校尉閻纘亦上詩云：[3]“周全其節，令問不已。身雖云没，書名良史。”及元帝爲晋王，將加處策謚，太常賀循議曰：[4]“處履德清方，才量高出；歷守四郡，安人立政；入司百寮，貞節不撓；在戎致身，見危授命：此皆忠賢之茂實，烈士之遠節。按謚法執德不回曰孝。”遂以謚焉。有三子：玘、靖、札。靖早卒，玘、札並知名。

[1]潘岳：字安仁，本書卷五五有傳。

[2]身膏齊斧：喪身於齊萬年的刀斧之下。

[3]西戎校尉：官名，亦稱護西戎校尉，西晋初治長治，掌雍州少數民族事務，領兵，多以征西、鎮西將軍兼任。四品。　閻纘：字續伯，本書卷四八有傳。

[4]太常：官名，漢代稱奉常，本掌禮樂宗廟、社稷祭祀，魏晋時此職掌歸尚書裁定，太常成爲閑職。三品。　賀循：字彦先，本書卷六八有傳。

玘，字宣佩。强毅沉斷有父風，而文學不及。閉門潔己，不妄交游，士友咸望風敬憚焉，故名重一方。弱冠，州郡命，不就。[1]刺史初到，召爲别駕從事，[2]虚己備禮，方始應命。累薦名宰府，舉秀才，[3]除議郎。[4]

[1]州郡命，不就：中華本校勘記："《通志》一二四下'命'上有'辟'字。"

[2]别駕從事：官名，亦稱别駕從事史，省稱别駕。州部佐官，因從刺史行部，别乘傳車，故稱。位居州吏之右。

[3]秀才：察舉科目，州舉秀才，郡舉孝廉。

[4]議郎：官名，西漢始置。魏晋時品秩雖低，名義清高。七品。

太安初，妖賊張昌、丘沉等聚衆於江夏，[1]百姓從之如歸。惠帝使監軍華宏討之，[2]敗于障山。[3]昌等浸盛，殺平南將軍羊伊，[4]鎮南大將軍、新野王歆等，[5]所在覆没。昌别率封雲攻徐州，[6]石冰攻揚州，[7]刺史陳徽出奔，冰遂略有揚土。玘密欲討冰，潛結前南平内史王矩，[8]共推吴興太守顧秘都督揚州九郡軍事，[9]及江東人士同起義兵，斬冰所置吴興太守區山及諸長史。冰遣其將羌毒領數萬人距玘，玘臨陣斬毒。時右將軍陳敏自廣陵率衆助玘，[10]斬冰别率趙驤於蕪湖，[11]因與玘俱前攻冰於建康。[12]冰北走投封雲，雲司馬張統斬雲、冰以降，[13]徐揚並平。玘不言功賞，散衆還家。

[1]張昌：少爲平氏縣吏，有武力，好論戰。太安二年（303），更名李辰，聚衆立山都縣吏丘沉爲天子，建元神鳳，自任相國。後失敗被殺。　丘沉：原爲山都縣吏，張昌名之爲聖人，立其爲天子，置百官。當皇帝後易姓名爲劉尼。　江夏：郡名，此指曹魏所置江夏郡，治所在上昶城（今湖北省雲夢縣）。

[2]監軍：官名，軍隊出征所置官員，掌監視將帥，權勢頗重。四品。

[3]障山：一作章山，位於今湖北省安陸市東。

[4]平南將軍：官名，與平東、平西、平北合稱四平將軍。多持節都督或監某一地區的軍事，有時作爲刺史等地方官員監理軍務的加官。三品，加持節都督者二品。

[5]鎮南大將軍：官名，三國魏置，職掌與鎮南將軍同，唯資歷深者得任此職，不常置。二品，開府位從公者一品。　新野王歆：司馬歆，字弘舒，本書卷三八有傳。

[6]封雲：西晋臨淮（今江蘇省盱眙縣東北）人，太安二年（303）起兵相應張昌，後爲部將張統所殺。　徐州：治所在彭城縣（今江蘇省徐州市）。

[7]石冰：太安二年（303）隨張昌起兵，攻破江州。後被晋將周玘打敗，又被陳敏擊破，乃北投封雲，爲封雲部將張統所殺。　揚州：三國魏、吴各置揚州，魏治所在壽春縣（今安徽省壽縣），吴治所在建業縣（今江蘇省南京市）。西晋統一後復合，治所在建鄴縣（今江蘇省南京市）。

[8]南平：郡名，治所在江安縣（在今湖北省公安縣西北）。　王矩：王機兄，字令式，本書卷一〇〇有傳。

[9]吴興：郡名，治所在烏程縣（今浙江省湖州市南）。　都督揚州九郡軍事：揚州九郡最高軍事行政長官。

[10]右將軍：官名，漢代重號將軍之一，與前、左、後將軍並爲上卿。魏晋時常設，權位漸低，僅爲武官名號，略高於一般雜號將軍。三品。　陳敏：字令通，本書卷一〇〇有傳。　廣陵：郡名，治所在廣陵縣（今江蘇省揚州市西北蜀岡上）。

[11]蕪湖：縣名，治所在今安徽省蕪湖市東。

[12]建康：孫吴國都建業，西晋初改建鄴，愍帝司馬鄴即位後，避其名諱改名建康。

[13]司馬：官名，府署高級幕僚。掌參讚軍務、管理府内武職，位僅次於長史。魏晋南北朝時王府、公府、軍府、邊郡均置。八至六品。

陳敏反于揚州，以玘爲安豐太守，[1]加四品將軍。玘稱疾不行，密遣使告鎮東將軍劉準，[2]令發兵臨江，己爲内應，翦髮爲信。準在壽春，[3]遣督護衡彦率衆而東。[4]時敏弟昶爲廣武將軍、歷陽内史，[5]以吴興錢廣爲司馬。玘密諷廣殺昶。玘與顧榮、甘卓等以兵攻敏，[6]敏衆奔潰，單馬北走，獲之於江乘界，[7]斬之於建康，夷三族。東海王越聞其名，[8]召爲參軍。[9]詔補尚書郎、散騎郎，[10]並不行。元帝初鎮江左，[11]以玘爲倉曹屬。[12]

[1]安豐：郡名，曹魏文帝分廬江郡置，西晋治所在安風縣（今安徽省霍邱縣西南）。

[2]密遣使：原本無“使”字，作一字空白，宋本、殿本有，據宋本、殿本補。　鎮東將軍：官名，東漢建安年間置，與鎮西、鎮南、鎮北將軍合稱四鎮將軍，多爲持節都督，出鎮方面。曹魏二品。晋三品，加持節都督者二品。　劉準：《世説新語·方正》劉

孝標注引《晋諸公贊》："準，字君平，沛國杼秋人。少以清正稱。累遷河内太守、侍中、尚書僕射、司徒。"

［3］壽春：縣名，治所在今安徽省壽縣東南。

［4］督護：官名，州郡及出鎮方面將軍府皆設，掌兵事。兩晋時常統軍征伐，衹督一軍。　衡彦：東晋人，任都護、征東將軍參軍、寧遠將軍等職。

［5］廣武將軍：官名，曹魏、西晋皆置。名號將軍中地位較高。四品。　歷陽：郡名，西晋永興元年（304）置，治所在歷陽縣（今安徽省和縣）。

［6］顧榮：字彦先，本書卷六八有傳。　甘卓：字季思，本書卷七〇有傳。

［7］江乘：縣名，治所在今江蘇省句容市北。

［8］東海王越：司馬越，字元超，本書卷五九有傳。

［9］參軍：官名，亦作參軍事，謂參謀軍事。兩晋公府、軍府皆置。

［10］尚書郎：官名。東漢之制，取孝廉中之有才能者入尚書臺，在皇帝左右處理政務，初入臺稱守尚書郎中，滿一年稱尚書郎，滿三年稱侍郎。魏晋以後尚書各曹有侍郎、郎中等官，綜理職務，通稱爲尚書郎。六品。　散騎郎：官名，即散騎侍郎，三國魏置。隸屬散騎省，侍從皇帝左右，顧問應對，諫諍拾遺，與散騎常侍、侍中等共平尚書奏事。五品。

［11］江左：江東。因自北方視之，江東在左，江西在右，故稱。

［12］倉曹屬：官名，屬倉曹。倉曹爲相國府、大將軍府、諸公府所設官署，有屬員一至二名。

初，吴興人錢璯亦起義兵討陳敏，越命爲建威將軍，[1]使率其屬會于京都。璯至廣陵，聞劉聰逼洛陽，[2]

畏懦不敢進。帝促以軍期，璯乃謀反。時王敦遷尚書，[3]當應徵與璯俱西。璯陰欲殺敦，藉以舉事。敦聞之，奔告帝。璯遂殺度支校尉陳豐，[4]焚燒邸閣，[5]自號平西大將軍、八州都督，[6]劫孫皓子充，立爲吴王，既而殺之。來寇玘縣。帝遣將軍郭逸、都尉宋典等討之，[7]並以兵少未敢前。玘復率合鄉里義衆，與逸等俱進，討璯，斬之，傳首于建康。

[1]建威將軍：官名，領兵征戰，曹魏、孫吴、西晉皆置。四品。威，殿本作“武”。

[2]劉聰：字玄明，一名載，本書卷一〇二有載記。

[3]王敦：字處仲，本書卷九八有傳。　尚書：官名，東漢尚書臺六曹各置尚書，秩六百石。魏晉出爲朝官，分掌尚書省諸曹，品秩提高。三品。

[4]度支校尉：官名，三國曹魏置，掌諸軍兵田。職與典農校尉相通。隸大司農。兩晉時置於諸郡，掌財賦、會計、漕運，常簡稱度支。六品。

[5]邸閣：倉儲治所。

[6]平西大將軍：官名，晉朝置，職掌同平西將軍，唯資深者得任之。二品，開府位從公者一品。　八州都督：都督八州諸軍事。

[7]都尉：官名，統兵武職，不常置。　宋典：殿本作“朱典”。

玘三定江南，開復王略，帝嘉其勛，以玘行建威將軍、吴興太守，[1]封烏程縣侯。吴興寇亂之後，百姓饑饉，盗賊公行。玘甚有威惠，百姓敬愛之。期年之間，境内寧謐。帝以玘頻興義兵，勛誠並茂，乃以陽羨及長城之西鄉、丹楊之永世别爲義興郡，[2]以彰其功焉。

[1]行：兼攝官職。

[2]陽羨：縣名，治所在今江蘇省宜興市南荆溪南岸。　長城：縣名，治所在今浙江省長興縣東。　丹楊：郡名，治所在建鄴縣（今江蘇省南京市）。　永世：縣名，治所在今江蘇省溧陽市天目湖鎮。

玘宗族强盛，人情所歸，帝疑憚之。于時中州人士佐佑王業，而玘自以爲不得調，内懷怨望，復爲刁協輕之，[1]耻恚愈甚。時鎮東將軍祭酒東萊王恢亦爲周顗所侮，[2]乃與玘陰謀誅諸執政，推玘及戴若思與諸南士共奉帝以經緯世事。[3]先是，流人帥夏鐵等寓于淮泗，[4]恢陰書與鐵，令起兵，己當與玘以三吴應之。建興初，鐵已聚衆數百人，臨淮太守蔡豹斬鐵以聞。[5]恢聞鐵死，懼罪，奔于玘，玘殺之，埋于豕牢。帝聞而秘之，召玘爲鎮東司馬，[6]未到，復改授建武將軍、南郡太守。[7]玘既南行，至蕪湖，又下令曰："玘奕世忠烈，[8]義誠顯著，孤所欽喜。今以爲軍諮祭酒，將軍如故，進爵爲公，禄秩僚屬一同開國之例。"玘忿於回易，又知其謀泄，遂憂憤發背而卒，時年五十六。將卒，謂子勰曰："殺我者諸傖子，能復之，乃吾子也。"吴人謂中州人曰"傖"，故云耳。贈輔國將軍，[9]謚曰忠烈。子勰嗣。

[1]刁協：字玄亮，本書卷六九有傳。

[2]祭酒：官名，即軍師祭酒，亦稱軍咨祭酒、軍諮祭酒、軍謀祭酒、軍祭酒。諸軍府屬官，參謀軍事，位在軍府諸僚佐之上。 東萊：郡國名，治所在掖縣（今山東省萊州市）。 周顗：字伯仁，本書卷六九有傳。

[3]戴若思：戴淵，本書卷六九有傳。

[4]帥：殿本作“率”。 淮泗：地區名，淮水和泗水流域。

[5]臨淮：郡國名，治所在盱眙縣（今江蘇省盱眙縣東北）。

[6]鎮東司馬：官名，鎮東將軍司馬。將軍府的高級幕僚，掌參讚軍務、管理府内武職，位僅次於長史。七品。

[7]建武將軍：官名，東漢末曹操置，統兵征伐。四品。 南郡：治所在江陵縣（今湖北省江陵縣）。

[8]奕世忠烈：奕，原本、宋本作“弈”，殿本作“奕”，據殿本改。本卷下文此字同。

[9]輔國將軍：官名，屬將軍名號，三國、兩晋皆置。三品。

勰，字彦和。常緘父言。[1]時中國亡官失守之士避亂來者，多居顯位，駕御吴人，吴人頗怨。勰因之欲起兵，潛結吴興郡功曹徐馥。[2]馥家有部曲，勰使馥矯稱叔父札命以合衆，豪俠樂亂者翕然附之，以討王導、刁協爲名。[3]孫皓族人弼亦起兵於廣德以應之。[4]馥殺吴興太守袁琇，有衆數千，將奉札爲主。時札以疾歸家，聞而大驚，乃告亂於義興太守孔侃。勰知札不同，不敢發兵。馥黨懼，攻馥，殺之。孫弼衆亦潰，宣城太守陶猷滅之。[5]元帝以周氏奕世豪望，吴人所宗，故不窮治，撫之如舊。勰爲札所責，失志歸家，淫侈縱恣，每謂人曰：“人生幾時，但當快意耳。”終於臨淮太守。

[1]常緘父言：把父親的遺言封在心里。

[2]功曹：官名，即功曹史。郡縣屬官，職掌人事，參與郡縣政務。兩晋時，不開府將軍、太子二傅、特進、郡縣皆置。

[3]王導：字茂弘，本書卷六五有傳。

[4]廣德：縣名，治所在今安徽省廣德市西南。

[5]宣城：郡名，治所在宛陵縣（今安徽省宣城市）。

勰弟彝，少知名，元帝辟爲丞相掾，[1]早亡。

[1]丞相掾：丞相府屬官。

札，字宣季。性矜險好利，外方内荏，少以豪右自處，州郡辟命皆不就。察孝廉，[1]除郎中、大司馬齊王冏參軍。[2]出補句容令，[3]遷吴國上軍將軍。[4]辟東海王越參軍，不就。以討錢璯功，賜爵漳浦亭侯。元帝爲丞相，表札爲寧遠將軍、歷陽内史，[5]不之職，轉從事中郎。[6]徐馥平，以札爲奮武將軍、吴興内史，[7]録前後功，改封東遷縣侯，進號征虜將軍、監揚州江北軍事、東中郎將，[8]鎮涂中，[9]未之職，轉右將軍、都督石頭水陸軍事。[10]札脚疾，不堪拜，固讓經年，有司彈奏，不得已乃視職。加散騎常侍。

[1]孝廉：漢代選拔人才的科目。

[2]郎中：官名，尚書省郎曹長官。位次尚書、左右丞，分曹執行政務。與“尚書郎”互稱。六品。　大司馬：官名，八公之一，位在上公之下、大將軍及三公之上，高級將帥，多爲大臣加官。一品。　齊王冏：司馬冏，字景治，本書卷五九有傳。

［3］句容：縣名，治所在今江蘇省句容市。

［4］上軍將軍：官名，西晋王國置。大國置上中下三軍共五千人，由上中下三將軍統領；中國置上下二軍共三千人，由上下將軍統領。

［5］寧遠將軍：官名，屬名號將軍。五品。

［6］從事中郎：官名，東漢時爲大將軍屬官，地位較高。魏晋時爲將軍府或公府屬官。六品。

［7］奮武將軍：官名，雜號將軍，地位較高。四品。

［8］征虜將軍：既是武官名，也作爲高級文職官員的加官。三品。　監揚州江北軍事：揚州轄下江北地區的軍事行政長官，位低於都督。揚，原本、宋本作“楊”，殿本作“揚”，據殿本改。　東中郎將：官名，東、西、南、北四中郎將之一，統兵征伐，多有固定的轄區和治所。四品。

［9］涂中：即今安徽、江蘇境内的滁河流域。

［10］都督石頭水陸軍事：石頭城最高軍事行政長官。石頭，石頭城，故址在今江蘇省南京市清涼山。

王敦舉兵攻石頭，札開門應敦，故王師敗績。敦轉札爲光禄勳，[1]尋補尚書。頃之，遷右將軍、會稽内史。[2]時札兄靖子懋晋陵太守、清流亭侯，[3]懋弟莚征虜將軍、吴興内史，[4]莚弟贊大將軍從事中郎、武康縣侯，[5]贊弟縉太子文學、都鄉侯，[6]次兄子勰臨淮太守、烏程公。札一門五侯，並居列位，吴士貴盛，莫與爲比，王敦深忌之。後莚喪母，送者千數，敦益憚焉。及敦疾，錢鳳以周氏宗强，[7]與沈充權勢相侔，[8]欲自託於充，謀滅周氏，使充得專威揚土，乃説敦曰：“夫有國者患於强逼，自古釁難恒必由之。今江東之豪莫强周、沈，公萬世之後，二族必不静矣。周强而多俊才，宜先爲之所，後嗣可安，國家可保耳。”敦納之。時有道士李脱者，妖術惑衆，自言八百歲，故號“李八百”。自中州至建鄴，以鬼道療病，又署人官位，時人多信事之。弟子李弘養徒灊山，[9]云應讖當王。故敦使廬江太守李恒告札及其諸兄子與脱謀圖不軌。[10]時莚爲敦諮議參軍，即營中殺莚及脱、弘，又遣參軍賀鸞就沈充盡掩殺札兄弟子，既而進軍會稽，[11]襲札。札先不知，卒聞兵至，率麾下數百人出距之，[12]兵散見殺。札性貪財好色，惟以業産爲務。兵至之日，庫中有精杖，外白以配兵，札猶惜不與，以弊者給之，[13]其鄙吝如此，故士卒莫爲之用。

[1]光禄勛：官名，侍從皇帝左右，掌宫廷宿衛。西晋時兼掌原屬少府的一部分宫廷供御事務。三品。

[2]會稽：郡名，治所在山陰縣（今浙江省紹興市）。

[3]晋陵：縣名，治所在今江蘇省常州市。

[4]懋弟莚：莚，殿本作“筵”，本卷下文此人名同。

[5]大將軍：官名，高級軍事統帥。曹魏時多以之屯駐長安，對付蜀漢，蜀漢以其爲最高軍事長官，孫吴則别置上大將軍居其上。西晋時爲八公之一，位居上公、大司馬下，三公之上。東晋時常專擅軍政事務。一品。

[6]太子文學：官名，東宫屬官。文學，魏晋太子、諸王及世子均置，掌各級教育文事。

[7]錢鳳：字世儀，王敦鎧曹參軍。知王敦有不臣之心，因進邪説，遂相朋構，專弄威權，言成禍福。

[8]沈充：字士居，本書卷九八有傳。

[9]灊山：位於今安徽省潛山市西北。

[10]廬江：郡名，三國魏、吴於境内各置廬江郡，魏治所在六安縣（今安徽省六安市），吴治所在皖縣（今安徽省潛山市）。西晋合爲一，治所在舒縣（今安徽省廬江縣西南）。

[11]進軍：進，殿本作“遣”。

[12]距之：距，殿本作“拒”。

[13]以弊者給之：弊，殿本作“敝”。

及敦死，札、莚故吏並詣闕訟周氏之冤，宜加贈謚。事下八坐，[1]尚書卞壼議以“札石頭之役開門延寇，[2]遂使賊敦恣亂，札之責也。追贈意所未安。懋、莚兄弟宜復本位”。司徒王導議以“札在石頭，[3]忠存社稷，義在亡身。至於往年之事，自臣等有識以上，與札情豈有異！此言實貫於聖鑒。論者見奸逆既彰，便欲徵往年已有不臣之漸。[4]即復使爾，[5]要當時衆所未悟。既悟其奸萌，札與臣等便以身許國，死而後已，札亦尋取梟夷。朝廷檄命既下，大事既定，便正以爲逆黨。邪正失所，進退無據，誠國體所宜深惜。臣謂宜與周顗、戴若思等同例”。尚書令郗鑒議曰：[6]“夫褒貶臧否，[7]宜令體明例通。今周、戴以死節復位，周札以開門同例，事異賞均，意所疑惑。如司徒議，謂往年之事自有識以上皆與札不異，此爲邪正坦然有在。昔宋文失禮，[8]華樂荷不臣之罰；齊靈嬖孽，[9]高厚有從昏之戮。以古況今，譙王、周、戴宜受若此之責，[10]何加贈復位之有乎？今據已顯復，則札宜貶責明矣。”導重議曰：“省令君議，必札之開門與譙王、周、戴異。今札開門，直出風言，竟實事邪？便以風言定褒貶，意莫若原情考徵也。論者謂札知隗、協亂政，[11]信敦匡救，苟匡救信，奸佞除，即所謂流四凶族以隆人主巍巍之功耳。[12]如此，札所以忠於社稷也。後敦悖謬出所不圖，札亦闔門不同，以此滅族，是其死於爲義也。夫信敦當時之匡救，不圖將來之大逆，惡隗、協之亂政，不失爲臣之貞節者，于時朝士豈惟周札邪！若盡謂不忠，懼有誣乎譙王、周、戴。各以死衛國，斯亦人臣之節也。但所見有同異，然期之於必忠，故宜申明耳。即如令君議，宋華、齊高其在隗、協矣。昔子糾之難，[13]召忽死之，管仲不死。[14]若以死爲賢，則管仲當貶；若以不死爲賢，則召忽死爲失。先典何以兩通之？明爲忠之情同也。死雖是忠之一目，亦不必爲忠皆當死也。漢祖遺約，非劉氏不王，非功臣不侯，違命天下共誅之。後吕后王諸吕，[15]周勃從之，[16]王陵廷争，[17]可不謂忠乎？周勃誅吕尊文，[18]安漢社稷，忠莫尚焉，則王陵又何足言，而前史兩爲美談。固知死與不死，争與不争，苟原情盡意，不可定於一概也。且札闔棺定謚，違逆黨順，受戮凶邪，不負忠義明矣。”鑒又駁不同，而朝廷竟從導議，追贈札衛尉，[19]遣使者祠以少牢。[20]

[1]八坐：即八座，尚書省高級官員的合稱。東漢用以稱尚書令、僕射、六曹尚書。魏晋以後，用以稱尚書令、左右僕射、諸曹尚書。無論共有幾人，皆沿用八座之稱。

[2]卞壼：字望之，本書卷七〇有傳。

[3]司徒：官名，西漢哀帝元壽二年（前1）改丞相爲大司徒，

東漢光武帝時改名爲司徒，東漢末又改爲丞相。三國魏恢復三公制，改丞相爲司徒，管理民政。兩晋沿制，爲八公之一，在太尉之下、司空之上。與丞相通職，一般不並置，爲名譽宰相。一品。

[4]不臣之漸：逆反的迹象。

[5]即復使爾：即便如此。

[6]尚書令：官名，秦漢時爲尚書署長官。秩位雖低，權力甚重。魏晋時沿置，爲尚書省長官，綜理全國政務，參議大政，爲高級政務長官。三品。　郗鑒：字道徽，本書卷六七有傳。郗，殿本作“郄”，本卷下文此人名同。

[7]臧否：品評，褒貶。

[8]“宋文失禮”句：宋文，春秋時宋文公，名鮑，宋昭公之弟。昭公十一年（前611），宋襄公夫人使人殺宋昭公，立他爲君。華樂，華元和樂舉。事見《左傳·成公二年》：“八月，宋文公卒。始厚葬，用蜃炭，益車馬，始用殉。重器備，椁有四阿，棺有翰檜。”君子謂：“華元、樂舉，於是乎不臣。”

[9]“齊靈嬖孽”句：齊靈公，春秋時齊國國君，名環，齊頃公之子，前581至前554年在位。寵愛高厚，昏聵無能。《左傳·襄公十九年》記載，崔杼殺了高厚並没收了他的家産。《春秋》記載説：“齊殺其大夫”，這是因爲高厚順從國君昏聵的緣故。

[10]譙王：司馬承，字敬才，本書卷三七有傳。

[11]隗：劉隗，字大連，本書卷六九有傳。

[12]四凶：堯舜時期的四個惡人。《左傳·文公十八年》：“舜臣堯，賓於四門，流四凶族渾敦、窮奇、檮杌、饕餮，投諸四裔，以禦魑魅。是以堯崩而天下如一，同心戴舜以爲天子，以其舉十六相，去四凶也。”

[13]子糾之難：子糾，春秋時齊國公子，齊僖公之子，母爲魯女。齊襄公時政令無常，子糾恐遭殺害，便携管仲、召忽投奔魯國。襄公被殺后，齊國内亂，魯國派兵護送公子糾回國争位。而此時公子小白已經從莒國回到齊國即位。小白脅迫魯國殺死公子糾和

召忽，送回管仲。

［14］管仲：春秋初潁上（今安徽省潁水之濱）人，名夷吾。齊桓公時任卿相，進行一系列改革，使齊國國力大增，齊桓公成爲春秋五霸之首。

［15］吕后王諸吕：劉邦去世後，太后吕雉臨朝稱制，立兄子吕臺、吕産、吕禄、吕臺子吕通四人爲王，封諸吕六人爲列侯。吕雉死後，諸吕圖謀叛亂，後被平定。

［16］周勃：秦末泗水沛縣豐邑（今江蘇省豐縣）人。隨劉邦起兵，爲劉邦功臣。西漢建立後封絳侯，歷任太尉、相國。

［17］王陵：秦末泗水沛（今江蘇省沛縣）人，隨劉邦起兵反秦。劉邦稱帝後封安國侯。惠帝時爲右丞相。吕后稱制，欲立諸吕爲王，王陵以爲不可，因此爲吕后所惡，奪其相權。王陵乃告病歸家，杜門不朝，七年而卒。

［18］尊文：文即漢文帝劉恒，吕后死後，周勃與陳平等人誅除諸吕，迎立文帝劉恒。

［19］衛尉：官名，掌宫廷禁衛，兼管武庫、冶鑄，領江北冶令三十九員、南北東西諸督冶掾。三品。

［20］少牢：以猪和羊作祭品。

札長子澹，太宰府掾。[1]次子稚，察孝廉，不行。

［1］太宰府掾：太宰府屬官。

莚，卓犖有才幹，拜征虜將軍、吴興太守，遷黄門侍郎。[1]徐馥之役，莚族兄續亦聚衆應之。元帝議欲討之，王導以爲“兵少則不足制寇，多遣則根本空虚。黄門侍郎周莚忠烈至到，爲一郡所敬。意謂直遣莚，足能殺續”。於是詔以力士百人給莚，使輕騎還陽羡。莚即日取道，晝夜兼行。既至郡，將入，遇續於門，莚謂續曰："宜與君共詣孔府君，有所論。"續不肯入，莚逼牽與俱。坐定，莚謂太守孔侃曰："府君何以置賊在坐？"續衣裹帶小刀，便操刃逼莚，莚叱郡傳教吴曾："何不舉手！"曾有膽力，便以刀環築續，殺之。莚因欲誅勰，札距不許，委罪於從兄卲，誅之。莚不歸家省母，遂長驅而去，母狼狽追之。其忠公如此。

[1]黄門侍郎：官名，魏晋時爲侍中省或門下省次官。侍從皇帝，顧問應對，多以重臣或外戚子弟擔任，位頗重要。五品。

遷太子右衛率。[1]及王敦作難，加冠軍將軍，都督會稽吴興義興晋陵東陽軍事，[2]率水軍三千人討沈充，未發而王師敗績。莚聞札開城納敦，憤咤慷慨形於辭色。尋遇害。敦平後，與札同被復官。

[1]太子右衛率：官名，西晋武帝泰始五年（269）分太子衛率而置太子左右衛率，領精兵萬人，宿衛東宫，亦任征伐。五品。

[2]冠軍將軍：官名，曹魏、孫吴、西晋皆置。西晋時領營兵。三品。　都督會稽吴興義興晋陵東陽軍事：會稽、吴興、義興、晋陵、東陽五郡最高軍事行政長官。

初，莚於姑孰立屋五間，[1]而六梁一時躍出墮地，衡獨立柱頭零節之上，[2]甚危，雖以人功，不能然也。後竟覆族。

[1]姑孰：姑孰城，位於今安徽省當塗縣。

[2]衡：架在屋梁或門窗上面的横木。即桁條或檩子。

莚弟縉，少無行檢，嘗在建康烏衣道中逢孔氏婢，時與同寮二人共載，便令左右捉婢上車，其强暴若此。

周訪

周訪，字士達，本汝南安城人也。[1]漢末避地江南，至訪四世。吴平，因家廬江尋陽焉。[2]祖纂，吴威遠將軍。[3]父敏，左中郎將。[4]訪少沉毅，謙而能讓，果於斷割，周窮振乏，家無餘財。爲縣功曹，時陶侃爲散吏，訪薦爲主簿，[5]相與結友，以女妻侃子瞻。訪察孝廉，除郎中、上甲令，[6]皆不之官。鄉人盗訪牛於冢間殺之，訪得之，密埋其肉，不使人知。

[1]汝南：郡名，東漢治所在平輿縣（今河南省平輿縣北），西晋治所在新息縣（今河南省息縣西南），東晋移治懸瓠城（今河南省汝南縣）。　安城：縣名，治所在今河南省汝南縣東南。

[2]尋陽：縣名，治所在今湖北省黄梅縣西南。

[3]威遠將軍：官名，屬將軍名號，三國吴時權任很重，三國魏、兩晋時地位稍低。五品。

[4]左中郎將：官名，光禄勛屬官。西漢時與五官、右中郎將分領中郎，更值宿衛，協助光禄勛考核管理郎官、謁者、從官。魏晋初不設五官、左、右三郎署，其官仍置，但職位漸輕。四品。

[5]主簿：官名，縣府屬官，典領文書籍簿，省録衆事，職權甚重。

[6]上甲：縣名，治所在今江西省湖口縣東南。

及元帝渡江，命參鎮東軍事。[1]時有與訪同姓名者，罪當死，吏誤收訪，訪奮擊收者，數十人皆散走，而自歸於帝，帝不之罪。尋以爲揚烈將軍，[2]領兵一千二百，屯尋陽鄂陵，[3]與甘卓、趙誘討華軼。[4]所統厲武將軍丁乾與軼所統武昌太守馮逸交通，[5]訪收斬之。逸來攻訪，訪率衆擊破之。逸遁保柴桑，[6]訪乘勝進討。軼遣其黨王約、傅札等萬餘人助逸，大戰於湓口，[7]約等又敗。訪與甘卓等會於彭澤，[8]與軼水軍將朱矩等戰，又敗之。軼將周廣燒城以應訪，軼衆潰，訪執軼，斬之，遂平江州。[9]

[1]參鎮東軍事：官名，鎮東將軍府參軍事。參軍事，亦作參軍，謂參謀軍事。兩晋公府、軍府皆置。

[2]揚烈將軍：官名，統軍出鎮地方，或爲刺史加官。五品。

[3]鄂陵：地名，在今安徽省霍邱縣西。

[4]趙誘：字元孫，本書卷五七有傳。　華軼：字彦夏，本書卷六一有傳。

[5]厲武將軍：官名，三國孫吴所置武職，東晋沿置。　武昌：郡名，治所在武昌縣（今湖北省鄂州市鄂城區）。　交通：勾結，串通。

[6]柴桑：縣名，治所在今江西省九江市西南。

[7]湓口：一名湓浦口，位於今江西省九江市西北，即湓浦水入長江之口。

[8]彭澤：縣名，治所在今江西省湖口縣東。

[9]江州：治所在南昌縣（今江西省南昌市）。

帝以訪爲振武將軍、尋陽太守，[1]加鼓吹、曲蓋。[2]

復命訪與諸軍共征杜弢。[3]弢作桔槔打官軍船艦，[4]訪作長岐棖以距之，[5]桔槔不得爲害。而賊從青草湖密抄官軍，[6]又遣其將張彦陷豫章，[7]焚燒城邑。王敦時鎮湓口，遣督護繆蕤、李恒受訪節度，共擊彦。蕤於豫章石頭，與彦交戰，彦軍退走，訪率帳下將李午等追彦，破之，臨陣斬彦。時訪爲流矢所中，折前兩齒，形色不變。及暮，訪與賊隔水，賊衆數倍，自知力不能敵，乃密遣人如樵采者而出，於是結陣鳴鼓而來，大呼曰："左軍至！"士卒皆稱萬歲。至夜，令軍中多布火而食，賊謂官軍益至，未曉而退。訪謂諸將曰："賊必引退，然終知我無救軍，當還掩人，宜促渡水北。"既渡，斷橋訖，而賊果至，隔水不得進，於是遂歸湘州。[8]訪復以舟師造湘城，軍達富口，[9]而弢遣杜弘出海昏。[10]時湓口騷動，訪步上柴桑，偷渡，與賊戰，斬首數百。賊退保廬陵，[11]訪追擊敗之，賊嬰城自守。尋而軍糧爲賊所掠，退住巴丘。[12]糧廩既至，復圍弘於廬陵。弘大擲寶物於城外，軍人競拾之，弘因陣亂突圍而出。訪率軍追之，獲鞍馬鎧杖不可勝數。弘入南康，[13]太守將率兵逆擊，又破之，奔于臨賀。[14]帝又進訪龍驤將軍。[15]王敦表爲豫章太守。加征討都督，[16]賜爵尋陽縣侯。

[1]振武將軍：官名，屬常設將軍名號，統兵。四品。

[2]鼓吹：帝王及高級官員儀仗中的樂隊，由管樂和打擊樂器組成，常用來賜予有軍功的高級武官。　曲蓋：曲柄傘蓋。

[3]杜弢：字景文，本書卷一〇〇有傳。

[4]桔槔：利用杠杆原理拍打船隻的軍事器械，原理類似汲水

用的桔槔，故名。

[5]長岐棖：長木棒。

[6]青草湖：一名巴丘胡，即今湖南省洞庭湖東南部湖面。

[7]豫章：郡名，治所在南昌縣（今江西省南昌市）。

[8]湘州：治所在臨湘縣（今湖南省長沙市）。

[9]富口：富水入長江之口，位於今湖北省陽新縣東。

[10]海昏：縣名，治所在今江西省永修縣西北艾城。

[11]廬陵：郡名，治所在石陽縣（今江西省吉水縣東北）。

[12]巴丘：一名巴陵，又名天岳山，位于今湖南省岳陽市西南。

[13]南康：郡名，西晋治所在雩都縣（今江西省于都縣東北），東晋永和五年（349）移治贛縣（今江西省贛州市西南）。

[14]臨賀：縣名，治所在今廣西壯族自治區賀州市八步區。

[15]龍驤將軍：官名，高級軍事將領。三品。

[16]征討都督：即都督征討諸軍事。

時梁州刺史張光卒，[1]愍帝以侍中第五猗爲征南大將軍、監荆梁益寧四州，[2]出自武關。[3]賊率杜曾、摯瞻、胡混等並迎猗，[4]奉之，聚兵數萬，破陶侃於石城，[5]攻平南將軍荀崧於宛，[6]不克，引兵向江陵。[7]王敦以從弟廙爲荆州刺史，[8]令督護征虜將軍趙誘、襄陽太守朱軌、陵江將軍黄峻等討曾，[9]而大敗於女觀湖，[10]誘、軌並遇害。曾遂逐廙，徑造沔口，[11]大爲寇害，威震江沔。[12]元帝命訪擊之。訪有衆八千，進至沌陽。[13]曾等鋭氣甚盛，訪曰："先人有奪人之心，軍之善謀也。"使將軍李恒督左甄，[14]許朝督右甄，訪自領中軍，高張旗幟。曾果畏訪，先攻左右甄。曾勇冠三軍，訪甚惡之，自於陣後射雉以安衆心。令其衆曰："一甄敗，鳴三鼓；兩甄敗，鳴六鼓。"趙胤領其父餘兵屬左甄，力戰，敗而復合。胤馳馬告訪，訪怒，叱令更進。胤號哭還戰，自旦至申，[15]兩甄皆敗。訪聞鼓音，選精鋭八百人，自行酒飲之，敕不得妄動，聞鼓音乃進。賊未至三十步，訪親鳴鼓，將士皆騰躍奔赴，曾遂大潰，殺千餘人。訪夜追之，諸將請待明日，訪曰："曾驍勇能戰，向之敗也，彼勞我逸，是以克之。宜及其衰乘之，可滅。"鼓行而進，遂定漢沔。曾等走固武當。[16]訪以功遷南中郎將、督梁州諸軍、梁州刺史，[17]屯襄陽。訪謂其僚佐曰："昔城濮之役，[18]晋文以得臣不死而有憂色，[19]今不斬曾，禍難未已。"於是出其不意，又擊破之，曾遁走。訪部將蘇温收曾詣軍，并獲第五猗、胡混、摯瞻等，[20]送於王敦。又白敦，説猗逼於曾，不宜殺。敦不從而斬之。進位安南將軍、持節，[21]都督、刺史如故。

[1]梁州：三國曹魏治所在沔陽縣（今陝西省勉縣東），西晋移治南鄭縣（今陝西省漢中市東）。　張光：字景武，本書卷五七有傳。

[2]第五猗：愍帝時任侍中、征南大將軍，監荆、梁、益、寧四州。受杜曾等迎奉，聚兵數萬。後被周訪斬殺。　征南大將軍：官名，屬將軍名號，多授予統兵出鎮在外、都督數州諸軍事者。位在征南將軍之上。二品，開府位從公者一品。　監荆梁益寧四州：上述四州的軍事行政長官，位次於都督。

[3]武關：位於今陝西省商洛縣西南丹江北岸。

[4]杜曾：西晋新野（今河南省新野縣）人，始爲新野王司馬歆鎮南參軍，有勇力。永嘉之亂中任胡亢竟陵太守，後殺胡亢，併其衆，自號南中郎將。後被周訪打敗，被殺。

[5]石城：殿本作“石頭”。

[6]荀崧：字景猷，本書卷七五有傳。　宛：縣名，治所在今河南省南陽市。

[7]江陵：縣名，治所在今湖北省江陵縣。

[8]廙：王廙，字世將，本書卷七六有傳。

[9]襄陽：郡名，東漢建安十三年（208）置，治所在襄陽縣（今湖北省襄陽市），西晋移治宜城縣（今湖北省宜城市南）。　陵江將軍：官名，屬名號將軍，亦稱凌江將軍。五品。

[10]女觀湖：位於今湖北省潛江市境。

[11]沔口：原漢水入長江之口，又稱漢口、夏口、魯口，位於今湖北省武漢市。

[12]威震：震，殿本作“振”。

[13]沌陽：縣名，治所在今湖北省漢陽縣東。

[14]左甄：古代作戰陣形的左翼。

[15]自旦至申：從清晨到下午四五點鍾。

[16]武當：縣名，治所在今湖北省丹江口市西北。

[17]南中郎將：官名，與東、西、北中郎將並稱四中郎將，統兵征戰，權職甚重。四品。　督梁州諸軍：梁州最高軍事行政長官。

[18]城濮之役：春秋時期晋國和楚國之間的戰役。魯僖公二十七年（前633），楚國攻宋，宋求救於晋。次年晋文公伐楚。兩軍戰於城濮，即今山東省鄄城市西南。結果楚軍大敗，確立了晋文公霸主的地位。

[19]晋文：晋文公，名重耳，晋獻公之子，因受迫害而流亡在外十九年，歷盡艱難險阻。回國即位後改革朝政，加强軍備，國力漸强，終成春秋五霸之一。據《左傳·僖公二十八年》載，城濮之

戰前夕，晋軍次於城濮，“楚師背酅而舍，晋侯患之，聽輿人之誦，曰：‘原田每每，舍其舊而新是謀。’公疑焉”。　得臣：即楚軍統帥子玉。

[20]摯瞻：殿本作“摯曠”。

[21]安南將軍：官名，東漢建安年間置，與安東、安北、安西合稱四安將軍，爲出鎮某一地區的軍事長官，或作爲刺史等兼理軍務的加官，權任頗重。三品，加持節都督者二品。　持節：官員外出持有皇帝授予的節杖，代表高等權威，常用於軍事長官出征。

初，王敦懼杜曾之難，謂訪曰：“擒曾，當相論爲荆州刺史。”及是而敦不用。至王廙去職，詔以訪爲荆州。敦以訪名將，勛業隆重，有疑色。其從事中郎郭舒説敦曰：“鄙州雖遇寇難荒弊，實爲用武之國，若以假人，將有尾大之患，公宜自領，訪爲梁州足矣。”敦從之。訪大怒。敦手書譬釋，並遺玉環、玉碗以申厚意。訪投碗於地曰：“吾豈賈豎，可以寶悦乎！”陰欲圖之。既在襄陽，務農訓卒，勤於采納，守宰有缺輒補，然後言上。敦患之，而憚其强，不敢有異。訪威風既著，遠近悦服，智勇過人，爲中興名將。性謙虚，未嘗論功伐。或問訪曰：“人有小善，鮮不自稱。卿功勛如此，初無一言何也？”訪曰：“朝廷威靈，將士用命，訪何功之有！”士以此重之。訪練兵簡卒，欲宣力中原，與李矩、郭默相結，[1]慨然有平河洛之志。善於撫納，士衆皆爲致死。聞敦有不臣之心，訪恒切齒。敦雖懷逆謀，故終訪之世未敢爲非。

[1]李矩：字世迴，本書卷六三有傳。　郭默：本書卷六三有傳。

初，訪少時遇善相者廬江陳訓，[1]謂訪與陶侃曰："二君皆位至方岳，功名略同，但陶得上壽，周當下壽，優劣更由年耳。"訪小侃一歲，太興三年卒，時年六十一。帝哭之甚慟，詔贈征西將軍，[2]謚曰壯，立碑於本郡。二子：撫、光。

[1]陳訓：字道元，本書卷九五有傳。

[2]征西將軍：官名，東漢永元年間置，地位與雜號將軍、偏將軍、裨將軍等同。建安年間與征東、征南、征北將軍合稱四征將軍，地位提高。三品，加持節都督者二品。

撫，字道和。强毅有父風，而將御不及。元帝辟爲丞相掾，父喪去官。服闋，[1]襲爵，除鷹揚將軍、武昌太守。[2]王敦命爲從事中郎，與鄧嶽俱爲敦爪牙。[3]甘卓遇害，敦以撫爲沔北諸軍事、南中郎將，[4]鎮沔中。及敦作逆，撫領二千人從之。敦敗，撫與嶽俱亡走。撫弟光將資遺其兄，而陰欲取嶽。撫怒曰："我與伯山同亡，何不先斬我！"會嶽至，撫出門遥謂之曰："何不速去！今骨肉尚欲相危，况他人乎！"嶽回船而走，撫遂共入西陽蠻中，[5]蠻酋向蠶納之。初，嶽爲西陽，欲伐諸蠻，及是諸蠻皆怨，將殺之。蠶不聽，曰："鄧府君窮來歸我，我何忍殺之！"由是俱得免。明年，詔原敦黨，嶽、撫詣闕請罪，有詔禁錮之。

[1]服闋：守喪期滿除去孝服。

[2]鷹揚將軍：官名，雜號將軍中地位較高者，曾作爲荆州、兖州等州刺史的加官。五品。

[3]鄧嶽：字伯山，本書卷八一有傳。

[4]以撫爲沔北諸軍事：中華本校勘記："《通鑑》九二'爲'作'督'。"督沔北諸軍事，沔北地區軍事行政長官，地位次於都督和監。沔北，宋本作"河北"。

[5]西陽：郡名，治所在西陽縣（今湖北黄岡市東）。

咸和初，司徒王導以撫爲從事中郎，出爲寧遠將軍、江夏相。[1]蘇峻作逆，[2]率所領從温嶠討之。[3]峻平，遷監沔北軍事、南中郎將，[4]鎮襄陽。石勒將郭敬率騎攻撫，[5]撫不能守，率所領奔于武昌，坐免官。尋遷振威將軍、豫章太守，後代毌丘奥監巴東諸軍事、益州刺史、假節，[6]將軍如故。尋進征虜將軍，加督寧州諸軍事。[7]

[1]相：官名，郡國相，也稱内史。五品。

[2]蘇峻：字子高，本書卷一〇〇有傳。

[3]温嶠：字太真，本書卷六七有傳。

[4]監沔北軍事：沔北地區軍事行政長官，位次於都督。

[5]石勒：字世龍，本書卷一〇四有傳。　郭敬：字季子，鄔（今山西省介休市東北）人，石勒微時好友，後任部將，荆州刺史。

[6]監巴東諸軍事：巴東地區軍事行政長官，位次於都督。益州：治所在成都縣（今四川省成都市）。　假節：假以節杖。指大臣臨時持節出巡，爲權臣掌軍、秉政的地位象徵和政治待遇。

[7]督寧州諸軍事：寧州地區軍事行政長官，位次於都督和監。

永和初，桓温征蜀，[1]進撫督梁州之漢中巴西梓潼陰平四郡軍事，[2]鎮彭模。[3]撫擊破蜀餘寇隗文、鄧定等，斬僞尚書僕射王誓、平南將軍王潤，以功遷平西將軍。隗文、鄧定等復反，立范賢子賁爲帝。初，賢爲李雄國師，[4]以左道惑百姓，人多事之，賁遂有衆一萬。撫與龍驤將軍朱燾擊破，斬之，[5]以功進爵建城縣公。

[1]桓温：字元子，本書卷九八有傳。

[2]督梁州之漢中巴西梓潼陰平四郡軍事：梁州轄下漢中、巴西、梓潼、陰平四郡軍事行政長官，位次於都督和監。

[3]彭模：彭模城，又稱彭亡城、彭亡聚、平模城，位於今四川省眉山市彭山區東南岷江東岸。

[4]李雄：字仲儁，李特之子，本書卷一二一有載記。

[5]朱燾：燾，原本、宋本、殿本作“壽”，據中華本校勘記改。

征西督護蕭敬文作亂，[1]殺征虜將軍楊謹，[2]據涪城，[3]自號益州牧。桓温使督護鄧遐助撫討之，不能拔，引退。温又令梁州刺史司馬勛等會撫伐之。敬文固守，自二月至于八月，乃出降，撫斬之，傳首京師。

[1]征西督護：官名，征西將軍督護。

[2]楊謹：中華本校勘記：“勞校：《本紀》作‘楊謙’。按：《通鑑》九七亦作‘楊謙’。”

[3]涪城：縣名，治所在今四川省綿陽市東涪江東岸。

升平中，進鎮西將軍。[1]在州三十餘年，興寧三年卒，贈征西將軍，謚曰襄。子楚嗣。

[1]鎮西將軍：官名，與鎮東、鎮南、鎮北合稱四鎮。多爲持節都督，出鎮方面。曹魏二品。晋改三品，加持節都督者二品。

楚，字元孫。起家參征西軍事，[1]從父入蜀，拜鷹揚將軍、犍爲太守。[2]父卒，以楚監梁益二州、假節，[3]襲爵建城公。世在梁益，甚得物情。時梁州刺史司馬勳作逆，楚與朱序討平之，[4]進冠軍將軍。太和中，蜀盜李金銀、[5]廣漢妖賊李弘並聚衆爲寇，僞稱李勢子，當以聖道王，年號鳳皇。又隴西人李高詐稱李雄子，破涪城。梁州刺史楊亮失守，楚遣其子討平之。是歲，楚卒，謚曰定。子瓊嗣。

[1]參征西軍事：官名，征西將軍府參軍事。參軍事，亦作參軍，謂參謀軍事。兩晋公府、軍府皆置。

[2]犍爲：郡名，治所在武陽縣（今四川省眉山市彭山區東）。

[3]監梁益二州：上述二州軍事行政長官，位低於都督。

[4]朱序：字次倫，本書卷八一有傳。

[5]李金銀：中華本校勘記："周校：《廢帝紀》作'李金根'。"

瓊，勁烈有將略，歷數郡，代楊亮爲梁州刺史、建武將軍，領西戎校尉。初，氐人竇衝求降，朝廷以爲東羌校尉。[1]後衝反，欲入漢中，[2]安定人皇甫釗、京兆人周勛等謀納衝，[3]瓊密知之，收釗、勛等斬之。尋卒。子虓嗣。

[1]東羌校尉：官名，亦稱護東羌校尉，掌管雍、秦、梁等州内羌族事務，領兵，下設東羌督、東羌獵將等部屬。四品。

[2]欲入漢中：中，原本、宋本、殿本作“川”，據中華本改。

[3]安定：郡名，西漢置，治所在高平縣（今寧夏回族自治區固原市），東漢治所在臨涇縣（今甘肅省鎮原縣東南），東晋改治安定縣（今甘肅省涇川縣北）。　京兆：郡名，治所在長安縣（今陝西省西安市西北）。

虓，字孟威。少有節操。州召爲祭酒，[1]後歷位至西夷校尉，[2]領梓潼太守。[3]

[1]州召爲祭酒：州所召的祭酒爲别駕祭酒，東晋成帝咸康年間在江州置，居僚屬之首，高於别駕從事史。

[2]西夷校尉：官名，亦稱護西夷校尉。晋武帝太康三年（282）置，治寧州，寧州併入益州後以益州刺史兼領。東晋平蜀後復置，持節統兵，掌益州少數民族事務。立府，置長史、司馬，可與刺史一樣舉秀才、廉吏、良吏。四品。十六國前秦亦置，掌益州及西部地區少數民族事務。北凉段業亦置，掌凉興以西少數民族事務。

[3]梓潼：郡名，治所在梓潼縣（今四川省梓潼縣）。

寧康初，苻堅將楊安寇梓潼，[1]虓固守涪城，遣步騎數千，送母妻從漢水將抵江陵，爲堅將朱肜邀而獲之，虓遂降于安。堅欲以爲尚書郎，虓曰：“蒙國厚恩，以至今日。但老母見獲，失節於此。母子獲全，秦之惠也。雖公侯之貴，不以爲榮，况郎任乎！”堅乃止。自是每入見堅，輒箕踞而坐，呼之爲氐賊。堅不悦。屬元會，[2]威儀甚整，堅因謂虓曰："晋家元會何如此？"虓攘袂厲聲曰："戎狄集聚，譬猶犬羊相群，何敢比天子！"及吕光征西域，[3]堅出餞之，戎士二十萬，旌旗數百里，又問虓曰："朕衆力何如？"虓曰："戎夷已來，未之有也。"堅黨以虓不遜，屢請除之。堅待之彌厚。虓乃密書與桓冲，[4]説賊奸計。太元三年，虓潛至漢中，堅追得之。後又與堅兄子苞謀襲堅，[5]事泄，堅引虓問其狀，虓曰："昔漸離、豫讓，[6]燕、智之微臣，猶漆身吞炭，不忘忠節。况虓世荷晋恩，豈敢忘也。生爲晋臣，死爲晋鬼，復何問乎！"堅曰："今殺之，適成其名矣。"遂撻之，徙于太原。[7]後堅復陷順陽、魏興，[8]獲二守，皆執節不撓，堅嘆曰："周孟威不屈於前，丁彦遠潔己於後，[9]吉祖冲不食而死，[10]皆忠臣也。"

[1]苻堅：字永固，本書卷一一三有載記。

[2]元會：朝廷禮儀，每年元月初一朝會群臣。

[3]吕光：字世明，本書卷一二二有載記。　西域：古代對玉門關以西地區的總稱。狹義西域指玉門關以西、葱嶺以東地區，廣義則指通過狹義西域所到達的地區。

[4]桓冲：字幼子，本書卷七四有傳。

[5]堅兄子苞：中華本校勘記："勞校：《載記》'苞'作'陽'。"

[6]漸離：高漸離，戰國末燕人，以屠狗爲業，善擊筑（古樂器）。與荆軻友善。荆軻行刺秦王，他到易水送行，爲之擊筑而歌。荆軻行刺失敗，他更名改姓爲人傭保。秦王嬴政聞其善擊筑，命人熏瞎其目，使仍擊筑。漸離以鉛置筑中，乘機撲擊秦王，未遂被殺。　豫讓：戰國初晋國人，初事范氏、中行氏，不得志。後轉投

智氏，受智伯禮遇。後智伯爲趙襄子所殺，豫讓乃變姓名，行刺趙襄子，未果被捕，趙襄子義而釋之。爲報智伯知遇之恩，豫讓自毀形體，吞碳啞聲，再一次刺殺趙襄子，未果后自殺。

[7]太原：郡名，治所在晋陽縣（今山西省太原市西南）。

[8]順陽：縣名，治所在今河南省淅川縣南。　魏興：郡名，東漢建安二十年（215）分漢中郡置西城郡，曹魏黄初二年（221）改名魏興，治所在西城縣（今陝西省安康市西北）。

[9]丁彦遠：丁穆，字彦遠，本書卷八九有傳。

[10]吉祖冲：吉挹，字祖冲，本書卷八九有傳。

虓竟以病卒於太原。其子興迎致其喪，冠軍將軍謝玄親臨哭之，[1]因上疏曰："臣聞旌善表功，崇義明節，所以振揚聲教，垂美來葉。故西夷校尉、梓潼太守周虓，執心忠烈，厲節寇庭，遂嬰禍荒裔，痛置泉壤。臣每悲其志，以爲蘇武之賢，[2]不復過也。前宣告并州，[3]訪求虓喪，並索其家。負荷數千，始得來至。即以資送，還其舊隴。伏願聖朝追其志心，[4]表其殊節，使負霜之志不墜於地，則榮慰存亡，惠被幽顯矣。"孝武帝詔曰："虓厲志貞亮，無愧古烈。未及拔身，奄隕厥命。甄表義節，國之典也。贈龍驤將軍、益州刺史，賻錢二十萬，布百匹。"又贍賜其家。

[1]謝玄：字幼度，本書卷七九有傳。

[2]蘇武：西漢京兆杜陵（今陝西省西安市東南）人，字子卿，蘇建之子。武帝天漢元年（前100）爲中郎將出使匈奴，因副使張勝與匈奴緱王圖謀劫持單于母閼氏歸漢事受牽連，被匈奴扣押，遠徙北海以牧羊爲生。前後十九年，持漢節不投降。昭帝即位

後與匈奴和親，使其返回漢朝。

[3]并州：治所在晋陽縣（今山西省太原市西南）。

[4]追其志心：中華本校勘記："李校：'志心'疑是'忠心'之誤。按：《册府》一三七正作'忠心'。"

光，少有父風，年十一，見王敦，敦謂曰："貴郡未有將，誰可用者？"光曰："明公不耻下問，竊謂無復見勝。"敦笑以爲寧遠將軍、尋陽太守。及敦舉兵，光率千餘人赴之。既至，敦已死，光未之知，求見敦。王應秘不言，[1]以疾告。光退曰："今我遠來而不得見王公，公其死乎？"遽見其兄撫曰："王公已死，兄何爲與錢鳳作賊？"衆並愕然。其夕，衆散，錢鳳走出，至闔廬洲，[2]光捕鳳，[3]詣闕贖罪，故得不廢。蘇峻作逆，隨温嶠力戰有功。峻平，賜爵曲江男，卒官。

[1]王應：東晋人，王敦兄王含之子，王敦以爲養子。王敦病甚，拜應爲武衛將軍以自副。王敦死後，王應秘不發喪，裹尸以席，蠟塗其外，埋於廳事中，與諸葛瑶等縱酒淫樂。

[2]闔廬洲：位於今江蘇省南京市北長江中。

[3]光捕鳳：原本、宋本無"光"字，殿本有，據殿本補。

子仲孫，興寧初督寧州軍事、振武將軍、寧州刺史。[1]在州貪暴，人不堪命。桓温以梁益多寇，周氏世有威稱，復除仲孫監益豫梁州之三郡。[2]寧康初，楊安寇蜀，仲孫失守，免官。後徵爲光禄勛，卒。

[1]督寧州軍事：寧州軍事行政長官，位低於都督和監。　寧

州：治所在滇池縣（今雲南省昆明市晋寧區晋城鎮）。

[2]監益豫梁州之三郡：即監益豫梁州之三郡諸軍事，益、豫二州及梁州轄下三郡軍事行政長官，位低於都督高於督。原本、宋本作“監益州梁州之三郡”，殿本作“監益豫梁州之三郡”，據殿本改。

初，陶侃微時，丁艱，[1]將葬，家中忽失牛而不知所在。遇一老父，謂曰：“前崗見一牛眠山污中，其地若葬，位極人臣矣。”又指一山云：“此亦其次，當世出二千石。”言訖不見。侃尋牛得之，因葬其處，以所指别山與訪。訪父死，葬焉，果爲刺史，著稱寧益，自訪以下，三世爲益州四十一年，如其所言云。

[1]丁艱：遭逢父母喪事。

史臣曰：夫仁義豈有常，蹈之即君子，背之即小人。周子隱以跅弛之材，[1]負不羈之行，比凶蛟猛獸，縱毒鄉閭，終能克己厲精，朝聞夕改，輕生重義，徇國亡軀，[2]可謂志節之士也。宣佩奮玆忠勇，屢殄妖氛，威略冠於本朝，庸績書於王府。既而結憾朝宰，潛構異圖，忿不思難，斯爲隘矣。終於憤恚，豈不惜哉！札、莚等負俊逸之材，以雄豪自許，始見疑於朝廷，終獲戾於權右，[3]强弗如弱，信有徵矣。而札受委扞城，乃開門揖盗，去順效逆，彼實有之。後雖假手凶徒，可謂罪人斯得。朝廷議加榮贈，不其僭乎！有晋之刑政陵夷，用此道也。周訪器兼文武，任在折衝，[4]戡定湘羅，克清江漢，謀孫翼子，杖節擁旄，西蜀仰其威風，中興推爲名將，功成名立，不亦美哉！孟威陷迹虜廷，抗辭僞主，雖圖史所載，何以加焉！

［1］跅弛：放蕩不循規矩。《漢書》卷六《武帝紀》："夫泛駕之馬，跅弛之士，亦在御之而已。"顔師古注："跅者，跅落無檢局也。弛者，放廢不遵禮度也。"

［2］徇國亡軀：徇，同"殉"，殿本作"殉"。

［3］獲戾於權右：被權貴們降罪。

［4］折衝：摧折敵人戰車。即制敵取勝。

贊曰：平西果勁，始邪末正。勇足除殘，忠能致命。宣佩懋功，三定江東。札雖啓敵，莚實懷忠。尋陽緯武，擁旄持斧。曰子曰孫，重規疊矩。孟威抗烈，心存舊主。

晋書　卷五九

列傳第二十九

汝南王亮 子粹 矩 矩子祐 矩弟羕 羕弟宗 宗弟熙[1]　楚王瑋　趙王倫　齊王冏[2] 鄭方　長沙王乂　成都王穎　河間王顒　東海王越

自古帝王之臨天下也，皆欲廣樹藩屏，崇固維城。唐虞以前，憲章蓋闕，夏殷以後，遺迹可知。然而玉帛會于塗山，[3]雖云萬國，至於分疆胙土，猶或未詳。洎乎周室，粲焉可觀，封建親賢，並爲列國。當其興也，周召贊其升平；[4]及其衰也，桓文輔其危亂。[5]故得卜世之祚克昌，卜年之基惟永。逮王赧即世，[6]天禄已終，虚位無主，三十餘載。爰及暴秦，并吞天下，戒衰周之削弱，忽帝業之遠圖，謂王室之陵遲，由諸侯之强大。於是罷侯置守，獨尊諸己，至乎子弟，並爲匹夫，惟欲肆虐陵威，莫顧謀孫翼子。枝葉微弱，宗祏孤危，[7]内無社稷之臣，外闕藩維之助。陳項一呼，[8]海内沸騰，隕身於望夷，[9]繫頸於軹道。[10]事不師古，二世而滅。

漢祖勃興，爰革斯弊。於是分王子弟，列建功臣，[11]錫之山川，誓以帶礪。[12]然而矯枉過直，懲羹吹齏，[13]土地封疆，逾越往古。始則韓彭葅醢，[14]次乃吴楚稱亂。[15]然雖克滅權逼，猶足維翰王畿。洎成哀之後，[16]戚藩陵替，君臣乘兹間隙，[17]竊位偷安。光武雄略緯天，慷慨下國，遂能除凶静亂，復禹配天，休祉盛於兩京，[18]鼎祚隆於四百，宗支繼絶之力，可得而言。魏武忘經國之宏規，行忌刻之小數，功臣無立錐之地，子弟君不使之人，徒分茅社，實傳虚爵，本根無所庇廕，遂乃三葉而亡。

[1]原本、宋本、殿本卷首目録“汝南王亮”下附傳爲：子粹，矩，羕，宗，熙。人物關係表示不清，據正文及中華本目録改。

[2]齊王冏：冏，原本、宋本作“囧”，殿本作“冏”，據殿本改。本卷下文此人名同。

[3]塗山：古國名。相傳爲夏禹娶塗山女及會諸侯處。《尚書·益稷》：“予創若時，娶於塗山。”孔安國傳：“塗山，國名。”

[4]周召：西周周公旦和召公奭。

[5]桓：齊桓公，春秋時齊國國君，名小白。即位後任用管仲，改革内政，國勢强盛。奉行尊王攘夷政策，因九合諸侯而成爲春秋五霸之首。　文：晋文公，春秋時晋國國君，名重耳。爲公子時，因獻公欲立寵妾之子奚齊而遭迫害，流亡於外十九年。後由秦軍護送返晋登王位。在位期間改革内政，擴建軍隊，幫助周王室平叛，大敗楚軍於城濮，主持踐土之盟，成爲齊桓公之後的又一霸主。

[6]王赧：即周赧王，在位時值戰國，依附西周武公，處列强之間，深受兼併之害。相傳他因欠民債，逃避於臺上，周人名其臺

曰“逃債臺”。

[7]宗祏：宗廟中藏神主的石室。亦借指宗廟，宗祠。《左傳·莊公十四年》：“命我先人，典司宗祏。”杜預注：“宗祏，宗廟中藏主石室。”孔穎達疏：“宗祏者，慮有非常火災，於廟之北壁内爲石室以藏木主，有事則出而祭之，既祭納於石室。”

[8]陳：陳勝，秦末陽城（今河南省登封市東南告成鎮）人，字涉。少時爲人傭耕，有“苟富貴無相忘”之許。同耕者笑，陳勝説：“燕雀安知鴻鵠之志!”後成爲農民起義領袖，稱王，政權號“張楚”。　項：項羽，秦末下相（今江蘇省宿遷市西南）人，名籍，字羽。戰國楚國名將項燕之後。秦末起兵，滅秦后自立爲西楚霸王。後與劉邦進行長達四年多的楚漢之争，最後敗於垓下，自殺身亡。

[9]望夷：望夷宫，位於今陝省西咸陽市東北涇河南岸。秦二世被殺之地。

[10]軹道：秦朝末代皇帝子嬰投降處。《史記》卷六《秦始皇本紀》：“沛公破秦軍入武關，遂至霸上，使人約降子嬰。子嬰即係頸以組，白馬素車，奉天子璽符，降軹道旁。”

[11]列建功臣：列，原本、宋本、殿本作“利”，據中華本改。

[12]誓以帶礪：漢初封爵時的誓言。《史記》卷一八《高祖功臣侯者年表》：“封爵之誓曰：‘使黄河如帶，泰山若厲。國以永寧，爰及苗裔。’”裴駰集解引漢應劭曰：“封爵之誓，國家欲使功臣傳祚無窮。帶，衣帶也；厲，砥石也。河當何時如衣帶，山當何時如厲石，言如帶厲，國乃絶耳。”

[13]懲羹吹齏：人被滚湯燙過，以後吃冷菜也要吹一下。羹，滚湯；齏，細切的肉菜，冷食品。比喻戒懼過甚。語出《楚辭·九章·惜誦》：“懲於羹者而吹齏兮，何不變此志也?”

[14]韓：韓信，秦末淮陰（今江蘇省淮安市淮陰區南）人，早年家貧，常從人寄食。後隨項羽起兵，因不受重用，轉投劉邦。

受蕭何舉薦，拜大將軍。功勛卓著，爲漢初三傑之一。漢立封楚王，後貶爲淮陰侯。終爲吕后設計所殺。　彭：彭越，秦末昌邑（今山東省巨野縣東南）人，字仲。秦末起兵，助劉邦擊昌邑。楚漢相争時，受劉邦所賜將軍印，助漢擊楚。西漢建立後封梁王。陳豨反叛，劉邦親征，徵梁國兵，彭越稱病不行。劉邦疑其反叛，廢其爲庶人，後信吕后之言，將其誅殺，夷其宗族。　菹醢：肉醬。即把彭越剁成肉醬。

[15]吴楚稱亂：指景帝三年（前 154），以吴王劉濞、楚王劉戊爲首的七國叛亂。

[16]成哀：西漢成帝和哀帝。他們統治的時期西漢走向衰敗。

[17]君臣乘兹間隙：中華本校勘記："《商榷》：'君臣'當作'巨君'，王莽字。"

[18]盛於兩京：盛，殿本作"咸"。

有晋思改覆車，復隆盤石，或出擁旄節，莅岳牧之榮；入踐臺階，[1]居端揆之重。[2]然而付託失所，授任乖方，政令不恒，賞罰斯濫。或有材而不任，或無罪而見誅，朝爲伊周，[3]夕爲莽卓。[4]機權失於上，禍亂作於下。[5]楚趙諸王，相仍構釁，徒興晋陽之甲，[6]竟匪勤王之師。始則爲身擇利，利未加而害及；初乃無心憂國，國非憂而奚拯！遂使昭陽興廢，[7]有甚弈棋；[8]乘輿幽縶，[9]更同羑里。[10]胡羯陵侮，宗廟丘墟，良可悲也。

[1]臺階：三臺之階。三臺指尚書臺、御史臺、謁者臺。此指登上高位。

[2]端揆：指相位。宰相居百官之首，總攬國政，故稱。

[3]伊：伊尹，輔佐商湯及其後代外丙、仲壬、太甲的賢臣。

周：周公，輔佐周武王、成王的重臣。

[4]莽卓：王莽和董卓。

[5]禍亂作於下：禍，殿本作“横”。

[6]晉陽之甲：《左傳·定公十三年》記載：晋趙鞅起晋陽之兵，以清君側爲名，逐荀寅、士吉射。後因稱地方長吏不滿朝廷而舉兵内向爲興“晋陽之甲”。

[7]昭陽：昭陽宫，漢宫殿名。此借指西晋賈後的興廢。

[8]弈棋：弈，殿本作“奕”。

[9]乘輿：指皇帝。

[10]羑里：商紂囚禁周文王的地方。在今河南省湯陰縣北。

夫爲國之有藩屏，猶濟川之有舟楫，安危成敗，義實相資。舟楫且完，波濤不足稱其險；藩屏式固，禍亂何以成其階！向使八王之中，一藩緊賴，如梁王之禦大敵，[1]若朱虚之除大憝，[2]則外寇焉敢憑陵，内難奚由竊發！縱令天子暗劣，[3]鼎臣奢放，雖或顛沛，未至土崩。何以言之？琅邪譬彼諸王，[4]權輕衆寡，度長絜大，不可同年。遂能匹馬濟江，奄有吴會，存重宗社，[5]百有餘年。雖曰天時，抑亦人事。豈如趙倫、齊冏之輩，河間、東海之徒，家國俱亡，身名並滅。善惡之數，此非其效歟！西晋之政亂朝危，雖由時主，然而煽其風，速其禍者，咎在八王，故序而論之，總爲其傳云耳。

[1]梁王：梁孝王劉武，漢文帝次子，母竇太后。吴楚七國之亂起，梁王城守睢陽，使叛軍不能越過睢陽，爲平定叛亂立有大功，受到朝廷重賞。

[2]朱虚：朱虚侯劉章，西漢宗室，齊悼惠王劉肥之子。高后

二年（前 186）入京城長安宿衛，封朱虚侯，娶吕禄女爲妻。爲諸吕所憚。吕后死後，與大臣周勃等誅諸吕，立文帝。　大憝：元凶首恶。

[3]天子：宋本作“大子”。

[4]琅邪：封國名，治所在今山東省臨沂市。　譬彼諸王：彼，宋本作“皮”。

[5]存重宗社：中華本校勘記：“李校：‘存重’當是‘重存’二字誤倒。”

汝南王亮

汝南文成王亮，字子翼，宣帝第四子也。少清警有才用，仕魏爲散騎侍郎、萬歲亭侯，[1]拜東中郎將，[2]進封廣陽鄉侯。討諸葛誕於壽春，[3]失利，免官。頃之，拜左將軍，[4]加散騎常侍、假節，[5]出監豫州諸軍事。[6]五等建，改封祁陽伯，轉鎮西將軍。[7]武帝踐阼，封扶風郡王，邑萬户，置騎司馬，[8]增參軍掾屬，[9]持節、都督關中雍涼諸軍事。[10]會秦州刺史胡烈爲羌虜所害，[11]亮遣將軍劉旗、騎督敬琰赴救，[12]不進，坐是貶爲平西將軍。[13]旗當斬，亮與軍司曹冏上言，[14]節度之咎由亮而出，乞丐旗死。詔曰：“高平困急，[15]計城中及旗足以相拔，就不能徑至，尚當深進。今奔突有投，而坐視覆敗，故加旗大戮。今若罪不在旗，當有所在。”有司又奏免亮官，削爵土。詔惟免官。頃之，拜撫軍將軍。[16]是歲，吴將步闡來降，[17]假亮節都督諸軍事以納之。尋加侍中之服。[18]

[1]散騎侍郎：官名，三國魏置。隸屬散騎省，侍從皇帝左右，顧問應對，諫諍拾遺，與散騎常侍、侍中等共平尚書奏事。五品。

[2]東中郎將：官名，東、西、南、北四中郎將之一，統兵征伐，多有固定的轄區和治所。四品。

[3]諸葛誕：三國時琅邪陽都（今山東省沂南縣南）人，字公休。歷任曹魏滎陽令、御史中丞、尚書、揚州刺史、鎮東將軍、鎮南將軍、征東大將軍等職。後起兵反司馬昭，兵敗被殺。　壽春：縣名，治所在今安徽省壽縣東南。

[4]左將軍：官名，漢代爲重號將軍，與前、後、右將軍並爲上卿。魏晋時爲常設官職，權位較兩漢漸低，僅爲武官名號，略高於一般雜號將軍，不典禁兵。三品。

[5]散騎常侍：官名，三國魏文帝黄初年間置，侍從皇帝左右，諫諍得失，顧問應對，與侍中等共平尚書奏事。也用作宰相、諸公等加官，入宫議政。三品。　假節：假以節杖。指大臣臨時持節出巡，爲權臣掌軍、秉政的地位象徵和政治待遇。

[6]監豫州諸軍事：豫州地區的軍事行政長官，地位低於都督。

[7]鎮西將軍：官名，與鎮東、鎮南、鎮北合稱四鎮。多爲持節都督，出鎮方面。曹魏二品。晋改三品，加持節都督者二品。

[8]騎司馬：官名，太尉府的幕僚，參讚軍務。

[9]參軍：官名，亦作參軍事，謂參謀軍事。兩晋公府、軍府皆置。　掾屬：佐治的官吏。

[10]持節：官員外出持有皇帝授予的節杖，代表高等權威，常用於軍事長官出征。　都督關中雍涼諸軍事：關中、雍州、凉州地區最高軍事行政長官。

[11]秦州：治所在冀縣（今甘肅省甘谷縣東）。　胡烈：三國時安定臨涇（今甘肅省鎮原縣東南）人，胡遵之子。

[12]騎督：官名，軍中統率騎兵的中級軍官。五品。

[13]平西將軍：官名，與平北、平南、平東合稱四平將軍，權任很重，多持節都督或監某一地區的軍事，有時亦作爲刺史等地方

官員兼理軍務的加官。三品，加持節都督者二品。

[14]軍司：官名，即軍師，因避司馬師諱，故改。爲軍府主要屬僚，佐主帥統軍隊，負有匡正監察主帥之責，地位很高，常繼任主帥。

[15]高平：郡名，治所在昌邑縣（今山東省巨野縣南）。

[16]撫軍將軍：官名，三國蜀漢、孫吴皆置，爲加官，以示權重。晋沿置，與中軍將軍、鎮軍將軍並爲三名號將軍。三品。

[17]步闡：三國時臨淮淮陰（今江蘇省淮安市淮陰區西南）人，孫吴將領步騭之子，歷任昭武將軍、繞帳督、西陵督。

[18]侍中：官名，東漢建安中與給事黄門侍郎出入禁中，省尚書事。曹魏時爲門下之侍中省長官。常侍衛皇帝左右，掌顧問應對、諫諍糾察、平議奏事、駁奏異議等，權力甚重。三品。

咸寧初，以扶風池陽四千一百户爲太妃伏氏湯沐邑，[1]置家令丞僕，後改食南郡枝江。[2]太妃嘗有小疾，祓於洛水，亮兄弟三人侍從，並持節、鼓吹，[3]震耀洛濱。武帝登陵雲臺望見，[4]曰："伏妃可謂富貴矣。"其年進號衛將軍，[5]加侍中。時宗室殷盛，無相統攝，乃以亮爲宗師，[6]本官如故，使訓導觀察，有不遵禮法，小者正以義方，大者隨事聞奏。

[1]扶風：封國名，治所在郿縣（今陝西省眉縣東渭河北岸）。　池陽：縣名，治所在今陝西省涇陽縣西北。

[2]南郡：治所在江陵縣（今湖北省江陵縣）。　枝江：縣名，治所在今湖北省枝江市東北。

[3]鼓吹：帝王及高級官員儀仗中的樂隊，由管樂和打擊樂器組成，常用來賜予有軍功的高級武官。

[4]陵雲臺：洛陽城内建築。《洛陽伽藍記・城内・瑶光寺》

載：千秋門内道北有西游園，園中有凌雲臺，即是魏文帝所築。

［5］衛將軍：官名，魏晋時位在名號將軍之上，多爲軍府名號，加給大臣、重要州郡長官。二品，開府位從公者一品。

［6］宗師：官名，總領皇家宗室事務，訓導觀察宗親，有不遵禮法者，小者自行處理，大者隨事奏聞。

三年，徙封汝南，出爲鎮南大將軍、都督豫州諸軍事、開府、假節，[1]之國，給追鋒車、皂輪犢車，[2]錢五十萬。頃之，徵亮爲侍中、撫軍大將軍，[3]領後軍將軍，[4]統冠軍、步兵、射聲、長水等營，[5]給兵五百人，騎百匹。遷太尉、録尚書事、領太子太傅，[6]侍中如故。

［1］鎮南大將軍：官名，三國魏置，職掌與鎮南將軍同，唯資歷深者得任此職，不常置。二品，開府位從公者一品。　都督豫州諸軍事：豫州地區最高軍事行政長官。　開府：開設府署，辟置僚屬。魏晋時常以此作爲對高級官員的寵待。

［2］追鋒車：古代一種輕便的驛車，因車行疾速，故名。　皂輪犢車：黑色車輪的牛車。

［3］撫軍大將軍：官名，三國魏文帝始置，皇帝出征，總管留守事。晋二品，開府位從公者一品。

［4］領：以地位較高的官員兼理較低的職務。　後軍將軍：官名，西晋武帝泰始八年（272）置，與前軍、左軍、右軍將軍合稱四軍將軍。各領兵千人，是護衛皇帝宫禁的主要禁軍將領之一。四品。

［5］冠軍：官名，即冠軍將軍。曹魏、孫吴、西晋皆置。西晋時領營兵。三品。　步兵：官名，即步兵校尉。東漢時隸屬北軍中候，爲北軍五校尉之一，魏晋時隸屬中領軍，領宿衛營兵。四品。　射聲：官名，即射聲校尉，統宿衛兵，魏晋時隸屬中領軍。四

品。　長水：官名，即長水校尉。五校尉之一，統宿衛兵，魏晋時隸屬中領軍。四品。

[6]太尉：官名，曹操爲丞相後，太尉府屬官歸相府，晋時太尉雖爲八公之一、三公之首，實爲名譽宰相，多爲大臣加官。一品。　録尚書事：官名，初爲職銜名，重臣加此名義始得總知國事，綜理政務，成爲真宰相。魏晋多以公卿權重者居之，總領尚書省政務，凡重號將軍、刺史皆得命曹授用，位在三公之上。　太子太傅：官名，與太子少傅並稱二傅，三國時並攝東宮事務，與尚書、東曹並掌太子、諸侯官署選舉。西晋時下設丞、功曹、主簿等屬官。三品。

及武帝寢疾，爲楊駿所排，[1]乃以亮爲侍中、大司馬、假黄鉞、大都督、督豫州諸軍事，[2]出鎮許昌，[3]加軒懸之樂，[4]六佾之舞。[5]封子羕爲西陽公。未發，帝大漸，[6]詔留亮委以後事。楊駿聞之，從中書監華廙索詔視，[7]遂不還。帝崩，亮懼駿疑己，辭疾不入，於大司馬門外叙哀而已，[8]表求過葬。駿欲討亮，亮知之，問計於廷尉何勖。[9]勖曰："今朝廷皆歸心於公，公何不討人而懼爲人所討！"或説亮率所領入廢駿，亮不能用，夜馳赴許昌，故得免。及駿誅，詔曰："大司馬、汝南王亮體道冲粹，[10]通識政理，宣翼之績顯於本朝，《二南》之風流于方夏，將憑遠猷，[11]以康王化。其以亮爲太宰、録尚書事，[12]入朝不趨，劍履上殿，增掾屬十人，給千兵百騎，與太保衛瓘對掌朝政。"[13]亮論賞誅楊駿之功過差，欲以苟悦衆心，由是失望。

[1]楊駿：字文長，本書卷四〇有傳。

[2]大司馬：官名，八公之一，位在上公之下、大將軍及三公之上，高級將帥，多爲大臣加官。一品。　假黄鉞：假以黄鉞。黄鉞即飾以黄金的斧鉞，爲皇帝儀仗。賜予出征重臣，以示威重，令其專主征伐。　大都督：官名，高級軍事長官。三國初作爲加官於戰時臨時設置，後逐漸成爲常設加官官職，地位極高。　督豫州諸軍事：豫州地區軍事行政長官，位低於都督和監。

[3]許昌：縣名，治所在許昌城（今河南省許昌市東）。

[4]軒懸：古代諸侯陳列樂器三面懸挂。《周禮·春官·小胥》："正樂縣之位，王宫縣，諸侯軒縣。"鄭玄注："鄭司農云：'宫縣，四面縣。軒縣，去其一面。'玄謂軒縣去南面辟王也。"

[5]六佾：周諸侯所用樂舞之格局：六列，每列六人，共三十六人。

[6]大漸：病危。

[7]中書監：官名，中書省長官之一。三國魏文帝初年分秘書置中書省，長官爲中書監、中書令。掌收納奏章、草擬詔令。平常不分高下，入朝時監略高於令。三品。　華廙：字長駿，本書卷四四有傳。

[8]大司馬門：即司馬門，皇宫外門。

[9]廷尉：官名，中央最高司法審判機構長官，負責會審朝中有罪文武大臣，覆核審决郡國疑獄等。三品。　何勖：西晋人，歷任中領軍、廷尉、豫州刺史。

[10]體道冲粹：躬行正道、中和醇正。

[11]遠猷：遠大謀略。

[12]太宰：官名，即太師，因避司馬師名諱而改名太宰。八公之一，居上公之首，爲宰相之任。一品。

[13]太保：官名，史上屢次廢置，三國魏末年復置。晋爲八公之一，位上公，在太宰、太傅之下。安置元老重臣，無職掌。一品。　衛瓘：字伯玉，本書卷三六有傳。

楚王瑋有勛而好立威，亮憚之，欲奪其兵權。瑋甚憾，乃承賈后旨，[1]誣亮與瓘有廢立之謀，矯詔遣其長史公孫宏與積弩將軍李肇夜以兵圍之。[2]帳下督李龍白外有變，[3]請距之，亮不聽。俄然楚兵登墻而呼，亮驚曰："吾無二心，何至於是！若有詔書，其可見乎?"宏等不許，促兵攻之。長史劉準謂亮曰："觀此必是奸謀，府中俊乂如林，猶可盡力距戰。"又弗聽，遂爲肇所執，而嘆曰："我之忠心可破示天下也，如何無道，枉殺不辜！"是時大熱，兵人坐亮于車下，時人憐之，爲之交扇。將及日中，無敢害者。瑋出令曰："能斬亮者，賞布千匹。"遂爲亂兵所害，投于北門之壁，鬢髮耳鼻皆悉毁焉。及瑋誅，追復亮爵位，給東園温明、秘器，[4]朝服一襲、錢三百萬、布絹三百匹，喪葬之禮如安平獻王孚故事，[5]廟設軒懸之樂。有五子：粹、矩、羕、宗、熙。

[1]賈后：惠帝皇后賈南風，本書卷三一有傳。

[2]長史：官名，掌顧問參謀，爲所在官署掾屬之長。魏晋南北朝時王府、公府、軍府、邊郡均置。八至六品。　公孫宏：西晋譙（今安徽省亳州市）人，少孤貧，客田於河陽，善鼓琴，頗能屬文。潘岳爲河陽令，愛其才藝，待之甚厚。後公孫宏爲楚王司馬瑋長史，專殺生之政。　積弩將軍：官名，魏晋時置。領禁衛營兵，隸中領軍。四品。

[3]帳下督：官名，在主帥軍中負責督兵。

[4]東園：官署名。秦漢置。掌管陵墓内器物、葬具的製造與供應，屬少府。　温明：東園所制温明。《漢書》卷六八《霍光傳》注引服虔曰："東園處此器，形如方漆桶，開一面，漆畫之，

以鏡置其中，以懸屍上，大斂并蓋之。”　秘器：棺材。《漢書》卷九三《佞幸·董賢傳》：“及至東園秘器，珠襦玉柙，豫以賜賢，無不備具。”顔師古注引《漢舊儀》：“東園秘器作棺梓，素木長二丈，崇廣四尺。”

［5］安平獻王孚：司馬孚，字叔達，本書卷三七有傳。

粹，字茂弘。早卒。

矩，字延明。拜世子，爲屯騎校尉，[1]與父亮同被害。追贈典軍將軍，[2]謚懷王。子祐立，是爲威王。

［1］屯騎校尉：官名，北軍五校尉之一，隸屬中領軍，掌本營騎士，戍衛京師。四品。

［2］典軍將軍：官名，西晋置，掌宿衛禁軍，有時亦奉遣宣傳詔命。

祐，字永猷。永安中，從惠帝北征。帝還長安，[1]祐反國。及帝還洛，以征南兵八百人給之，特置四部牙門。[2]永興初，率衆依東海王越，討劉喬有功，[3]拜揚武將軍，[4]以江夏雲杜益封，[5]并前二萬五千户。越征汲桑，[6]表留祐領兵三千守許昌，加鼓吹、麾旗。越還，祐歸國。永嘉末，以寇賊充斥，遂南渡江，元帝命爲軍諮祭酒。[7]建武初，爲鎮軍將軍。[8]太興末，領左軍將軍。[9]太寧中，進號衛將軍，加散騎常侍。咸和元年，薨，贈侍中、特進。[10]

［1］長安：縣名，治所在今陝西省西安市西北。

［2］牙門：官名，牙門將省稱，三國魏晋南北朝皆置，統兵武職，位在裨將軍下、郡守上。五品。

［3］劉喬：字仲彦，本書卷六一有傳。

［4］揚武將軍：官名，統兵出征。四品。

［5］江夏：郡名，三國魏治所在上昶城（今湖北省雲夢縣），西晋移治安陸縣（今湖北省安陸市西南）。　雲杜：縣名，治所在今湖北省京山縣。杜，殿本作"社"。

［6］汲桑：西晋魏郡（今河北省臨漳縣西南）人，一説平陽（今山西省臨汾市西南）人。與石勒從成都王司馬穎故將公師藩，後自稱大將軍，爲石勒前驅，被乞活田甄攻殺。

［7］軍諮祭酒：官名，即軍師祭酒，晋朝避司馬師名諱而改。亦稱軍咨祭酒、軍謀祭酒、軍祭酒。諸軍府屬官，參謀軍事，位在軍府諸僚佐之上。

［8］鎮軍將軍：官名，三國始置，西晋罷又復置。位在鎮軍大將軍下，與中軍將軍、撫軍將軍并爲三名號將軍，位比四鎮將軍。三品。

［9］左軍將軍：官名，與前軍、後軍、右軍合稱四軍，領營兵千人，掌宿衛。初屬中軍將軍，後屬領軍將軍。四品。

［10］特進：官名，三國兩晋時表示有特殊地位，或用作安置閑退大臣。二品。

子恭王統立，以南頓王宗謀反，被廢。其後成帝哀亮一門殄絶，詔統復封，累遷秘書監、侍中。[1]薨，追贈光禄勛。[2]子義立，[3]官至散騎常侍。薨，子遵之立。義熙初，梁州刺史劉稚謀反，[4]推遵之爲主，事泄，伏誅。弟楷之子蓮扶立。宋受禪，國除。

［1］秘書監：官名，秘書省長官，掌管藝文圖籍、課試署吏，

統著作局，掌國史修撰並管理中外三閣圖書。三品。

[2]光禄勛：官名，侍從皇帝左右，掌宫廷宿衛。西晋時兼掌原屬少府的一部分宫廷供御事務。三品。

[3]子義立：中華本校勘記："勞校：《孝武紀》'義'作'羲'。"

[4]梁州：三國曹魏治所在沔陽縣（今陝西省勉縣東），西晋移治南鄭縣（今陝西省漢中市東）。

羕，字延年。太康末，封西陽縣公，拜散騎常侍。亮之被害也，羕時年八歲，鎮南將軍裴楷與之親姻，[1]竊之以逃，一夜八遷，故得免。及瑋誅，進爵爲王，歷步兵校尉、左軍、驍騎將軍。[2]元康初，進封郡王。永興初，拜侍中。以長沙王乂黨，廢爲庶人。惠帝還洛，復羕封，爲撫軍將軍，又以汝南期思、西陵益其國。[3]永嘉初，拜鎮軍將軍，加散騎常侍，領後軍將軍，復以邾、蕲春益之，[4]并前三萬五千户。隨東海王越東出鄄城，[5]遂南渡江。

[1]鎮南將軍：官名，與鎮東、鎮西、鎮北將軍合稱四鎮將軍。多爲持節都督，出鎮方面。曹魏二品。晋改三品，加持節都督者二品。　裴楷：字叔則，本書卷三五有傳。

[2]驍騎將軍：官名，三國魏爲内軍將領，統營兵。兩晋與領軍、護軍、左右衛、游擊諸將軍合稱六軍，擔當宿衛之任，是護衛宫廷的主要將領。四品。中華本此處作"左軍驍騎將軍"，無此官職，應爲"左軍、驍騎將軍"。

[3]又以：又，宋本作"乂"。　汝南：郡名，西晋治所在新息縣（今河南省息縣西南），東晋移治懸瓠城（今河南省汝南縣）。

期思：縣名，今河南省淮濱縣東南期思集。　西陵：期思縣毗鄰無“西陵”，有“西陽國”，治所在西陽縣（今河南省光山縣西南），與期思縣臨近。疑此“西陵”爲“西陽”之誤。

[4]邾：縣名，治所在今湖北省黄岡市。　蘄春：縣名，治所在今湖北省蘄春縣西南。

[5]鄄城：縣名，治所在今山東省鄄城縣北。

元帝承制，[1]更拜撫軍大將軍、開府，給千兵百騎。詔與南頓王宗統流人以實中州，江西荒梗，復還。及元帝踐阼，進位侍中、太保。以羕屬尊，元會特爲設床。太興初，録尚書事，尋領大宗師，加羽葆、斧鉞，班劍六十人，進位太宰。及王敦平，[2]領太尉。明帝即位，以羕宗室元老，特爲之拜。羕放縱兵士劫鈔，所司奏免羕官，詔不問。及帝寢疾，羕與王導同受顧命輔成帝。[3]時帝幼冲，詔羕依安平獻王孚故事，設床帳於殿上，帝親迎拜。咸和初，坐弟南頓王宗免官，降爲弋陽縣王。及蘇峻作亂，[4]羕詣峻稱述其勛，峻大悦，矯詔復羕爵位。峻平，賜死。世子播、播弟充及息崧並伏誅，國除。咸康初，復其屬籍，以羕孫珉爲奉車都尉、奉朝請。[5]

[1]承制：秉承皇帝旨意便宜行事。

[2]王敦：字處仲，本書卷九八有傳。

[3]王導：字茂弘，本書卷六五有傳。

[4]蘇峻：字子高，本書卷一〇〇有傳。

[5]奉車都尉：官名，魏晋時作加官，與駙馬都尉、騎都尉並號三都尉。六品。　奉朝請：原爲兩漢朝廷給與退休大臣、列侯、

宗室、外戚等的一種政治優待。西晋時成爲加官名號。晋武帝以宗室、外戚爲奉車都尉、駙馬都尉、騎都尉，並授此號。

宗，字延祚。元康中，封南頓縣侯，尋進爵爲公。討劉喬有功，進封王，增邑五千，[1]并前萬户，爲征虜將軍。[2]與兄羕俱過江。元帝承制，拜散騎常侍。愍帝之在西都，以宗爲平東將軍。[3]元帝即位，拜撫軍將軍，領左將軍。明帝踐阼，加長水校尉，轉左衛將軍。[4]與虞胤俱爲帝所昵，委以禁旅。

[1]增邑五千：五，殿本作“三”。

[2]征虜將軍：既是武官名，也作爲高級文職官員的加官。三品。

[3]平東將軍：官名，與平北、平南、平西合稱四平將軍，權任很重，多持節都督或監某一地區的軍事，有時亦作爲刺史等地方官員兼理軍務的加官。三品，加持節都督者二品。

[4]左衛將軍：官名，三國魏咸熙二年（265），司馬炎即晋王位，分中衛將軍爲左、右衛將軍。掌佽飛虎賁及前驅、由基、强弩三部司馬，屬下還有虎賁、羽林、上騎、異力、命中共五部督，負責宫禁侍衛。西晋屬中軍將軍，後屬領軍將軍。爲禁衛軍主要統帥之一，權任很重。四品。

宗與王導、庾亮志趣不同，[1]連結輕俠，以爲腹心，導、亮並以爲言。帝以宗戚屬，每容之。及帝疾篤，宗、胤密謀爲亂，亮排閤入，[2]升御床，流涕言之，帝始悟。轉爲驃騎將軍。[3]胤爲大宗正。宗遂怨望形於辭色。咸和初，御史中丞鍾雅劾宗謀反，[4]庾亮使右衛將軍趙胤收之。[5]宗以兵距戰，爲胤所殺，貶其族爲馬氏，徙妻子於晋安，[6]既而原之。三子：綽、超、演，廢爲庶人。咸康中，復其屬籍。綽爲奉車都尉、奉朝請。

[1]庾亮：字元規，本書卷七三有傳。

[2]閤（gé）：宫中小門。殿本作“閾”。

[3]驃騎將軍：官名，西漢時爲重號將軍，東漢以後，居諸名號將軍之首，僅作爲軍府名號加授大臣或重要州郡長官。二品，開府位從公者一品。

[4]御史中丞：官名，御史大夫副手，掌監察、執法，爲京師顯官，職權甚重。四品。　鍾雅：字彦胄，本書卷七〇有傳。

[5]右衛將軍：官名，三國魏咸熙二年（265），司馬炎即晋王位，分中衛將軍爲左、右衛將軍。掌佽飛虎賁及前驅、由基、强弩三部司馬，屬下還有虎賁、羽林、上騎、異力、命中共五部督，負責宫禁侍衛。西晋屬中軍將軍，後屬領軍將軍。爲禁衛軍主要統帥之一，權任很重。四品。　趙胤：東晋時歷任建威將軍、右衛將軍、冠軍將軍、歷陽太守、護軍將軍等職。

[6]晋安：郡名，西晋武帝置，治所在候官縣（今福建省福州市）。

熙，初封汝陽公，討劉喬有功，進爵爲王。永嘉末，没於石勒。[1]

[1]石勒：字世龍，本書卷一〇四有載記。

楚王瑋

楚隱王瑋，字彦度，武帝第五子也。初封始平王，歷屯騎校尉。太康末，徙封於楚，出之國，都督荆州諸軍事、平南將軍，[1]轉鎮南將軍。武帝崩，入爲衛將軍，領北軍中候，[2]加侍中、行太子少傅。[3]

[1]都督荆州諸軍事：荆州地區最高軍事行政長官。　平南將軍：官名，與平北、平東、平西將軍合稱四平將軍，權任很重，多持節都督或監某一地區的軍事，有時亦作爲刺史等地方官員兼理軍務的加官。三品，加持節都督者二品。

[2]北軍中候：官名，掌監屯騎校尉、越騎校尉、步兵校尉、長水校尉、射聲校尉所領北軍五營。魏晋時增設禁軍兵力，由地位更高的中領軍統轄，北軍五營作用漸輕，北軍中候置省無常，常與中領軍並置。五品。

[3]行：兼攝官職。　太子少傅：官名，與太子太傅並稱二傅，三國時並攝東宫事務，與尚書、東曹並掌太子、諸侯官署選舉。西晋時下設丞、功曹、主簿等屬官。三品。

楊駿之誅也，瑋屯司馬門。瑋少年果鋭，多立威刑，朝廷忌之。汝南王亮、太保衛瓘以瑋性很戾，[1]不可大任，建議使與諸王之國，瑋甚忿之。長史公孫宏、舍人岐盛並薄於行，爲瑋所昵。瓘等惡其爲人，慮致禍亂，將收盛。盛知之，遂與宏謀，因積弩將軍李肇矯稱瑋命，誣亮、瓘於賈后。[2]而后不之察，使惠帝爲詔曰："太宰、太保欲爲伊霍之事，[3]王宜宣詔，令淮南、長沙、成都王屯宫諸門，廢二公。"夜使黄門賫以授瑋。[4]瑋欲覆奏，黄門曰："事恐漏泄，非密詔本意也。"瑋乃止。遂勒本軍，復矯詔召三十六軍，手令告諸軍曰："天禍晋室，凶亂相仍。間者楊駿之難，實賴諸君克平禍亂。而二公潛圖不軌，欲廢陛下以絶武帝之祀。今輒奉詔，免二公官。吾今受詔都督中外諸軍。[5]諸在直衛者皆嚴加警備，其在外營，便相率領，徑詣行府。助順討逆，天所福也。懸賞開封，以待忠效。皇天后土，實聞此言。”又矯詔使亮、瓘上太宰太保印綬、侍中貂蟬，之國，官屬皆罷遣之。又矯詔赦亮、瓘官屬曰：“二公潛謀，欲危社稷，今免還第。官屬以下，一無所問。若不奉詔，便軍法從事。能率所領先出降者，封侯受賞。朕不食言。”遂收亮、瓘，殺之。

[1]很：原本、宋本作“佷”，同“很”，違背、不順從之意。殿本作“狠”。

[2]誣：殿本作“譖”。

[3]伊：即伊尹。　霍：霍光，西漢河東平陽（今山西省臨汾市西南）人，字子孟，霍去病異母弟。爲武帝所親信，武帝臨終，任其爲大司馬大將軍，封博陸侯，與金日磾等人輔佐少主。昭帝繼位後，誅除上官桀，先立後廢昌邑王劉賀，專擅朝政前後長達二十年。期間輕徭薄賦，與民休息，社會較安定。

[4]黄門：官名，宫中小黄門、中黄門、黄門令統稱，均爲宦官。

[5]都督中外諸軍：官名，亦稱都督中外諸軍事。全國最高軍事統帥，總統中央地方的内外諸軍，權力極大。

岐盛説瑋，可因兵勢誅賈模、郭彰，[1]匡正王室，以安天下。瑋猶豫未決。會天明，帝用張華計，[2]遣殿中將軍王宫賫騶虞幡麾衆曰：[3]“楚王矯詔。”衆皆釋杖而走。瑋左右無復一人，窘迫不知所爲，惟一奴年十四，駕牛車將赴秦王柬。[4]帝遣謁者詔瑋還營，執之於武賁署，遂下廷尉。詔以瑋矯制害二公父子，又欲誅滅朝臣，謀圖不軌，遂斬之，時年二十一。其日大風，雷雨礔礰。詔曰："周公決二叔之誅，[5]漢武斷昭平之獄，所不得已者。廷尉奏瑋已伏法，情用悲痛，吾當發哀。"瑋臨死，出其懷中青紙詔，流涕以示監刑尚書劉頌曰：[6]"受詔而行，謂爲社稷，今更爲罪。託體先帝，受枉如此，幸見申列。"頌亦歔欷不能仰視。公孫宏、岐盛並夷三族。

[1]賈模：字思範，本書卷四〇有傳。　郭彰：字叔武，本書卷四〇有傳。

[2]張華：字茂先，本書卷三六有傳。

[3]殿中將軍：官名，三國魏置，掌典禁兵督守殿廷。西晉分隸屬左右衛將軍，朝會宴饗及皇帝出入護衛左右。六品。　騶虞幡：一種繪有騶虞圖形的旗幟，用以傳旨解兵。趙翼《廿二史劄記》卷八："晋制最重騶虞幡，每至危險時，或用以傳旨，或用以止兵，見之者輒慴伏而不敢動，亦一朝之令甲也。"

[4]秦王柬：司馬柬，字弘度，本書卷六四有傳。

[5]二叔：管叔和蔡叔。管叔又稱叔鮮，姬姓，名鮮，西周初三監之一。周武王之弟，被封於管，以監視武庚及殷商遺民。後與蔡叔、武庚起兵反對周公，失敗身亡。蔡叔又稱叔度，姬姓，名度，西周初三監之一。周武王之弟，被封於蔡，以監視殷遺民。後聯合管叔、武庚起兵反對周公，失敗，被流放而死。

[6]尚書：官名，東漢尚書臺六曹各置尚書，秩六百石。魏晋出爲朝官，分掌尚書省諸曹，品秩提高。三品。　劉頌：字子雅，本書卷四六有傳。

瑋性開濟好施，能得衆心，及此莫不隕淚，百姓爲之立祠。賈后先惡瓘、亮，又忌瑋，故以計相次誅之。永寧元年，追贈驃騎將軍，封其子範爲襄陽王，拜散騎常侍，後爲石勒所害。

趙王倫

趙王倫，字子彝，宣帝第九子也，母曰柏夫人。魏嘉平初，封安樂亭侯。五等建，改封東安子，拜諫議大夫。[1]

[1]諫議大夫：官名，掌議論顧問、參謀應對。七品。

武帝受禪，封琅邪郡王。坐使散騎將劉緝買工所將盜御裘，廷尉杜友正緝棄市，倫當與緝同罪。[1]有司奏倫爵重屬親，不可坐。諫議大夫劉毅駁曰：[2]“王法賞罰，不阿貴賤，然後可以齊禮制而明典刑也。倫知裘非常，蔽不語吏，與緝同罪，當以親貴議減，不得闕而不論。宜自於一時法中，如友所正。”帝是毅駁，然以倫親親故，下詔赦之。及之國，行東中郎將、宣威將軍。[3]咸寧中，改封於趙，遷平北將軍、督鄴城守事，[4]進安北將軍。[5]元康初，遷征西將軍、開府儀同三司，[6]鎮關中。[7]倫刑賞失中，氐羌反叛，徵還京師。尋拜車騎將軍、太子太傅。[8]深交賈、郭，[9]諂事中宫，大爲賈后所親信。求録尚書，張華、裴頠固執不可。[10]又求尚書令，華、頠復不許。

[1]倫當與緝同罪：當，原本、宋本作"嘗"，殿本作"當"，據殿本改。

[2]劉毅：字仲雄，本書卷四五有傳。

[3]宣威將軍：官名，三國魏置，爲雜號將軍。八品。

[4]平北將軍：官名，與平東、平西、平南將軍合稱四平將軍。多持節都督或監某一地區的軍事，有時作爲刺史等地方官員監理軍務的加官。三品，加持節都督者二品。　督鄴城守事：鄴城防守的軍事行政長官。

[5]安北將軍：官名，東漢建安年間置，與安東、安南、安西將軍合稱四安將軍，爲出鎮某一地區的軍事長官，或作爲刺史等兼理軍務的加官，權任頗重。三品，加持節都督者二品。

[6]征西將軍：官名，東漢永元年間置，地位與雜號將軍、偏將軍、裨將軍等同。建安年間與征東、征南、征北將軍合稱四征將軍，地位提高。三品，加持節都督者二品。　開府儀同三司：官名，三國魏始置。爲大臣加號，意謂與太尉、司徒、司空三司待遇相同，許開設府署，任命僚屬。

[7]關中：地區名，函谷關以西秦國故地，包括今河南省靈寶市以西及陝西省、甘肅省東部和四川省部分地區。

[8]車騎將軍：官名，魏晉南北朝時位次於驃騎將軍，在諸名號將軍之上，多作爲軍府名號，以加授大臣及重要州郡長官。二品，開府位從公者一品。

[9]賈、郭：賈后之族兄賈模、賈后的從舅郭彰，分別任侍中和右衛將軍，並以才望居位，與楚王司馬瑋、東安公司馬繇分掌朝政。

[10]裴頠：字逸民，本書卷三五有傳。

愍懷太子廢，[1]使倫領右軍將軍。[2]時左衛司馬督司馬雅及常從督許超，[3]並嘗給事東宮，二人傷太子無罪，與殿中中郎士猗等謀廢賈后，[4]復太子，以華、頠不可移，難與圖權，倫執兵之要，性貪冒，可假以濟事，乃説倫嬖人孫秀曰：[5]"中宫凶妒無道，與賈謐等共廢太子。[6]今國無嫡嗣，社稷將危，大臣將起大事。而公名奉事中宫，與賈、郭親善，太子之廢，皆云豫知，一朝事起，禍必相及。何不先謀之乎？"秀許諾，言於倫，倫納焉。遂告通事令史張林及省事張衡、殿中侍御史殷渾、右衛司馬督路始，[7]使爲内應。事將起，而秀知太子聰明，若還東宫，將與賢人圖政，量己必不得志，乃更説倫曰："太子爲人剛猛，不可私請。明公素事賈后，時議皆以公爲賈氏之黨。今雖欲建大功於太子，太子含宿怒，必不加賞於明公矣。當謂逼百姓之望，翻覆以免罪耳。此乃所以速禍也。今且緩其事，賈后必害太子，然後廢后，爲太子報仇，亦足以立功，豈徒免禍而已。"倫從之。秀乃微泄其謀，使謐黨頗聞之。倫、秀因勸謐等早害太子，以絶衆望。

[1]愍懷太子：即司馬遹，字熙祖，本書卷五三有傳。

[2]右軍將軍：官名，與前軍、後軍、左軍合稱四軍，領營兵千人，掌宿衛。初屬中軍將軍，後屬領軍將軍。四品。

[3]左衛司馬督：官名，省稱左衛督，亦稱殿中司馬督。西晋置，統禁軍，負責宫殿内的宿衛。隸於左衛將軍。六品。　司馬雅：司馬宗室之疏屬，愍懷太子傳載其爲右衛督，有寵於愍懷太子，曾通過趙王司馬倫寵臣孫秀勸司馬倫先下手廢黜賈后。　常從督：官名，即太子常從虎賁督。掌東宫宿衛。六品。　許超：趙王司馬倫黨羽，被王輿誅殺。

［4］殿中中郎：官名，西晋置，統殿中兵護衛皇帝，位在殿中將軍之下。因爲是皇帝親信，控制殿中禁衛軍，又能進行宫廷内外的聯繫，故在西晋時的歷次宫廷政變中起到了相當重要的作用。

［5］孫秀：西晋琅邪臨沂（今山東省臨沂市）人，趙王倫心腹。趙王倫執政後任中書令，威震朝廷。趙王倫稱帝，任侍中、中書監、驃騎將軍。趙王倫失敗後被殺。

［6］賈謐：字長深，本書卷四〇有傳。

［7］通事令史：官名，門下省、中書省皆置爲屬吏，掌奏文案、宣詔令。八品。　張林：趙王司馬倫黨羽，與孫秀均爲司馬倫所重用。後因與孫秀不和，孫秀乃勸司馬倫將其誅殺。　省事：誦讀文書的小吏，西晋始置，隸屬尚書令。　殿中侍御史：官名，亦稱殿中御史，隸屬御史臺，掌糾察宫殿中違法。六品。　右衛司馬督：殿中司馬督簡稱。西晋置，統禁軍，負責宫殿内的宿衛。隸於右衛將軍。六品。原本、宋本無“馬”字，殿本有，據殿本補。

太子既遇害，倫、秀之謀益甚，而超、雅懼後難，欲悔其謀，乃辭疾。秀復告右衛佽飛督閭和，[1]和從之，期四月三日丙夜一籌，[2]以鼓聲爲應。至期，乃矯詔敕三部司馬曰：“中宫與賈謐等殺吾太子，今使車騎入廢中宫。汝等皆當從命，賜爵關中侯。不從，誅三族。”於是衆皆從之。倫又矯詔開門夜入，陳兵道南，遣翊軍校尉、齊王冏將三部司馬百人，[3]排閤而入。華林令駱休爲内應，[4]迎帝幸東堂。[5]遂廢賈后爲庶人，幽之于建始殿。收吴太妃、趙粲及韓壽妻賈午等，[6]付暴室考竟。詔尚書以廢后事，仍收捕賈謐等，召中書監、侍中、黄門侍郎、八坐，[7]皆夜入殿，執張華、裴頠、解結、杜斌等，[8]於殿前殺之。尚書始疑詔有詐，郎師景露版奏請手詔。倫等以爲沮衆，斬之以徇。明日，倫坐端門，屯兵北向，遣尚書和郁持節送賈庶人于金墉。[9]誅趙粲叔父中護軍趙浚及散騎侍郎韓豫等，[10]内外群官多所黜免。倫尋矯詔自爲使持節、大都督、督中外諸軍事、相國，[11]侍中、王如故，一依宣文輔魏故事，置左右長史、司馬、從事中郎四人，[12]參軍十人、掾屬二十人、兵萬人。[13]以其世子散騎常侍荂領冗從僕射；[14]子馥前將軍，[15]封濟陽王；虔黄門郎，[16]封汝陰王；詡散騎侍郎，封霸城侯。孫秀等封皆大郡，並據兵權，文武官封侯者數千人，百官總己聽於倫。

[1]右衛佽飛督：官名，屬右衛將軍，統率佽飛虎賁，負責侍衛皇帝，皇帝出行時隨身護衛。

[2]丙夜：三更，即夜十一點到十三點。丙，原本、宋本、殿本作“景”，“景”爲“丙”的避諱字，以下本卷凡遇此避諱字均徑改，不再出注。　一籌：即夜里十一點。

[3]翊軍校尉：官名，地位與北軍五校尉同。皇帝出行，與五校並行護駕。四品。

[4]華林令：官名，即華林園令。三國魏始置，主華林園，屬光禄勛。七品。　駱休：黄門郎、華林令，趙王倫黨羽，倫敗後被殺。

[5]東堂：太極殿的東堂。

[6]韓壽：字德真，韓謐（賈謐）之父，本書卷四〇有傳。　賈午：賈后賈南風的妹妹。

[7]黄門侍郎：官名，魏晋時爲侍中省或門下省次官。侍從皇帝，顧問應對，多以重臣或外戚子弟擔任，位頗重要。五品。　八坐：即八座，尚書省高級官員的合稱。東漢用以稱尚書令、僕射、

六曹尚書。魏晋以後，用以稱尚書令、左右僕射、諸曹尚書。無論共有幾人，皆沿用八座之稱。

[8]解結：字叔連，本書卷六〇有傳。

[9]金墉：金墉城，三國魏明帝時築。位於今河南省洛陽市東北漢魏洛陽城故址西北角。三面開門，南曰乾光門，東曰含春門，北曰逯門。城内又置西宫，西晋改爲永昌宫。魏晋時被廢的皇帝及后妃都安置於此。城小而固，爲攻占戍守要地。

[10]中護軍：官名，掌武官選舉，與中領軍同掌禁軍。曹魏四品，晋三品。

[11]使持節：漢朝官吏奉使外出時，或由皇帝授予節杖，以提高其權力。魏晋以後，凡重要軍事長官出征或出鎮，加使持節，可誅殺二千石以下官員。　督中外諸軍事：官名，亦稱都督中外諸軍、都督中外諸軍事。全國最高軍事統帥，總統中央地方的内外諸軍，權力極大。　相國：官名，春秋戰國時稱宰輔大臣爲相國，秦漢時稱爲丞相。魏晋南北朝時不常置，職權品秩略同於丞相但位又比丞相尊貴，非尋常人臣之職。

[12]從事中郎：官名，東漢時爲大將軍屬官，地位較高。魏晋時爲將軍府或公府屬官。六品。

[13]掾屬：相國府的屬官。

[14]冗從僕射：官名，三國魏任用士人，統營兵，負責宫禁侍衛。五品。

[15]前將軍：官名，漢代重號將軍之一，與左、右、後將軍並爲上卿。魏晋時常設，權位較兩漢時漸低，僅爲武官名號，略高於一般雜號將軍，不典禁兵，不與朝政。三品。

[16]黄門郎：官名，黄門侍郎或給事黄門侍郎的省稱。五品。

倫素庸下，無智策，復受制於秀，秀之威權振於朝廷，天下皆事秀而無求於倫。秀起自琅邪小史，累官於趙國，以諂媚自達。既執機衡，遂恣其奸謀，多殺忠良，以逞私欲。司隸從事游顥與殷渾有隙，[1]渾誘顥奴晋興，僞告顥有異志。秀不詳察，即收顥及襄陽中正李邁，殺之，厚待晋興，以爲己部曲督。[2]前衛尉石崇、黄門郎潘岳皆與秀有嫌，[3]並見誅。於是京邑君子不樂其生矣。

[1]司隸從事：官名，司隸校尉的屬官。

[2]部曲督：官名，軍中及州郡皆設，統兵，屬官有部曲將、副散部曲將等。三國魏及晋初，須留家屬爲質任，晋武帝咸寧五年(279) 始除部曲督以下質任。

[3]衛尉：官名，掌宫廷禁衛，兼管武庫、冶鑄，領江北冶令三十九員、南北東西諸督冶掾。三品。　石崇：字季倫，本書卷三三有傳。　潘岳：字安仁，本書卷五五有傳。

淮南王允、齊王冏以倫、秀驕僭，内懷不平。秀等亦深忌焉，乃出冏鎮許，奪允護軍。允發憤，起兵討倫。允既敗滅，倫加九錫，[1]增封五萬户。倫僞爲飾讓，詔遣百官詣府敦勸，侍中宣詔，然後受之。加荂撫軍將軍、領軍將軍，[2]馥鎮軍將軍、領護軍將軍，[3]虔中軍將軍、領右衛將軍，[4]詡爲侍中。又以孫秀爲侍中、輔國將軍、相國司馬，[5]右率如故。[6]張林等並居顯要。增相府兵爲二萬人，與宿衛同，又隱匿兵士，衆過三萬。起東宫三門四角華檐，斷宫東西道爲外徼。或謂秀曰："散騎常侍楊準、黄門侍郎劉逵欲奉梁王肜以誅倫。"[7]會有星變，乃徙肜爲丞相，居司徒府，轉準、逵爲外官。

[1]九錫：《漢書》卷六《武帝紀》顔師古注引應劭曰："一曰車馬，二曰衣服，三曰樂器，四曰朱户，五曰納陛，六曰虎賁百人，七曰鈇鉞，八曰弓矢，九曰秬鬯。此皆天子制度，尊之，故事事錫與，但數少耳。"

[2]領軍將軍：官名，三國曹丕置，職掌同於中領軍，但任職者資位重於中領軍，簡稱領軍。爲禁衛軍最高統帥，常由皇帝親信或宗室擔任。兩晋沿置。三品。

[3]護軍將軍：官名，東漢建安十二年（207）曹操改丞相府護軍爲中護軍，資重者可遷護軍將軍，典武官選舉，與中領軍同掌禁軍。曹魏時四品，西晋時三品。

[4]中軍將軍：官名，西晋時統左右衛、前後左右驍騎等宿衛七營禁軍，主管京師及朝廷警衛。泰始四年（268）罷，置北軍中候代其職。後爲將軍名號，與鎮軍將軍、撫軍將軍並爲三名號將軍，不統禁兵。三品。

[5]輔國將軍：官名，屬將軍名號，三國兩晋皆置。三品。相國司馬：官名，相國府的高級幕僚。掌參讚軍務、管理府内武職，位僅次於長史。六品。

[6]右率：官名，即太子右率，亦稱太子右衛率。西晋武帝泰始五年（269）分太子衛率而置太子左右衛率，領精兵萬人，宿衛東宫，亦任征伐。五品。

[7]梁王肜：司馬肜，字子徽，本書卷三八有傳。

倫無學，不知書；秀亦以狡黠小才，貪淫昧利。所共立事者，皆邪佞之徒，惟競榮利，無深謀遠略。荂淺薄鄙陋，馥、虔暗狠强戾，詡愚嚚輕訬，而各乖異，互相憎毁。秀子會，年二十，爲射聲校尉，尚帝女河東公主。公主母喪未期，便納聘禮。會形貌短陋，奴僕之下者，初與富室兒於城西販馬，百姓忽聞其尚主，莫不駭愕。

倫、秀並惑巫鬼，聽妖邪之說。秀使牙門趙奉詐爲宣帝神語，命倫早入西宫。又言宣帝於北芒爲趙王佐助，於是别立宣帝廟於芒山。謂逆謀可成。以太子詹事裴劭、左軍將軍卞粹等二十人爲從事中郎，[1]掾屬又二十人。秀等部分諸軍，分布腹心，使散騎常侍、義陽王威兼侍中，[2]出納詔命，矯作禪讓之詔，使使持節、尚書令滿奮，僕射崔隨爲副，奉皇帝璽綬以禪位于倫。倫僞讓不受。於是宗室諸王、群公卿士咸假稱符瑞天文以勸進，倫乃許之。左衛王輿與前軍司馬雅等率甲士入殿，[3]譬喻三部司馬，示以威賞，皆莫敢違。其夜，使張林等屯守諸門。義陽王威及駱休等逼奪天子璽綬。夜漏未盡，内外百官以乘輿法駕迎倫。惠帝乘雲母車，[4]鹵簿數百人，[5]自華林西門出居金墉城。尚書和郁，兼侍中、散騎常侍、琅邪王睿，中書侍郎陸機從，[6]到城下而反。使張衡衛帝，實幽之也。

[1]太子詹事：官名，東宫屬官，掌管東宫内外事務。兩晉南北朝東宫地位極重，官署齊備，擬於朝廷。太子詹事任總宫官，堪比朝廷之尚書令、領軍將軍，位權甚重。三品。　卞粹：字玄仁，本書卷七〇有傳。

[2]義陽王威：司馬威，河間王司馬洪之子，封章武王，後出繼義陽王司馬望。

[3]前軍：官名，即前軍將軍。四軍將軍之一，與後軍、左軍、

右軍三將軍各領營兵千人，職掌護衛皇帝宫禁。四品。

［4］雲母車：以雲母作裝飾的犢車。

［5］鹵簿：儀仗隊。

［6］中書侍郎：官名，三國魏文帝黄初初年設中書省，在長官中書監、中書令以下有通事郎，後增設中書郎，亦稱中書侍郎。掌草擬詔書，外出執行重要使命等。五品。　陸機：字士衡，本書卷五四有傳。

倫從兵五千人，入自端門，登太極殿，滿奮、崔隨、樂廣進璽綬於倫，[1]乃僭即帝位，大赦，改元建始。是歲，賢良方正、直言、秀才、孝廉、良將皆不試；[2]計吏及四方使命之在京邑者，[3]太學生年十六以上及在學二十年，皆署吏；郡縣二千石令長赦日在職者，封侯；郡綱紀並爲孝廉，縣綱紀爲廉吏。以世子荂爲太子，馥爲侍中、大司農、領護軍、京兆王，[4]虔爲侍中、大將軍領軍、廣平王，詡爲侍中、撫軍將軍、霸城王，孫秀爲侍中、中書監、驃騎將軍、儀同三司，張林等諸黨皆登卿將，並列大封。其餘同謀者咸超階越次，不可勝紀，至於奴卒厮役亦加以爵位。每朝會，貂蟬盈坐，時人爲之諺曰："貂不足，狗尾續。"而以苟且之惠取悦人情，府庫之儲不充於賜，金銀冶鑄不給於印，故有白版之侯，君子耻服其章，百姓亦知其不終矣。

［1］滿奮：西晋人，歷任司隸校尉、尚書令。　樂廣：字彦輔，本書卷四三有傳。

［2］賢良方正：舉薦選拔人才的科目，始於西漢文帝時。　直言：漢晋察舉科目。　秀才、孝廉：察舉科目，州舉秀才，郡舉孝

廉。　良將：漢代察舉科目。《抱樸子·外篇·審舉》：漢靈帝獻帝時，時人語曰："舉秀才，不知書；察孝行，父别居；寒清素白濁如泥，高第良將却如鷄。"

[3]計吏：即上計吏，地方政府派赴中央呈遞計簿的官員。

[4]大司農：官名，掌管全國財政和各地的屯田。三品。　護軍：官名，此爲護軍將軍簡稱。三品。

倫親祠太廟，還，遇大風，飄折麾蓋。孫秀既立非常之事，倫敬重焉。秀住文帝爲相國時所居内府，事無巨細，必諮而後行。倫之詔令，秀輒改革，有所與奪，自書青紙爲詔，或朝行夕改者數四，百官轉易如流矣。時有雉入殿中，自太極東階上殿，驅之，更飛西鍾下，有頃，飛去。又倫於殿上得異鳥，問皆不知名，累日向夕，宫西有素衣小兒言是服劉鳥。倫使録小兒并鳥閉置牢室，明旦開視，户如故，並失人鳥所在。倫目上有瘤，時以爲妖焉。

時齊王冏、河間王顒、成都王穎並擁强兵，各據一方。秀知冏等必有異圖，乃選親黨及倫故吏爲三王參佐及郡守。

秀本與張林有隙，雖外相推崇，内實忌之。及林爲衛將軍，深怨不得開府，潛與荂箋，具説秀專權，動違衆心，而功臣皆小人，撓亂朝廷，可一時誅之。荂以書白倫，倫以示秀。秀勸倫誅林，倫從之。於是倫請宗室會於華林園，召林、秀及王輿入，因收林，殺之，誅三族。

及三王起兵討倫檄至，倫、秀始大懼，遣其中堅孫輔爲上軍將軍，[1]積弩李嚴爲折衝將軍，[2]率兵七千自延壽關出；[3]征虜張泓、左軍蔡璜、前軍閭和等率九千人自堮坂關出；[4]鎮軍司馬雅、揚威莫原等率八千人自成皋關出。[5]召東平王楙爲使持節、衛將軍，[6]都督諸軍以拒義師。使楊珍晝夜詣宣帝别廟祈請，輒言宣帝謝陛下，某日當破賊。拜道士胡沃爲太平將軍，以招福祐。[7]秀家日爲淫祀，作厭勝之文，使巫祝選擇戰日。又令近親於嵩山著羽衣，詐稱仙人王喬，[8]作神仙書，述倫祚長久以惑衆。秀欲遣馥、虔領兵助諸軍戰，馥、虔不肯。虔素親愛劉輿，秀乃使輿説虔，虔然後率衆八千爲三軍繼援。而泓、雅等連戰雖勝，義軍散而輒合，雅等不得前。許超等與成都王穎軍戰于黄橋，[9]殺傷萬餘人。泓徑造陽翟，[10]又於城南破齊王冏輜重，殺數千人，遂據城保邸閣。[11]而冏軍已在潁陰，[12]去陽翟四十里。冏分軍渡潁，攻泓等不利。泓乘勝至于潁上，夜臨潁而陣。冏縱輕兵擊之，諸軍不動，而孫輔、徐建軍夜亂，徑歸洛自首。輔、建之走也，不知諸軍督尚存，乃云："齊王兵盛，不可當，泓等已没。"倫大震，秘之，而召虔及超還。會泓敗冏露布至，[13]倫大喜，乃復遣超，而虔還已至庾倉。超還濟河，將士疑阻，鋭氣内挫。泓等悉其諸軍濟潁，進攻冏營，冏出兵擊其别率孫髦、司馬譚、孫輔，皆破之，士卒散歸洛陽，泓等收衆還營。秀等知三方日急，詐傳破冏營，執得冏，以誑惑其衆，令百官皆賀，而士猗、伏胤、孫會皆杖節各不相從。倫復授太子詹事劉琨節，[14]督河北將軍，率步騎千人催諸軍戰。會等與義軍戰于激水，[15]大敗，退保河上，劉琨燒斷河橋。[16]

［1］上軍將軍：官名，西晋王國置。大國置上中下三軍共五千人，由上中下三將軍統領；中國置上下二軍共三千人，由上下將軍統領。

［2］積弩：官名，即積弩將軍。四品。　折衝將軍：官名，屬將軍名號，爲雜號將軍中地位較高者。五品。

［3］延壽關：一作延壽城，位於今河南省鞏義市南。

［4］塄坂關：位於今河南省登封市東南。

［5］揚威：官名，即揚威將軍，雜號將軍，領兵。四品。　成皋關：位於今河南省滎陽市西北汜水鎮。

［6］東平王楙：司馬楙，字孔偉，本書卷三七有傳。

［7］以招福祐：祐，殿本作“佑”。

［8］仙人王喬：傳説中的仙人。《淮南子·齊俗訓》：“今夫王喬、赤誦子，吹嘔呼吸，吐故内新。”高誘注：“王喬，蜀武陽人也，爲柏人令，得道而仙。”

［9］黄橋：地名，在今河南省淇縣西。

［10］陽翟：縣名，治所在今河南省禹州市。

［11］邸閣：倉儲治所。

［12］潁陰：縣名，治所在今河南省許昌市。

［13］露布：軍旅文書。

［14］劉琨：字越石，本書卷六二有傳。

［15］激水：中華本校勘記：“周校：《惠紀》作‘湨水’。按：《通鑑》八四亦作‘湨水’。湨水見《爾雅·釋地》郭注、《左傳》襄公十六年及杜注、《水經·温水》注。《舉正》云：《紀》作‘湨水’爲是。”

［16］河橋：即河陽橋，西晋泰始中杜預在黄河富平津所建，位

於今河南省孟州市西南、孟津縣東北黄河上。

自義兵之起，百官將士咸欲誅倫、秀以謝天下。秀知衆怒難犯，不敢出省。及聞河北軍悉敗，憂懣不知所爲。義陽王威勸秀至尚書省與八坐議征戰之備，[1]秀從之。使京城四品以下子弟年十五以上，皆詣司隸，從倫出戰。内外諸軍悉欲劫殺秀，威懼，自崇禮闥走還下舍。[2]許超、士猗、孫會等軍既並還，乃與秀謀，或欲收餘卒出戰，或欲焚燒宫室，誅殺不附己者，挾倫南就孫旂、孟觀等，[3]或欲乘船東走入海，計未决。王輿反之，率營兵七百餘人自南掖門入，敕宫中兵守衛諸門，三部司馬爲應於内。輿自往攻秀，秀閉中書南門。輿放兵登墻燒屋，秀及超、猗遽走出，左衛將軍趙泉斬秀等以徇。收孫奇於右衛營，[4]付廷尉誅之。執前將軍謝惔、黄門令駱休、司馬督王潛，[5]皆於殿中斬之。三部司馬兵於宣化闥中斬孫弼以徇。時司馬馥在秀坐，輿使將士囚之于散騎省，[6]以大戟守省閣。八坐皆入殿中，坐東除樹下。王輿屯雲龍門，使倫爲詔曰："吾爲孫秀等所誤，以怒三王。今已誅秀，其迎太上復位，吾歸老于農畝。"傳詔以騶虞幡敕將士解兵。文武官皆奔走，莫敢有居者。黄門將倫自華林東門出，及荂皆還汶陽里第。於是以甲士數千迎天子于金墉，百姓咸稱萬歲。帝自端門入，升殿，御廣室，送倫及荂等付金墉城。

[1]尚書省：官署名，東漢有尚書臺，魏晋以後稱省，也稱臺。由於擬詔出令、納奏封駁之權轉歸中書、門下等省，尚書省實際已

成爲綜理全國政務的外朝最高行政機構，地位頗重。

［2］崇禮闥：洛陽宫中建築之一。《太平御覽》卷一八四《居處部·闥》引《晋宫閣名》曰："洛陽宫有崇陽闥、延明闥、通明闥、修雲闥、通福闥、承休闥、玄明闥、玄暉闥、崇禮闥、白藏闥。"

［3］孫旂：字伯旗，本書卷六〇有傳。　孟觀：字叔時，本書卷六〇有傳。

［4］收孫奇於右衛營：中華本校勘記："《校文》：'奇'是'會'之訛，即孫秀子也。"

［5］黄門令：官名，西漢屬少府。東漢中葉后多以中常侍兼任，或典禁軍，或持節收捕大臣，權勢尤盛。魏晋改隸光禄勛，管理宦者，侍從皇帝左右。六品。　司馬督：官名，殿中司馬督簡稱。西晋置，統禁軍，負責宫殿内的宿衛。分隸於左右衛將軍。六品。

［6］散騎省：官署名。三國魏、西晋時與侍中省并屬門下，設於宫禁中。東晋時爲門下三省之一，參與機密，權任頗重。南朝時改名集書省。

初，秀懼西軍至，復召虔還。是日宿九曲，[1]詔遣使者免虔官，虔懼，棄軍將數十人歸于汶陽里。

［1］九曲：即九曲瀆，位於今河南省鞏義市西。

梁王肜表倫父子凶逆，宜伏誅。百官會議于朝堂，皆如肜表。遣尚書袁敞持節賜倫死，飲以金屑苦酒。倫慚，以巾覆面，曰："孫秀誤我！孫秀誤我！"於是收荂、馥、虔、詡付廷尉獄，考竟。馥臨死謂虔曰："坐爾破家也！"百官是倫所用者，皆斥免之，臺省府衛僅有存者。自兵興六十餘日，戰所殺害僅十萬人。

凡與倫爲逆豫謀大事者：張林爲秀所殺；許超、士猗、孫弼、謝惔、殷渾與秀爲王輿所誅；張衡、閭和、孫髦、高越自陽翟還，伏胤戰敗還洛陽，皆斬于東市；蔡璜自陽翟降齊王冏，還洛自殺；王輿以功免誅，後與東萊王蕤謀殺冏，[1]又伏法。

[1]東萊王蕤：司馬蕤，字景回，本書卷三八有傳。

齊王冏

齊武閔王冏，字景治，獻王攸之子也。[1]少稱仁惠，好振施，有父風。初，攸有疾，武帝不信，遣太醫診候，皆言無病。及攸薨，帝往臨喪，冏號踴訴父病爲醫所誣，詔即誅醫。由是見稱，遂得爲嗣。

[1]獻王攸：司馬攸，字大猷，本書卷三八有傳。

元康中，拜散騎常侍，領左軍將軍、翊軍校尉。趙王倫密與相結，廢賈后，以功轉游擊將軍。[1]冏以位不滿意，有恨色。孫秀微覺之，且憚其在内，出爲平東將軍、假節，鎮許昌。倫篡，遷鎮東大將軍、開府儀同三司，[2]欲以寵安之。

[1]游擊將軍：官名，禁軍將領，與驍騎將軍分領命中虎賁，掌宿衛之任。隸屬中領軍（領軍將軍）。四品。

[2]鎮東大將軍：官名，三國魏置，職掌與鎮東將軍同，唯資

歷深者得任此職。二品，開府位從公者一品。

冏因衆心怨望，潛與離狐王盛、穎川王處穆謀起兵誅倫。[1]倫遣腹心張烏覘之，烏反，曰："齊無異志。"冏既有成謀未發，恐事泄，乃與軍司管襲殺穆，送首於倫，以安其意。謀定，乃收襲殺之。遂與豫州刺史何勖、龍驤將軍董艾等起軍，[2]遣使告成都、河間、常山、新野四王，移檄天下征鎮、州郡縣國，咸使聞知。揚州刺史郗隆承檄，[3]猶豫未決，參軍王邃斬之，送首于冏。冏屯軍陽翟，倫遣其將閭和、張泓、孫輔出堮坂，與冏交戰。冏軍失利，堅壘自守。會成都軍破倫衆於黄橋，冏乃出軍攻和等，大破之。及王輿廢倫，惠帝反正，冏誅討賊黨既畢，率衆入洛，頓軍通章署，甲士數十萬，旌旗器械之盛，震於京都。天子就拜大司馬，加九錫之命，備物典策，如宣、景、文、武輔魏故事。

[1]離狐：縣名，治所在今山東省單縣。　穎川：郡名，治所在許昌縣（今河南省許昌市東）。

[2]豫州：曹魏時治所在安城縣（今河南省正陽縣東北），西晋移治陳縣（今河南省周口市淮陽區）。　龍驤將軍：官名，高級軍事將領。三品。

[3]揚州：三國魏、吴各置揚州，魏治所在壽春縣（今安徽省壽縣），吴治所在建業縣（今江蘇省南京市）。西晋統一後復合，治所在建鄴縣（今江蘇省南京市）。　郗隆：字弘始，本書卷六七有傳。郗，殿本作"郄"。

冏於是輔政，居攸故宫，置掾屬四十人。大築第館，北取五穀市，南開諸署，毁壞廬舍以百數，使大匠營制，與西宫等。鑿千秋門墻以通西閣，[1]後房施鐘懸，前庭舞八佾，沉于酒色，不入朝見。坐拜百官，符敕三臺，[2]選舉不均，惟寵親昵。以車騎將軍何勖領中領軍。封葛旟爲牟平公，路秀小黄公，[3]衛毅陰平公，[4]劉真安鄉公，韓泰封丘公，號曰“五公”，委以心膂。殿中御史桓豹奏事，[5]不先經冏府，即考竟之。於是朝廷側目，海内失望矣。南陽處士鄭方露版極諫，[6]主簿王豹屢有箴規，[7]冏並不能用，遂奏豹殺之。有白頭公入大司馬府大呼，言有兵起，不出甲子旬。即收殺之。

[1]千秋門：洛陽城内建築。《洛陽伽藍記·城内·瑶光寺》：“千秋門内道北有西游園，園中有凌雲臺，即是魏文帝所築。”

[2]三臺：指尚書臺、御史臺、謁者臺。

[3]路秀小黄公：中華本校勘記：“《惠紀》‘路秀’作‘路季’。《通鑑》八四從《冏傳》作‘路秀’。”

[4]衛毅陰平公：中華本校勘記：“《舉正》：《紀》‘陰平’作‘平陰’。平陰屬河南郡，當是。”

[5]殿中御史：官名，亦稱殿中侍御史，隸屬御史臺，掌糾察宫殿中違法。六品。

[6]南陽：郡名，治所在宛縣（今河南省南陽市）。　露版：奏章。

[7]主簿：官名，開府屬官，典領文書籍簿，省録衆事，職權甚重。　王豹：本書卷八九有傳。

冏驕恣日甚，終無悛志。前賊曹屬孫惠復上諫曰：[1]

惠聞天下五難，四不可，而明公皆以居之矣。捐宗廟之主，[2]忽千乘之重，躬貫甲冑，犯冒鋒刃，此一難也。奮三百之卒，决全勝之策，集四方之衆，致英豪之士，此二難也。舍殿堂之尊，居單幕之陋，安囂塵之慘，[3]同將士之勞，此三難也。驅烏合之衆，當凶强之敵，任神武之略，無疑阻之懼，此四難也。檄六合之内，[4]著盟信之誓，升幽宫之帝，復皇祚之業，此五難也。大名不可久荷，大功不可久任，大權不可久執，大威不可久居。未有行其五難而不以爲難，遺其不可而謂之爲可。惠竊所不安也。

[1]賊曹屬：官名，屬賊曹。賊曹爲大將軍府或公府所屬諸曹之一，主處理盜賊事。　孫惠：字德施，本書卷七一有傳。

[2]捐：捨棄。

[3]安囂塵之慘：慘烈的戰場上態度安然。

[4]六合：天下。

自永熙以來，十有一載，[1]人不見德，惟戮是聞。公族構篡奪之禍，骨肉遭梟夷之刑，群王被囚檻之困，妃主有離絶之哀。歷觀前代，國家之禍，至親之亂，未有今日之甚者也。良史書過，後嗣何觀！天下所以不去於晋，符命長存於世者，主無嚴虐之暴，朝無酷烈之政，武帝餘恩，獻王遺愛，聖慈惠和，尚經人心。[2]四海所係，實在於兹。

[1]十有一載：中華本校勘記："'一'字疑誤，實經十三年。"

[2]尚經人心：中華本校勘記："《册府》七二三'經'作'結'。"

今明公建不世之義，[1]而未爲不世之讓，天下惑之，思求所悟。長沙、成都，魯衛之密，[2]國之親親，與明公計功受賞，尚不自先。今公宜放桓文之勛，邁臧札之風，[3]芻狗萬物，[4]不仁其化，崇親推近，功遂身退，委萬機於二王，命方岳於群后，耀義讓之旗，鳴思歸之鑾，宅大齊之墟，振泱泱之風，垂拱青徐之域，[5]高枕營丘之藩。[6]金石不足以銘高，八音不足以贊美，姬文不得專聖於前，[7]大伯不得獨賢於後。[8]今明公忘亢極之悔，[9]忽窮高之凶，[10]棄五岳之安，居累卵之危，外以權勢受疑，内以百揆損神。[11]雖處高臺之上，逍遥重仞之墉，及其危亡之憂，過於潁翟之慮。[12]群下竦戰，莫之敢言。

[1]不世之義：非凡之義。

[2]魯：周武王弟弟周公旦的封國。　衛：周武王弟康叔的封國。兩國的血緣關係非常近。

[3]臧札之風：臧，子臧，春秋曹國公子，曹宣公死後，衆人欲立他爲君，子臧乃離開曹國。札，季札。春秋時吴國人。《左傳·襄公十四年》：吴王諸樊將立季札。季札辭曰："曹宣公之卒也，諸侯與曹人不義曹君，將立子臧。子臧去之，遂弗爲也，以成曹君。君子曰：'能守節。'君，義嗣也。誰敢奸君？有國，非吾節也。札雖不才，願附於子臧，以無失節。"

[4]芻狗萬物：語出老子《道德經》："天地不仁，以萬物爲芻狗。"

[5]垂拱青徐之域：在青徐地區無爲而治。

[6]營丘：地名，在今山東省淄博市臨淄區（一説在今山東省昌樂縣東南，漢爲營陵縣治），周武王封吕尚於齊，建都於此。

[7]姬文：周文王。

[8]大伯：即吴太伯，他和弟弟仲雍皆周太王之子，季歷之兄也。周太王欲立季歷以及姬昌，於是太伯、仲雍二人乃奔荆蠻，文身斷髮，示不可用，以避季歷，自號句吴。荆蠻義之，從而歸之千餘家，立爲吴太伯。大，殿本作"太"。

[9]亢極之悔：語出《易·乾》："上九，亢龍有悔。"

[10]窮高：極高。《後漢書》卷六三《李固傳》："夫窮高則危，大满則溢。"

[11]百揆：各種政務。

[12]潁翟之慮：《資治通鑑》卷八四《晋紀》太安元年作"愚竊謂危亡之憂，過於在潁、翟之時也"。意思明確。

惠以衰亡之餘，遭陽九之運，[1]甘矢石之禍，赴大王之義，脱褐冠胄，從戍于許。契闊戰陣，功無可記，當隨風塵，待罪初服。屈原放斥，[2]心存南郢；[3]樂毅適趙，[4]志戀北燕。况惠受恩，偏蒙識養，雖復暫違，情隆二臣，是以披露血誠，冒昧干迕。言入身戮，義讓功舉，退就鈇鑕，此惠之死賢於生也。

冏不納，亦不加罪。

[1]陽九之運：指灾難或厄運。

[2]屈原：戰國時楚人，名平，字原。又名正則，字靈均。楚國貴族，任左徒、三閭大夫。爲人正道直行，對内主張明法度，任賢能；對外主張聯齊抗秦。因上官大夫讒言，被楚懷王疏遠。後被流放江南，因國都失守，無力回天，投汨羅江而死。

[3]南郢：楚國國都，即今湖北省荆州市西北紀南城。

[4]樂毅：戰國時靈壽（今河北省靈壽縣西北）人，魏將樂羊後代，燕昭王時入燕，帥聯軍大敗齊國，攻下齊國城邑七十多座。後因燕惠王中反間計，樂毅遂離開燕國入趙國。

翊軍校尉李含奔于長安，[1]詐云受密詔，使河間王顒誅冏，因導以利謀。顒從之，上表曰：

王室多故，禍難罔已。大司馬冏雖唱義有興復皇位之功，而定都邑，克寧社稷，實成都王之勋力也。而冏不能固守臣節，實協異望。在許昌營有東西掖門，[2]官置治書侍御史，[3]長史、司馬直立左右，如侍臣之儀。京城大清，篡逆誅夷，而率百萬之衆來繞洛城。阻兵經年，不一朝覲，百官拜伏，晏然南面。壞樂官市署，用自增廣。輒取武庫秘杖，嚴列不解。故東萊王蕤知其逆節，表陳事狀，而見誣陷，加罪黜徙。以樹私黨，僭立官屬。幸妻嬖妾，名號比之中宫。沉湎酒色，不恤群黎。董艾放縱，無所畏忌，中丞按奏，而取退免。張偉惚恫，[4]擁停詔可；[5]葛旟小豎，維持國命。操弄王爵，貨賂公行。群奸聚黨，擅斷殺生。密署腹心，實爲貨謀。斥罪忠良，伺闚神器。

[1]翊軍校尉：官名，地位與北軍五校尉同。皇帝出行，與五校並行護駕。四品。　李含：字世容，本書卷六〇有傳。

[2]東西掖門：宫城東西兩邊的小門。《初學記》卷二四《居處部·門》引《洛陽故宫記》：洛陽有南掖門、北掖門、東掖門、西掖門。

[3]官：殿本作“宫”。　治書侍御史：官名，簡稱治書御史、御史治書、侍書。屬諸侍御史之一，亦簡稱侍御史、侍御、御史。西漢時掌圖籍文書，東漢時屬御史臺，職掌也變爲審理疑獄、平廷尉奏事。魏晋南北朝時爲御史中丞佐貳，掌監察、彈劾高級官員，也奉命出使、緝拿犯官。六品。

[4]憁恫：魯莽無知。

[5]擁停詔可：可，殿本作“旨”。

臣受重任，蕃衛方岳，見冏所行，實懷激憤。即日翊軍校尉李含乘駟密至，宣騰詔旨。臣伏讀感切，五情若灼。《春秋》之義，君親無將。[1]冏擁强兵，樹置私黨，權官要職，莫非腹心。雖復重責之誅，恐不義服。今輒勒兵，精卒十萬，與州征並協忠義，共會洛陽。驃騎將軍長沙王乂，同奮忠誠，廢冏還第。有不順命，軍法從事。成都王穎明德茂親，功高勛重，往歲去就，允合衆望，宜爲宰輔，代冏阿衡之任。[2]

[1]君親無將：君主之親勿存叛逆篡弑之心。《公羊傳·莊公三十二年》：“君親無將，將而誅焉。”

[2]阿衡：商代官名。師保之官。後引申爲任國家輔弼之任，宰相之職。

顒表既至，冏大懼，會百寮曰：“昔孫秀作逆，篡逼帝王，社稷傾覆，莫能禦難。孤糾合義衆，掃除元惡，臣子之節，信著神明。二王今日聽信讒言，造構大難，當賴忠謀以和不協耳。”司徒王戎、司空東海王越説冏委權崇讓。[1]冏從事中郎葛旟怒曰：“趙庶人聽任孫秀，移天易日，當時喋喋，莫敢先唱。公蒙犯矢石，躬貫甲胄，攻圍陷陣，得濟今日。計功行封，事殷未遍。三臺納言不恤王事，賞報稽緩，責不在府。讒言僭逆，當共誅討，虚承僞書，令公就第。漢魏以來，王侯就第寧有得保妻子者乎！議者可斬。”於是百官震悚，無不失色。

[1]司徒：官名，西漢哀帝元壽二年（前1）改丞相爲大司徒，東漢光武帝時改名爲司徒，東漢末又改爲丞相。三國魏恢復三公制，改丞相爲司徒，管理民政。兩晋沿制，爲八公之一，在太尉之下、司空之上。與丞相通職，一般不並置，爲名譽宰相。一品。王戎：字濬冲，本書卷四三有傳。

長沙王乂徑入宫，發兵攻冏府。冏遣董艾陳兵宫西。乂又遣宋洪等放火燒諸觀閣及千秋、神武門。[1]冏令黄門令王湖悉盗騶虞幡，唱云：“長沙王矯詔。”乂又稱：“大司馬謀反，助者誅五族。”是夕，城内大戰，飛矢雨集，火光屬天。帝幸上東門，[2]矢集御前。群臣救火，死者相枕。明日，冏敗，乂擒冏至殿前，帝惻然，欲活之。乂叱左右促牽出，冏猶再顧，遂斬於閶闔門外，[3]徇首六軍。諸黨屬皆夷三族。幽其子淮陵王超、樂安王冰、濟陽王英于金墉。暴冏尸於西明亭，三日而莫敢收斂。冏故掾屬荀闓等表乞殯葬，許之。

[1]神武門：《初學記》卷二四《居處部·門》載：《洛陽故宫記》記載有神武門。

[2]上東門：洛陽城門。《太平寰宇記》卷三《河南府洛陽縣》："上東門，洛陽東晝門也。""《晉書》：十二門，東面最北曰東上門，後又改爲東陽門，即阮籍詩'步出上東門'也。"

[3]閶闔門：洛陽城正南門。《水經注·穀水》："（穀水）又南流，東轉，逕閶闔門南。"戴震注："案此乃宫城正南門，下云改雉門爲閶闔門，是也。與前後所言閶闔門，同名異地。"郭守敬按：《洛陽故宫名》，洛陽有閶闔門。《魏書·前廢帝紀》，群臣拜賀禮畢，登閶闔門，即此。

初，冏之盛也，有一婦人詣大司馬府求寄産。吏詰之，婦人曰："我截齊便去耳。"識者聞而惡之。時又謡曰："著布袙腹，[1]爲齊持服。"俄而冏誅。

[1]袙腹：挂束在胸腹間的貼身小衣，俗稱兜肚，亦稱抹胸。

永興初，詔以冏輕陷重刑，前勛不宜堙没，乃赦其三子超、冰、英還第，封超爲縣王，以繼冏祀，歷員外散騎常侍。[1]光熙初，追册冏曰："咨故大司馬、齊王冏：王昔以宗藩穆胤紹世，緒于東國，作翰許京，[2]允鎮静我王室。誕率義徒，同盟觸澤，克成元勛，大濟潁東。朕用應嘉茂績，謂篤爾勞，俾式先典，以疇兹顯懿。廓土殊分，跨兼吴楚，[3]崇禮備物，寵侔蕭霍，[4]庶憑翼戴之重，永隆邦家之望。而恭德不建，取侮二方，有司過舉，致王于戮。古人有言曰：‘用其法，猶思其人。’况王功濟朕身，勛存社稷，追惟既往，有悼於厥心哉！今復王本封，命嗣子還紹厥緒，禮秩典度，一如舊制。使使持節、大鴻臚即墓賜策，祠以太牢。[5]魂而有靈，祗服朕命，肆寧爾心，嘉兹寵榮。”子超嗣爵。

[1]員外散騎常侍：官名，初爲正員之外添差之散騎常侍，無定員，三國魏後爲固定官員。職閑位顯。三品。

[2]作翰：謂爲柱石重臣。

[3]吴楚：指長江中下游流域。

[4]蕭：蕭何，秦末泗水沛縣豐邑（今江蘇省豐縣）人。隨劉邦起兵反秦。楚漢戰争中，留守關中，爲前綫籌集糧草。劉邦稱帝後，因功高封酇侯。助吕后誅除韓信，封相國。劉邦死後復事惠帝，死前推薦曹參繼任。　霍：霍光，西漢河東平陽（今山西省臨汾市西南）人，字子孟，霍去病異母弟。爲武帝所親信，武帝臨終，任其爲大司馬大將軍，封博陸侯，與金日磾等人輔佐少主。昭帝繼位後，誅除上官桀，先立後廢昌邑王劉賀，專擅朝政前後長達二十年。期間輕傜薄賦，與民休息，社會較安定。

[5]太牢：用牛羊豕三牲祭祀稱太牢。

永嘉中，懷帝下詔，重述冏唱義元勛，還贈大司馬，加侍中、假節，追謚。及洛陽傾覆，超兄弟皆没于劉聰，[1]冏遂無後。

[1]劉聰：字玄明，一名載，本書卷一〇二有載記。

太元中，詔以故南頓王宗子柔之襲封齊王，[1]紹攸、冏之祀，歷散騎常侍。元興初，會稽王道子將討桓玄，[2]詔柔之兼侍中，以騶虞幡宣告江、荆二州，[3]至姑孰，[4]爲玄前鋒所害。贈光禄勛。子建之立。宋受禪，國除。

[1]故南頓王宗子柔之：中華本校勘記："勞校：《頓傳》云'三子綽、超、演'，無柔之名。《南史·孝義·司馬嵩傳》云，'高祖柔之以南頓王孫紹齊王攸後'，則'子'字當是'孫'字之誤。"

[2]會稽王道子：司馬道子，字道子，本書卷六四有傳。　桓玄：字敬道，本書卷九九有傳。

[3]江：江州，治所在南昌縣（今江西省南昌市）。　荆：荆州，三國時曹魏治所在新野縣（今河南省新野縣），孫吴治所在江陵縣（今湖北省江陵縣），西晋統一後治所在江陵縣（今湖北省江陵縣）。

[4]姑孰：姑孰城，位於今安徽省當塗縣。

鄭方者，字子回。慷慨有志節，博涉史傳，卓犖不常，[1]鄉閭有識者嘆其奇，而未能薦達。

[1]卓犖不常：卓越非凡。

及冏輔政專恣，方發憤步詣洛陽，自稱荆楚逸民，獻書於冏曰："方聞聖明輔世，夙夜祗懼，泰而不驕，所以長守貴也。今大王安不慮危，耽于酒色，燕樂過度，其失一也。大王檄命，當使天下穆如清風，宗室骨肉永無纖介，今則不然，其失二也。四夷交侵，邊境不静，大王自以功業興隆，不以爲念，其失三也。大王興義，群庶競赴，天下雖寧，人勞窮苦，不聞大王振救之令，其失四也。又與義兵歃血而盟，事定之後，賞不逾時，自清泰已來，論功未分，此則食言，其失五也。大王建非常之功，居宰衡之任，謗聲盈塗，人懷忿怨，方以狂愚，冒死陳誠。”冏含忍答之云：“孤不能致五闕，若無子，則不聞其過矣。”未幾而敗焉。

長沙王乂

長沙厲王乂，字士度，武帝第六子也。太康十年受封，拜員外散騎常侍。及武帝崩，乂時年十五，孺慕過禮。會楚王瑋奔喪，諸王皆近路迎之，[1]乂獨至陵所，號慟以俟瑋。拜步兵校尉。及瑋之誅二公也，乂守東掖門。會騶虞幡出，乂投弓流涕曰：“楚王被詔，是以從之，安知其非！”瑋既誅，乂以同母，貶爲常山王，之國。

[1]皆近路迎之：路，原本、宋本作“故”，殿本作“路”，據殿本改。

乂身長七尺五寸，開朗果斷，才力絶人，虚心下士，甚有名譽。三王之舉義也，乂率國兵應之，過趙國，房子令距守，[1]乂殺之，進軍爲成都後係。常山内史程恢將貳於乂，[2]乂到鄴，[3]斬恢及其五子。至洛，拜撫軍大將軍，領左軍將軍。頃之，遷驃騎將軍、開府，復本國。

［1］房子：縣名，治所在今河北省高邑縣西。

［2］常山：郡名，治所在真定縣（今河北省石家莊市）。　內史：官名，西晋武帝太康十年（289）改諸王國相爲內史，掌管民政。五品。周家禄《晋書校勘記》認爲："晋制，以郡爲國，內史治民事，若郡太守。國除爲郡，復稱太守。然二名往往混淆，史家亦互稱之。"

［3］鄴：縣名，曹魏五都之一，治所在今河北省臨漳縣西南。

乂見齊王冏漸專權，嘗與成都王穎俱拜陵，因謂穎曰："天下者，先帝之業也，王宜維之。"時聞其言者皆憚之。及河間王顒將誅冏，傳檄以乂爲內主。冏遣其將董艾襲乂，乂將左右百餘人，手斫車幰，[1]露乘馳赴宫，閉諸門，奉天子與冏相攻，起火燒冏府。連戰三日，冏敗，斬之，并誅諸黨與二千餘人。

［1］車幰：車帷幔。

顒本以乂弱冏强，冀乂爲冏所擒，然後以乂爲辭，宣告四方共討之，因廢帝立成都王，己爲宰相，專制天下。既而乂殺冏，其計不果，乃潛使侍中馮蓀、河南尹李含、中書令卞粹等襲乂。[1]乂並誅之。顒遂與穎同伐京都。穎遣刺客圖乂，時長沙國左常侍王矩侍直，見客色動，遂殺之。詔以乂爲大都督以距顒。連戰自八月至十月，朝議以乂、穎兄弟，可以辭説而釋，乃使中書令王衍行太尉,[2]光禄勛石陋行司徒，使説穎，令與乂分陝而居,[3]穎不從。乂因致書於穎曰："先帝應乾撫運，統攝四海，勤身苦己，克成帝業，六合清泰，慶流子孫。孫秀作逆，反易天常，卿興義衆，還復帝位。齊王恃功，肆行非法，上無宰相之心，下無忠臣之行，遂其讒惡，離逖骨肉，主上怨傷，尋已蕩除。吾之與卿，友于十人,[4]同産皇室，受封外都，各不能闡敷王教，經濟遠略。今卿復與太尉共起大衆，阻兵百萬，重圍宫城。群臣同忿，聊即命將，示宣國威，未擬摧殄。自投溝澗，蕩平山谷，死者日萬，酷痛無罪。豈國恩之不慈，則用刑之有常。卿所遣陸機不樂受卿節鉞，將其所領，私通國家。想來逆者，當前行一尺，却行一丈。卿宜還鎮，以寧四海，令宗族無羞，子孫之福也。如其不然，念骨肉分裂之痛，故復遣書。"

[1]馮蓀：侍中、愍懷太子文學。　河南尹：官名，京都洛陽所在河南郡長官，主管京都事務。三品。　中書令：官名，掌收納尚書奏事、傳達皇帝詔旨。三國魏文帝初年分秘書置中書省，設中書監和中書令，職權甚重。三品。

[2]王衍：字夷甫，本書卷四三有傳。

[3]分陝：西周初周公旦、召公奭分陝而治，周公治陝以東，召公治陝以西。後謂官僚出任地方官爲"分陝"。

[4]友于：借指兄弟。

穎復書曰："文景受圖，武皇乘運，庶幾堯舜,[1]共康政道，恩隆洪業，本枝百世。[2]豈期骨肉豫禍，后族專權，楊賈縱毒，齊趙内簒。幸以誅夷，而未静息。每憂王室，心悸肝爛。羊玄之、皇甫商等恃寵作禍，[3]能不興慨！於是征西羽檄，四海雲應。本謂仁兄同其所懷，便當内擒商等，收級遠送。如何迷惑，自爲戎首！上矯君詔，下離愛弟，推移輦轂，妄動兵威，還任豺狼，棄戮親善。行惡求福，如何自勉！前遣陸機董督節鉞，雖黄橋之退，而温南收勝，一彼一此，未足增慶也。今武士百萬，良將鋭猛，要當與兄整頓海内。若能從太尉之命，斬商等首，投戈退讓，自求多福，穎亦自歸鄴都，與兄同之。奉覽來告，緬然慷慨。慎哉大兄，深思進退也！"

［1］庶幾堯舜：希望成爲堯舜。

［2］本枝百世：枝，殿本作"支"。

［3］羊玄之：惠帝羊皇后父，本書卷九三有傳。　皇甫商：西晋安定朝那（今寧夏回族自治區固原市東南）人，皇甫重弟，本書卷六〇有傳。

乂前後破穎軍，斬獲六七萬人。戰久糧乏，城中大饑，雖曰疲弊，將士同心，皆願效死。而乂奉上之禮未有虧失，張方以爲未可克，欲還長安。而東海王越慮事不濟，潛與殿中將收乂送金墉城。乂表曰："陛下篤睦，委臣朝事。臣小心忠孝，神祇所鑒。諸王承謬，率衆見責，朝臣無正，各慮私困，收臣别省，送臣幽宫。臣不惜軀命，但念大晋衰微，枝黨欲盡，陛下孤危。若臣死國寧，亦家之利。但恐快凶人之志，無益於陛下耳。"

殿中左右恨乂功垂成而敗，謀劫出之，更以距穎。越懼難作，欲遂誅乂。黄門郎潘滔勸越密告張方，方遣部將郅輔勒兵三千，就金墉收乂，至營，炙而殺之。乂冤痛之聲達於左右，三軍莫不爲之垂涕。時年二十八。

乂將殯於城東，官屬莫敢往，故掾劉佑獨送之，步持喪車，悲號斷絶，哀感路人。張方以其義士，不之問也。初，乂執權之始，洛下謡曰："草木萌牙殺長沙。"乂以正月二十五日廢，二十七日死，如謡言焉。永嘉中，懷帝以乂子碩嗣，拜散騎常侍，後没于劉聰。

成都王穎

成都王穎，字章度，武帝第十六子也。太康末受封，邑十萬户。後拜越騎校尉，[1]加散騎常侍、車騎將軍。

[1]越騎校尉：官名，西漢北軍八校尉之一，東漢五校尉之一，隸屬北軍中候。魏晋以後隸屬中領軍（領軍將軍）。四品。

賈謐嘗與皇太子博，争道。穎在坐，厲聲呵謐曰："皇太子，國之儲君，賈謐何得無禮！"謐懼，由此出穎爲平北將軍，鎮鄴。轉鎮北大將軍。[1]

[1]鎮北大將軍：官名，三國蜀、吴置，職掌與鎮北將軍同，唯資歷深者得任此職，不常置。晋二品，開府位從公者一品。

趙王倫之篡也，進征北大將軍，[1]加開府儀同三司。

及齊王冏舉義，穎發兵應冏，以鄴令盧志爲左長史，[2]頓丘太守鄭琰爲右長史，[3]黃門郎程牧爲左司馬，[4]陽平太守和演爲右司馬。[5]使兗州刺史王彦，冀州刺史李毅，督護趙驤、石超等爲前鋒。[6]羽檄所及，莫不響應。至朝歌，[7]衆二十餘萬。趙驤至黄橋，爲倫將士猗、許超所敗，死者八千餘人，士衆震駭。穎欲退保朝歌，用盧志、王彦策，又使趙驤率衆八萬，與王彦俱進。倫復遣孫會、劉琨等率三萬人，與猗、超合兵距驤等，精甲耀日，鐵騎前驅。猗既戰勝，有輕驤之心。未及温十餘里，復大戰，猗等奔潰。穎遂過河，乘勝長驅。左將軍王輿殺孫秀，[8]幽趙王倫，迎天子反正。及穎入京都，誅倫。使趙驤、石超等助齊王冏攻張泓於陽翟，泓等遂降。冏始率衆入洛，自以首建大謀，遂擅威權。穎營于太學，及入朝，天子親勞焉。穎拜謝曰："此大司馬臣冏之勛，臣無豫焉。"見訖，即辭出，不復還營，便謁太廟，出自東陽城門，遂歸鄴。遣信與冏别，冏大驚，馳出送穎，至七里澗及之。[9]穎住車言别，流涕，不及時事，惟以太妃疾苦形於顔色，百姓觀者莫不傾心。

[1]征北大將軍：官名，職掌與征北將軍同，位在其上，多統兵出鎮一方，都督數州軍事，不常置。二品，開府位從公者一品。

[2]盧志：字子道，本書卷四四有傳。　左長史：官名，丞相府屬官，東漢末曹操爲丞相時置，與右長史共領相府諸曹。六品。

[3]頓丘：郡名，治所在頓丘縣（今河南省浚縣北）。　鄭琰：中華本校勘記："《鄭袤傳》作‘鄭球’。"　右長史：官名，丞相府屬官，東漢末曹操爲丞相時置，與左長史共領相府諸曹。六品。

[4]左司馬：官名，征北大將軍府高級幕僚。與右司馬掌參讚軍務、管理府内武職，位僅次於長史。六品。

[5]陽平：郡名，治所在元城縣（今河北省大名縣東北）。　和演：西晋人，任陽平太守，八王之亂中被司馬穎任爲右司馬、幽州刺史。謀殺王浚未果，反被王浚斬殺。　右司馬：官名，征北大將軍府高級幕僚。與左司馬掌參讚軍務、管理府内武職，位僅次於長史。六品。

[6]兖州：魏晋時期治所在廪丘縣（今山東省鄆城縣西北），晋惠帝末，兖州闔境淪没於石勒。東晋元帝僑置兖州，治京口（今江蘇省鎮江市）。　冀州：三國魏治所在信都縣（今河北省衡水市冀州區），西晋移治房子縣（今河北省高邑縣西南）。　督護：官名，州郡及出鎮方面將軍府皆設，掌兵事。兩晋時常統軍征伐，祇督一軍。　趙驤：齊王冏右司馬，司馬穎前鋒都督，因破趙王倫軍有功，被司馬穎上表封侯。　石超：石苞之子，司馬穎部下，奮武將軍，爲范陽王司馬虓所殺。

[7]朝歌：郡名，曹魏文帝置，治所在朝歌縣（今河南省淇縣）。

[8]左將軍王輿：中華本校勘記："勞校：'左'下脱'衛'字。按：《惠紀》及《淮陵元王漼》《齊獻王攸傳》皆有'衛'字。"

[9]七里澗：水名，西承魏晋洛陽城東，經偃師市南，東注洛河。

至鄴，詔遣兼太尉王粹加九錫殊禮，[1]進位大將軍、都督中外諸軍事、假節、加黄鉞、録尚書事，[2]入朝不趨，劍履上殿。穎拜受徽號，讓殊禮九錫。表論興義功臣盧志、和演、董洪、王彦、趙驤等五人，皆封開國公侯。又表稱："大司馬前在陽翟，與强賊相持既久，百姓創痍，饑餓凍餒，宜急振救。乞差發郡縣車，一時運河北邸閣米十五萬斛，以振陽翟饑人。”盧志言於穎曰：“黄橋戰亡者有八千餘人，既經夏暑，露骨中野，可爲傷惻。昔周王葬枯骨，故《詩》云：‘行有死人，尚或墐之。’[3]况此等致死王事乎！”穎乃造棺八千餘枚，以成都國秩爲衣服，斂祭，葬於黄橋北，樹枳籬爲之塋域。又立都祭堂，刊石立碑，紀其赴義之功，使亡者之家四時祭祀有所。仍表其門閭，加常戰亡二等。又命河内温縣埋藏趙倫戰死士卒萬四千餘人。[4]穎形美而神昏，不知書，然器性敦厚，委事於志，故得成其美焉。

[1]王粹：弘農（今河南省靈寶市）人，歷任魏郡太守、北中郎將，附賈謐，與石崇、歐陽建、潘岳等爲“二十四友”。

[2]大將軍：官名，高級軍事統帥。曹魏時多以之屯駐長安，對付蜀漢，蜀漢以其爲最高軍事長官，孫吴則别置上大將軍居其上。西晋時爲八公之一，位居上公、大司馬下，三公之上。東晋時常專擅軍政事務。一品。　都督中外諸軍事：官名，亦稱都督中外諸軍。全國最高軍事統帥，總統中央地方的内外諸軍，權力極大。　加黄鉞：即假黄鉞，假以黄鉞。黄鉞即飾以黄金的斧鉞，爲皇帝儀仗。賜予出征重臣，以示威重，令其專主征伐。

[3]行有死人，尚或墐之：語見《詩經·小雅·小弁》。

[4]河内温縣埋藏趙倫戰死士卒萬四千餘人：中華本校勘記：“《通鑑》八四及《通志》八〇‘趙’下並有‘王’字。”

及齊王冏驕侈無禮，於是衆望歸之。詔遣侍中馮蓀、中書令卞粹喻穎入輔政，并使受九錫。穎猶讓不拜。尋加太子太傅。穎嬖人孟玖不欲還洛，又程太妃愛戀鄴都，以此議久不決。留義募將士既久，咸怨曠思歸，或有輒去者，乃題鄴城門云："大事解散蠶欲遽。請且歸，赴時務。昔以義來，今以義去。若復有急更相語。"穎知不可留，因遣之，百姓乃安。及冏敗，穎懸執朝政，事無巨細，皆就鄴諮之。後張昌擾亂荆土，[1]穎拜表南征，所在響赴。既恃功驕奢，百度弛廢，甚於冏時。

[1]張昌：少爲平氏縣吏，有武力，好論戰。太安二年(303)，更名李辰，聚衆立山都縣吏丘沉爲天子，建元神鳳，自任相國。後失敗被殺。

穎方恣其欲，而憚長沙王乂在内，遂與河間王顒表請誅后父羊玄之、左將軍皇甫商等，檄乂使就第。[1]乃與顒將張方伐京都，以平原内史陸機爲前鋒都督、前將軍、假節。穎次朝歌，每夜矛戟有光若火，其壘井中皆有龍象。[2]進軍屯河南，阻清水爲壘，[3]造浮橋以通河北，以大木函盛石，沉之以繫橋，名曰石鱉。陸機戰敗，死者甚衆，機又爲孟玖所譖，穎收機斬之，夷其三族，語在機傳。於是進攻京城。時常山人王輿合衆萬餘，欲襲穎。會乂被執，其黨斬輿降。穎既入京師，復旋鎮于鄴，增封二十郡，拜丞相。河間王顒表穎宜爲儲副，遂廢太子覃，[4]立穎爲皇太弟，[5]丞相如故，制度一依魏武故事，乘輿服御皆遷于鄴。表罷宿衛兵屬相府，更以王官宿衛。穎僭侈日甚，[6]有無君之心，委任孟玖等，大失衆望。

[1]檄乂使就第：第，殿本作“弟”。

[2]壘井中皆有龍象：殿本無“皆”字。

[3]清水：河名，漢魏以前於今河南省淇縣南入黄河，晋以後改道東會淇水入白溝。

[4]太子覃：司馬覃，司馬遐之子，本書卷六四有傳。

[5]立穎爲皇太弟：原本、宋本無“穎”字，殿本有，據殿本補。

[6]穎僭侈日甚：殿本無“穎”字。

永興初，左衛將軍陳眕，[1]殿中中郎逯苞、成輔及長沙故將上官巳等，奉大駕討穎，馳檄四方，赴者雲集。軍次安陽，[2]衆十餘萬，鄴中震懼。穎欲走，其掾步熊有道術，曰：“勿動！南軍必敗。”穎會其衆問計，東安王繇乃曰：[3]“天子親征，宜罷甲，縞素出迎請罪。”司馬王混、參軍崔曠勸穎距戰，穎從之，乃遣奮武將軍石超率衆五萬，[4]次于蕩陰。[5]眕二弟匡、規自鄴赴王師，云：“鄴中皆已離散。”由是不甚設備。超衆奄至，[6]王師敗績，矢及乘輿，[7]侍中嵇紹死於帝側，[8]左右皆奔散，乃棄天子於槁中。超遂奉帝幸鄴。穎改元建武，害東安王繇，署置百官，殺生自己，立郊於鄴南。

[1]陳眕：眕，原本、宋本作“昣”，殿本作“眕”，據殿本改。本卷下同。

[2]安陽：縣名，治所在今河南省安陽縣西南。

[3]東安王繇：司馬繇，字思玄，本書卷三八有傳。

[4]奮武將軍：官名，雜號將軍，地位較高。四品。

[5]蕩陰：縣名，治所在今河南省湯陰縣。

[6]超衆奄至：至，殿本作“出”。

[7]乘輿：代指天子。

[8]嵇紹：字延祖，本書卷八九有傳。

安北將軍王浚、寧北將軍東嬴公騰殺穎所置幽州刺史和演，[1]穎徵浚，浚屯冀州不進，與騰及烏丸、羯朱襲穎。[2]候騎至鄴，穎遣幽州刺史王斌及石超、李毅等距浚，爲羯朱等所敗。鄴中大震，百寮奔走，士卒分散。穎懼，將帳下數十騎，擁天子，與中書監盧志單車而走，五日至洛。羯朱追至朝歌，不及而還。河間王顒遣張方率甲卒二萬救穎，至洛，方乃挾帝，擁穎及豫章王并高光、盧志等歸于長安。[3]顒廢穎歸藩，以豫章王爲皇太弟。

[1]安北將軍：安，原本、宋本、殿本作“平”，據中華本校勘記改。　王浚：字彭祖，本書卷三九有傳。　寧北將軍：官名，西晋置，多兼并州、青州等州刺史，或都督并州、冀州諸軍事，位在東中郎將之上。四品。　東嬴公騰：司馬騰，字元邁，本書卷三七有傳。　幽州：治所在薊縣（今北京市西南）。

[2]羯朱：中華本校勘記：“勞校：《水經・濁漳水》注作‘渴末’。按：《王浚傳》亦作‘渴末’。”

[3]豫章王：晋懷帝司馬熾，本書卷五有紀。　高光：字宣茂，本書卷四一有傳。

穎既廢，河北思之，鄴中故將公師藩、汲桑等起兵以迎穎，[1]衆情翕然。顒復拜穎鎮軍大將軍、都督河北諸軍事，[2]給兵千人，鎮鄴。穎至洛，而東海王越率衆迎大駕，所在鋒起。穎以北方盛强，懼不可進，自洛陽奔關中。值大駕還洛，穎自華陰趣武關，[3]出新野。[4]帝詔鎮南將軍劉弘、南中郎將劉陶收捕穎，[5]於是棄母妻，單車與二子廬江王普、中都王廓渡河赴朝歌，收合故將士數百人，欲就公師藩。頓丘太守馮嵩執穎及普、廓送鄴，[6]范陽王虓幽之，[7]而無他意。屬虓暴薨，虓長史劉輿見穎爲鄴都所服，慮爲後患，秘不發喪，僞令人爲臺使，稱詔夜賜穎死。穎謂守者田徽曰："范陽王亡乎?"徽曰："不知。"穎曰："卿年幾?"徽曰："五十。"穎曰："知天命不?"徽曰："不知。"穎曰："我死之後，天下安乎不安乎? 我自放逐，於今三年，身體手足不見洗沐，取數斗湯來!"其二子號泣，穎敕人將去。乃散髮東首卧，命徽縊之，時年二十八。二子亦死。鄴中哀之。

[1]公師藩：陽平（今河北省大名縣東北）人，成都王司馬穎部將，後被濮陽太守苟晞斬殺。

[2]鎮軍大將軍：官名，高級軍事長官，權任甚重。兩晋二品，開府位從公者一品。　都督河北諸軍事：河北地區最高軍事行政長官。

[3]華陰：縣名，治所在今陝西省華陰市東南。　武關：位於今陝西省商洛縣西南丹江北岸。

[4]新野：縣名，治所在今河南省新野縣。

[5]劉弘：字和季，本書卷六六有傳。此處劉弘、劉陶及下文劉輿，原本、宋本均作"劉"爲"釗"，殿本作"劉"，據殿本改。　南中郎將：官名，與東、西、北中郎將並稱四中郎將，統兵征戰，權職甚重。四品。　劉陶：西晋人，歷任揚州刺史、南中郎

將等。

[6]馮嵩：歷任司馬模長史、前鋒都護、頓丘太守、魏郡太守、豫州刺史等職。

[7]范陽王虓：司馬虓，字武會，本書卷三七有傳。

穎之敗也，官屬並奔散，惟盧志隨從不怠，論者稱之。其後汲桑害東嬴公騰，稱爲穎報仇，遂出穎棺，載之於軍中，每事啓靈，以行軍令。桑敗，棄棺於故井中。穎故臣收之，改葬于洛陽，懷帝加以縣王禮。

穎死後數年，開封間有傳穎子年十餘歲，流離百姓家，東海王越遣人殺之。永嘉中，立東萊王蕤子遵爲穎嗣，封華容縣王。後没於賊，國除。

河間王顒

河間王顒，字文載，安平獻王孚孫，太原烈王瓌之子也。[1]初襲父爵，咸寧二年就國。三年，改封河間。少有清名，輕財愛士。與諸王俱來朝，武帝嘆顒可以爲諸國儀表。元康初，爲北中郎將，監鄴城。九年，代梁王肜爲平西將軍，鎮關中。石函之制，非親親不得都督關中，顒於諸王爲疏，特以賢舉。

[1]太原烈王瓌：司馬瓌，字子泉，本書卷三七有傳。

及趙王倫篡位，齊王冏謀討之。前安西參軍夏侯奭自稱侍御史，[1]在始平合衆，[2]得數千人，以應冏，遣信要顒。顒遣主簿房陽、河間國人張方討擒奭，及其黨十數人，於長安市腰斬之。及冏檄至，顒執冏使，送之於倫。倫徵兵於顒，顒遣方率關右健將赴之。方至華陰，顒聞二王兵盛，乃加長史李含龍驤將軍，領督護席薳等追方軍回，以應二王。義兵至潼關，[3]而倫、秀已誅，天子反正，含、方各率衆還。及冏論功，雖怒顒初不同，而終能濟義，進位侍中、太尉，加三賜之禮。

[1]安西參軍：官名，安西將軍府參軍。參軍，亦作參軍事，謂參謀軍事。兩晋公府、軍府皆置。　侍御史：官名，簡稱御史、侍御。御史臺屬官，曹魏時分掌治書、課第等八曹，尚書、符節等三臺。西晋時分掌吏、課第、直事、印、中都督、外都督、媒、符節、水、中壘、軍營、法、算十三曹。六品。

[2]始平：縣名，治所在今陝西省咸陽市西北。

[3]潼關：位於今陝西省潼關縣東北黄河南岸。

後含爲翊軍校尉，與冏參軍皇甫商、司馬趙驤等有憾，遂奔顒，詭稱受密詔伐冏，因説利害。顒納之，便發兵，遣使邀成都王穎。以含爲都督，率諸軍屯陰盤，[1]前鋒次于新安，[2]去洛百二十里。檄長沙王乂討冏。及冏敗，顒以含爲河南尹，使與馮蓀、卞粹等潛圖害乂。商知含前矯妄及與顒陰謀，具以告乂。乂乃誅含等。顒聞含死，即起兵以討商爲名，使張方爲都督，領精卒七萬向洛。方攻商，商距戰而潰，方遂進攻西明門。[3]乂率中軍左右衛擊之，[4]方衆大敗，死者五千餘人。方初於騡水橋西爲營，於是築壘數重，外引廩穀，以足軍資。乂復從天子出攻方，戰輒不利。及乂死，方還長安。詔以顒爲太宰、大都督、雍州牧。[5]顒廢皇太子覃，立成都王穎爲太弟，改年，大赦。

[1]陰盤：縣名，治所在今陝西省常武縣西北。

[2]新安：縣名，治所在今河南省澠池縣東。

[3]西明門：魏晋洛陽城西面正西一門。漢稱雍門，魏晋改爲西明門。

[4]中軍左右衛：三國魏咸熙二年（265），司馬炎即晋王位，分中衛將軍爲左、右衛將軍。掌佽飛虎賁及前驅、由基、强弩三部司馬，屬下還有虎賁、羽林、上騎、異力、命中共五部督，負責宫禁侍衛。西晋屬中軍將軍，後屬領軍將軍。爲禁衛軍主要統帥之一，權任很重。

[5]雍州：治所在長安（今陝西西安市西北）。

左衛將軍陳眕奉天子伐穎，顒又遣方率兵二萬救鄴。天子已幸鄴。方屯兵洛陽。及王浚等伐穎，穎挾天子歸洛陽。方將兵入殿中，逼帝幸其壘，掠府庫，將焚宫廟以絶衆心。盧志諫，乃止。方又逼天子幸長安。顒乃選置百官，改秦州爲定州。及東海王越起兵徐州，[1]西迎大駕，關中大懼，方謂顒曰："方所領猶有十餘萬衆，奉送大駕還洛宫，使成都王反鄴，公自留鎮關中，方北討博陵。如此，天下可小安，無復舉手者。"顒慮事大難濟，不許。乃假劉喬節，進位鎮東大將軍，遣成都王穎總統樓裒、王闡等諸軍，據河橋以距越。王浚遣督護劉根，將三百騎至河上。闡出戰，爲根所殺。穎頓軍張方故壘，范陽王虓遣鮮卑騎與平昌、博陵衆襲河橋，樓裒西走，追騎至新安，道路死者不可勝數。

[1]徐州：治所在彭城縣（今江蘇省徐州市）。

初，越以張方劫遷車駕，天下怨憤，唱義與山東諸侯克期奉迎，先遣説顒，令送帝還都，與顒分陝而居。顒欲從之，而方不同。及東軍大捷，成都等敗，顒乃令方親信將郅輔夜斬方，送首以示東軍。尋變計，更遣刁默守潼關，乃咎輔殺方，又斬輔。顒先遣將吕朗等據滎陽，[1]范陽王虓司馬劉琨以方首示朗，於是朗降。時東軍既盛，破刁默以入關，顒懼，又遣馬瞻、郭偉於霸水禦之，[2]瞻等戰敗散走。顒乘單馬，逃于太白山。[3]東軍入長安，大駕旋，以太弟太保梁柳爲鎮西將軍，守關中。馬瞻等出詣柳，因共殺柳於城内。瞻等與始平太守梁邁合從，迎顒於南山。顒初不肯入府，長安令蘇衆、記室督朱永勸顒表稱柳病卒，[4]輒知方事。弘農太守裴廙、秦國内史賈龕、安定太守賈疋等起義討顒，[5]斬馬瞻、梁邁等。東海王越遣督護麋晃率國兵伐顒。[6]至鄭，顒將牽秀距晃，晃斬秀，并其二子。義軍據有關中，顒保城而已。

[1]滎陽：郡名，治所在滎陽縣（今河南省滎陽市東北）。

[2]霸水：即今陝西省渭河支流灞河。

[3]太白山：位於今陝西省寶鷄市秦嶺北麓。

[4]記室督：官名，公府及開府位從公加兵者屬官，位在主簿下，掌記録、文書繕寫。

[5]弘農：郡名，治所在弘農縣（今河南省靈寶市）。　安定：郡名，西漢置，治所在高平縣（今寧夏回族自治區固原市），東漢

治所在臨涇縣（今甘肅省鎮原縣東南），東晋改治安定縣（今甘肅省涇川縣北）。　賈疋：字彦度，本書卷六〇有傳。

［6］東海王越：原本、宋本無“東”字，殿本有，據殿本補。

永嘉初，詔書以顒爲司徒，乃就徵。南陽王模遣將梁臣於新安雍谷車上扼殺之，[1]并其三子。詔以彭城元王植子融爲顒嗣，[2]改封樂成縣王。薨，無子。建興中，元帝又以彭城康王釋子欽爲融嗣。[3]

［1］南陽王模：司馬模，司馬泰之子，字元表，本書卷三七有傳。　雍谷：雍山之谷。雍山位於今陝西省鳳翔縣西北三十里。

［2］彭城元王植：植，宋本作“直”。

［3］彭城康王釋：司馬釋，本書卷三七有傳。

東海王越

東海孝獻王越，字元超，高密王泰之次子也。[1]少有令名，謙虚持布衣之操，爲中外所宗。初以世子爲騎都尉，[2]與駙馬都尉楊邈及琅邪王伷子繇俱侍講東宫，[3]拜散騎侍郎，歷左衛將軍，加侍中。討楊駿有功，封五千户侯。遷散騎常侍、輔國將軍、尚書右僕射，[4]領游擊將軍。復爲侍中，加奉車都尉，給温信五十人，[5]别封東海王，食六縣。永康初，爲中書令，徙侍中，遷司空，[6]領中書監。

［1］高密王泰之次子：中華本校勘記：“李校：《高密王泰傳》言泰四子越、騰、略、模，是越爲長子。按：李説是。越字元超，下文又謂越‘初以世子爲騎都尉’，則越爲長子，就本傳亦可證。”

［2］騎都尉：官名，最高位領騎兵之武職，不領兵時爲侍衛武官。因親近皇帝，多以侍中兼任。與駙馬都尉、奉車都尉並爲三都尉。六品。

［3］駙馬都尉：官名，與奉車都尉、騎都尉並稱三都尉，多用於宗室、外戚、功臣子、貴族、近臣的加官，亦用於尚公主者。六品。　楊邈：歷任散騎常侍、駙馬都尉等職。　琅邪王伷：司馬伷，字子將，本書卷三八有傳。

［4］尚書右僕射：官名，尚書令副手，掌拆閲封緘奏章文書、參議政事、諫諍駁議、監察百官。位在左僕射之下。三品。

［5］給温信五十人：中華本校勘記："李校：'温信'當作'恩信'，《王戎傳》'給恩信五十人'，正與此同。"十，殿本作"千"。

［6］司空：官名，魏晋南北朝爲名譽宰相，多爲大臣加官。晋八公之一，位在三公之末。一品。

成都王穎攻長沙王乂，乂固守洛陽，殿中諸將及三部司馬疲於戰守，密與左衛將軍朱默夜收乂别省，逼越爲主，啓惠帝免乂官。事定，越稱疾遜位。帝不許，加守尚書令。太安初，[1]帝北征鄴，以越爲大都督。六軍敗，越奔下邳，[2]徐州都督、東平王楙不納，[3]越徑還東海。[4]成都王穎以越兄弟宗室之美，下寬令招之，越不應命。帝西幸，以越爲太傅，[5]與太宰顒夾輔朝政，讓不受。東海中尉劉洽勸越發兵以備穎，越以洽爲左司馬，尚書曹馥爲軍司。[6]既起兵，楙懼，乃以州與越。越以司空領徐州都督，以楙領兖州刺史。越三弟並據方任征伐，輒選刺史守相，朝士多赴越。而河間王顒挾天子，發詔罷越等，皆令就國。越唱義奉迎大駕，還復舊都，[7]率甲卒三萬，西次蕭縣。[8]豫州刺史劉喬不受越命，遣子祐距之，[9]越軍敗。范陽王虓遣督護田徽以突騎八百迎越，遇祐於譙，[10]祐衆潰，越進屯陽武。[11]山東兵盛，關中大懼，顒斬送張方首求和，尋變計距越。越率諸侯及鮮卑許扶歷、駒次宿歸等步騎迎惠帝反洛陽。詔越以太傅録尚書，以下邳、濟陽二郡增封。[12]

［1］太安初：中華本校勘記："周校：宜作'永安'，即永興元年。"

［2］下邳：縣名，治所在今江蘇省睢寧縣古邳鎮東。

［3］徐州都督：都督徐州諸軍事，徐州地區最高軍事行政長官。

［4］東海：郡名，治所在郯縣（今山東省郯城縣北）。

［5］太傅：太，宋本作"大"。

［6］曹馥：歷任尚書郎、尚書右僕射、軍師等職。

［7］舊都：都，殿本作"郡"。

［8］蕭縣：治所在今安徽省蕭縣西北。

［9］遣子祐距之：中華本校勘記："越子未聞有名祐者。據本卷《汝南王傳》，汝南威王名祐，'永興初，率衆依東海王越，討劉喬有功'云云。'子'字疑誤。"今注按：此處"祐"，指劉喬之子劉祐，非爲司馬越子。中華本校勘記有誤。

［10］譙：縣名，治所在今安徽省亳州市。

［11］陽武：縣名，治所在今河南省原陽縣東南。

［12］濟陽：郡名，治所在濟陽縣（今河南省蘭考縣堌陽鎮）。

及懷帝即位，委政於越。吏部郎周穆，[1]清河王覃舅，越之姑子也，與其妹夫諸葛玫共説越曰：[2]"主上之爲太弟，張方意也。清河王本太子，爲群凶所廢。先帝暴崩，多疑東宫。公盍思伊霍之舉，以寧社稷乎？"

言未卒，越曰："此豈宜言邪！"遂叱左右斬之。[3]以玫、穆世家，罪止其身，因此表除三族之法。[4]帝始親萬機，留心庶事，越不悦，求出藩，帝不許。越遂出鎮許昌。

[1]吏部郎：官名，尚書省吏部曹長官通稱。亦稱郎中，資深者可轉侍郎。屬吏部尚書，主管官吏選任、銓叙、調動事務，對五品以下官吏之任免有建議權。六品。

[2]葛玫：玫，原本作"政"，宋本、殿本作"玫"，據下文及宋本、殿本改。本卷下文此人名同。

[3]遂叱左右斬之：原本、宋本無"遂"字，殿本有，據殿本補。

[4]三族之法：誅殺連及父、母、妻三族。

永嘉初，自許昌率苟晞及冀州刺史丁劭討汲桑，[1]破之。越還于許，長史潘滔説之曰："兖州天下樞要，公宜自牧。"乃轉苟晞爲青州刺史，由是與晞有隙。

[1]苟晞：字道將，本書卷六一有傳。　丁劭：中華本校勘記："勞校：'劭'當作'紹'。按：《良吏傳》、《石勒載記》、《通鑑》八六並作'紹'。《南陽王模傳》則作'邵'。"

尋詔越爲丞相、領兖州牧、督兖豫司冀幽并六州。[1]越辭丞相不受，自許遷于鄄城。越恐清河王覃終爲儲副，矯詔收付金墉城，尋害之。

[1]督兖豫司冀幽并六州：督諸州諸軍事，即上述六州軍事行政長官，位次於都督和監。并，并州，治所在晋陽縣（今山西省太

原市西南）。

王彌入許，[1]越遣左司馬王斌率甲士五千人入衛京都。鄄城自壞，越惡之，移屯濮陽，[2]又遷于滎陽。召田甄等六率，[3]甄不受命，越遣監軍劉望討甄。[4]初，東嬴公騰之鎮鄴也，携并州將田甄、甄弟蘭、任祉、祁濟、李惲、薄盛等部衆萬餘人至鄴，遣就穀冀州，號爲乞活。及騰敗，甄等邀破汲桑於赤橋，[5]越以甄爲汲郡，[6]蘭爲鉅鹿太守。[7]甄求魏郡，[8]越不許，甄怒，故召不至。望既渡河，甄退。李惲、薄盛斬田蘭，率其衆降，甄、祉、濟棄軍奔上黨。[9]

［1］王彌：本書卷一〇〇有傳。

［2］濮陽：縣名，治所在今河南省濮陽市西南。

［3］召田甄等六率：中華本校勘記："《石勒載記》'甄'作'禋'。"

［4］監軍：官名，軍隊出征所置官員，掌監視將帥，權勢頗重。四品。　劉望：任尚書、吏部尚書等職。

［5］赤橋：地名，在今山東省聊城市西北。

［6］汲郡：西晋始置，治所在汲縣（今河南衛輝市西南）。

［7］鉅鹿：郡名，治所在巨鹿縣（今河北省平鄉縣西南）。

［8］魏郡：治所在鄴縣（今河北省臨漳縣西南）。

［9］上黨：郡名，治所在潞縣（今山西省黎城縣南）。

越自滎陽還洛，以太學爲府。疑朝臣貳己，乃誣帝舅王延等爲亂，遣王景率甲士三千人入宫收延等，[1]付廷尉殺之。越解兖州牧，領司徒。越既與苟晞構怨，又以頃興事多由殿省，乃奏宿衛有侯爵者皆罷之。時殿中武官並封侯，由是出者略盡，皆泣涕而去。乃以東海國上軍將軍何倫爲右衛將軍，王景爲左衛將軍，領國兵數百人宿衛。

[1]王景：景，原本、宋本作“京”，殿本作“景”，據殿本改。中華本校勘記：“《通鑑》八九‘景’作‘秉’，此蓋唐避諱改。”

越自誅王延等，大失衆望，而多有猜嫌。散騎侍郎高韜有憂國之言，越誣以訕謗時政害之，而不自安。乃戎服入見，請討石勒，且鎮集兖、豫以援京師。帝曰：“今逆虜侵逼郊畿，王室蠢蠢，莫有固心。朝廷社稷，倚賴於公，豈可遠出以孤根本！”對曰：“臣今率衆邀賊，勢必滅之。賊滅則不逞消殄，已東諸州職貢流通。[1]此所以宣暢國威，藩屏之宜也。若端坐京輦以失機會，[2]則釁弊日滋，所憂逾重。”遂行。留妃裴氏，世子、鎮軍將軍毗，及龍驤將軍李惲并何倫等守衛京都。表以行臺隨軍，[3]率甲士四萬東屯于項，[4]王公卿士隨從者甚衆。詔加九錫。越乃羽檄四方曰：“皇綱失御，社稷多難，孤以弱才，備當大任。自頃胡寇内逼，偏裨失利，帝鄉便爲戎州，冠帶奄成殊域，朝廷上下，以爲憂懼。皆由諸侯蹉跎，遂及此難。投袂忘履，討之已晚。人情奉本，莫不義奮。當須合會之衆，以俟戰守之備。宗廟主上，相賴匡救。檄至之日，便望風奮發，忠臣戰士效誠之秋也。”所徵皆不至。而苟晞又表討越，語在晞傳。越以豫州刺史馮嵩爲左司馬，自領豫州牧。

［1］已東諸州職貢流通：原本無“已”字，作一字空白，宋本不清，殿本作“已”，據殿本補。

［2］機會：機，原本、宋本、殿本作“據”，據中華本改。

［3］行臺：臺省在外者。將帥出征時隨其所駐之地設立的代表中央的政務機構。

［4］項：縣名，治所在今河南省沈丘縣。

越專擅威權，圖爲霸業，朝賢素望，選爲佐吏，名將勁卒，充于己府，不臣之迹，四海所知。而公私罄乏，所在寇亂，州郡携貳，上下崩離，禍結釁深，遂憂懼成疾。永嘉五年，薨于項。秘不發喪。以襄陽王範爲大將軍，統其衆。還葬東海。石勒追及於苦縣寧平城，[1]將軍錢端出兵距勒，戰死，軍潰。勒命焚越柩曰：“此人亂天下，吾爲天下報之，故燒其骨以告天地。”於是數十萬衆，勒以騎圍而射之，相踐如山。王公士庶死者十餘萬。王彌弟璋焚其餘衆，并食之。天下歸罪於越。帝發詔貶越爲縣王。

［1］苦縣：治所在今河南省鹿邑縣東。　寧平城：位於今河南省鄲城縣東北。

何倫、李惲聞越之死，秘不發喪，奉妃裴氏及毗出自京邑，從者傾城，所經暴掠。至洧倉，[1]又爲勒所敗，毗及宗室三十六王俱没于賊。李惲殺妻子奔廣宗，[2]何倫走下邳。裴妃爲人所略，賣於吴氏，太興中，[3]得渡江，欲招魂葬越。元帝詔有司詳議，博士傅純曰："聖人制禮，以事緣情。設冢椁以藏形，而事之以凶；立廟祧以安神，而奉之以吉。送形而往，迎精而還。此墓廟之大分，形神之異制也。至於室廟、寢廟、祊祭非一處，[4]所以廣求神之道，而獨不祭於墓，明非神之所處也。今亂形神之别，錯廟墓之宜，違禮制義，莫大於此。"於是下詔不許。裴妃不奉詔，遂葬越於廣陵。[5]太興末，墓毁，改葬丹徒。[6]

[1]洧倉：即洧倉城，位於今河南省鄢陵縣西北。

[2]廣宗：縣名，治所在今河北省威縣東。

[3]太興中：太，殿本作"大"。本卷下文"太興"同。

[4]祊（bēng）祭：祭名。指正祭畢於次日舉行之繹祭。《禮記·禮器》："設祭於堂，爲祊乎外。"鄭玄注："祊祭，明日之繹祭也。謂之祊者，於廟門之旁，因名焉。"

[5]廣陵：郡名，治所在廣陵縣（今江蘇省揚州市西北蜀岡上）。

[6]丹徒：縣名，治所在今江蘇省鎮江市東南丹徒鎮。

初，元帝鎮建鄴，[1]裴妃之意也，帝深德之，數幸其第，以第三子冲奉越後。薨，無子，成帝以少子奕繼之。[2]哀帝徙奕爲琅邪王，而東海無嗣。隆安初，安帝更以會稽忠王次子彦璋爲東海王，繼冲爲曾孫。爲桓玄所害，國除。

[1]建鄴：東晋國都，今江蘇省南京市。

［2］少子奕：奕，原本、宋本作“弈”，殿本作“奕”，據殿本改。本卷下文此人名同。

史臣曰：昔高辛撫運，[1]釁起參商；[2]宗周嗣曆，禍纏管蔡。[3]詳觀曩册，逖聽前古，亂臣賊子，昭鑒在焉。有晋欝興，載崇藩翰，分茅錫瑞，道光恒典；儀臺飾衮，[4]禮備彝章。汝南以純和之姿，失於無斷；楚隱習果鋭之性，遂成凶很。[5]或位居朝右，或職參近禁，俱爲女子所詐，相次受誅，雖曰自貽，良可哀也！倫實庸瑣，[6]見欺孫秀，潛構異圖，煽成奸慝。乃使元良遘怨酷，[7]上宰陷誅夷，乾耀以之暫傾，[8]皇綱於焉中圮。[9]遂裂冠毁冕，幸百六之會；[10]綰璽揚纛，窺九五之尊。夫神器焉可偷安，鴻名豈容妄假！而欲託兹淫祀，享彼天年，凶暗之極，未之有也。冏名父之子，唱義勤王，摧僞業於既成，拯皇輿於已墜，策勛考績，良足可稱。然而臨禍忘憂，逞心縱欲，曾不知樂不可極，盈難久持，笑古人之未工，忘己事之已拙。向若采王豹之奇策，納孫惠之嘉謀，高謝衮章，永表東海，雖古之伊霍，何以加焉！長沙材力絶人，[11]忠概邁俗，投弓掖門，落落標壯夫之氣；馳車魏闕，懔懔懷烈士之風。雖復陽九數屯，[12]在三之情無奪。[13]撫其遺節，終始可觀。穎既入總大權，出居重鎮，中臺藉以成務，東夏資其宅心，乃協契河間，共圖進取。而顒任李含之狙詐，杖張方之陵虐，遂使武閔喪元，長沙授首，逞其無君之志，矜其不義之强。鑾駕北巡，異乎有征無戰；乘輿西幸，非由望秩觀風。若火燎原，猶可撲滅，矧兹安忍，能無及乎！東海糾合同盟，創爲義舉，匡復之功未立，陵暴之釁已彰，罄彼車徒，固求出鎮。既而帝京寡弱，狡寇憑陵，[14]遂令神器劫遷，宗祏顛覆，數十萬衆並垂餌於豺狼，三十六王咸隕身於鋒刃。禍難之極，振古未聞。雖及焚如，猶爲幸也。自惠皇失政，難起蕭墻，骨肉相殘，黎元塗炭，胡塵驚而天地閉，戎兵接而宫廟隳，支屬肇其禍端，戎羯乘其間隙，悲夫！《詩》所謂“誰生厲階，至今爲梗”，[15]其八王之謂矣。

[1]高辛：即帝嚳，上古帝王，姬姓，號高辛氏。　撫運：順應時運。

[2]參商：《左傳·昭公元年》：“昔高辛氏有二子，伯曰閼伯，季曰實沈。居於曠林，不相能也。日尋干戈，以相征討。后帝不臧，遷閼伯於商丘，主辰，商人是因，故辰爲商星。遷實沈於大夏，主參，唐人是因，以服事夏商。”

[3]管蔡：管叔和蔡叔。管叔又稱叔鮮，姬姓，名鮮，西周初三監之一。周武王之弟，被封於管，以監視武庚及殷商遺民。後與蔡叔、武庚起兵反對周公，失敗身亡。蔡叔又稱叔度，姬姓，名度，西周初三監之一。周武王之弟，被封於蔡，以監視殷遺民。後聯合管叔、武庚起兵反對周公，失敗，被流放而死。均爲周武王之弟，因起兵作亂失敗身亡。

[4]儀臺飾衮：朝廷高官們身穿禮服舉行禮儀。臺，殿本作“古”。

[5]遂成凶很：很，違背、不順從。原本、宋本作“佷”，同“很”，殿本作“狠”。

[6]庸瑣：平庸低劣。

[7]元良：太子。

[8]乾耀：天光。

[9]中圮：中途衰敗。

[10]百六：古代道家稱天厄爲“陽九”，地厄爲“百六”。《文選·袁宏〈三國名臣序贊〉》：“百六道喪，干戈迭用。”吕延濟注：“四千六百一十七歲爲一元，一百六歲曰陽九之厄。”因以“陽九百六”指災難或厄運。

[11]材力絶人：材，殿本作“才”。

[12]陽九數屯：災難多次發生。屯：亦指災難。《易·屯》：“彖曰：‘屯，剛柔始交而難生。’”

[13]在三：尊敬君、父、師。典出《國語·晋語一》：“‘民生於三，事之如一。’父生之，師教之，君食之。非父不生，非食不長，非教不知，生之族也，故一事之，唯其所在，則致死焉。”韋昭注：“三，君、父、師也。”

[14]憑陵：横行。

[15]“誰生厲階”句：語見《詩·大雅·桑柔》。

贊曰：亮總朝政，瑋懷職競，讒巧乘間，艶妻過聽，構怨連禍，遞遭非命。倫實下愚，敢竊龍圖，亂常奸位，遄及嚴誅。偉哉武閔！首創宏謨，[1]德之不建，良可悲夫！長沙奉國，始終靡慝，功虧一簣，奄罹殘賊。章度勤王，效立名揚，合從關右，犯順争强，事窮勢蹙，俱爲亂亡。元超作輔，出征入撫，敗國喪師，無君震主。焚如之變，抑惟自取。

[1]首創宏謨：宏，殿本作“玄”。